KECHENG SIZHENG SANJIN
YOUXIU JIAOXUE SHEJI ANLI

# 课程思政"三金"优秀教学设计案例

(第四辑)

张启鸿　姚光业 ◎ 主编
北京电子科技职业学院 ◎ 编

首都经济贸易大学出版社
Capital University of Economics and Business Press
·北京·

图书在版编目（CIP）数据

课程思政"三金"优秀教学设计案例．第四辑/张启鸿，姚光业主编．--北京：首都经济贸易大学出版社，2023.6
ISBN 978-7-5638-3523-2

Ⅰ.①课… Ⅱ.①张… ②姚… Ⅲ.①思想政治教育-教学设计-高等职业教育 Ⅳ.①G711

中国国家版本馆CIP数据核字（2023）第105782号

课程思政"三金"优秀教学设计案例（第四辑）
张启鸿　姚光业　主编
北京电子科技职业学院　编

| 责任编辑 | 胡　兰 |
|---|---|
| 封面设计 | 砚祥志远·激光照排　TEL:010-65976003 |
| 出版发行 | 首都经济贸易大学出版社 |
| 地　　址 | 北京市朝阳区红庙（邮编100026） |
| 电　　话 | （010）65976483　65065761　65071505（传真） |
| 网　　址 | http://www.sjmcb.com |
| E-mail | publish@cueb.edu.cn |
| 经　　销 | 全国新华书店 |
| 照　　排 | 北京砚祥志远激光照排技术有限公司 |
| 印　　刷 | 唐山玺诚印务有限公司 |
| 成品尺寸 | 170毫米×240毫米　1/16 |
| 字　　数 | 431千字 |
| 印　　张 | 24 |
| 版　　次 | 2023年6月第1版　2023年9月第2次印刷 |
| 书　　号 | ISBN 978-7-5638-3523-2 |
| 定　　价 | 69.00元 |

图书印装若有质量问题，本社负责调换
版权所有　侵权必究

# 参 编 人 员

主　编：张启鸿　姚光业
参　编：苟维杰　郑晓丽　王佳新　张　晖　边海宁
　　　　耿慧慧　刘增辉　赵新颖　王谷娜　李　显
　　　　夏广辉　陈容红　赵　凯　杨建兴　陈海燕
　　　　李　玮　马　超　陈　楠　刘婷婷　马冬宝
　　　　刘　霞　林梦圆　刘国良　周海君　邱钊鹏
　　　　闫琳静　俞　玫　于雪梅　李春竹　武若克
　　　　董华丽　窦　巍　王　睿　刘尧远　王瑞丽
　　　　杨国伟　李　浡　李　晔　马　蕾　尚　珍
　　　　金光浩　葛丽萍　马　洁　郭孟珂　郭文玲
　　　　汪　洋　张丽荣　谭　坤　张　平　彭　爽
　　　　管小清　王彦侠　陈开宇

# 前　　言

习近平总书记在全国高校思想政治工作会议上强调，要用好课堂教学这个主渠道，各类课程都要与思想政治理论课同向同行，形成协同效应。高校的育人方向是德字当头，怎样全面做好立德树人工作是每位人民教师应该思考的问题，尤其是教师在授课的过程中怎样把思政元素融入课堂，既可以活跃课堂气氛、增强教学的趣味性，又达到育人的目的，需要我们深入思考。每一门学科、每一节课都蕴含丰富的思想政治教育素材。课程思政不是一门课，而是一种教育理念，就是把思想政治教育元素和思想政治教育功能融入课堂教学各环节，打通全员育人的"最后一公里"，巧妙地进行价值引领与知识传授的融通，实现立德树人润物无声，是一种"接地气"的思想政治教育形式。

北京电子科技职业学院作为全国职业教育先进单位，国家高职示范校，国家高等职业教育综合改革试验区建设单位，全国首批百所现代学徒制试点院校之一，同时荣膺教育部全国职业院校实习管理 50 强、教学管理 50 强、学生管理 50 强三项 50 强的全国 7 所高职院校之一，特别是又于 2019 年成功进入教育部中国特色高水平高职学校和专业建设计划项目（"双高"）全国 A 类院校前十行列，长期以来始终坚持以党建为引领，以立德树人为根本，以教育教学为中心，走内涵发展的办学路线。进入新时代，学校党委认真贯彻落实习近平总书记关于教育的重要论述和关于职业教育的重要指示精神，坚持把立德树人作为根本任务，遵循职业教育发展规律，围绕高职人才培养模式，持续推动课程思政改革，让所有教师、所有课程都承担好育人责任，整体构建了党委统一领导、党政齐抓共管、相关部门联动的课程思政建设工作格局。学校结合不同课程的特点，深入挖掘各类课程所蕴含的思政教育资源，将思政元素有机融入专业课程教学，推动"课程教学"向"课程思政"转化、"专业教育"向"专业育人"转化。自 2019 年起，系统开展了"金扣子""金种子""金点子"课程思政"三金"教学案例评选活动，参加教师 300 多名，共收集案例 720 余件，涉及 200 多门课程，实现了学校专业全覆盖，其中食品微生物检测技术、动力电池及其管理系统两门课程入选教育部课程思政示范项目。

学校各教学单位是教育教学的主阵地，承担着培养人才的主要任务，各单位应结合专业和学科特点，考虑学生不同成长阶段的接受能力，围绕高校课程思政总体部署，出台相应的制度和举措，把课程思政建设落细、落小、落实，引导教师实现观念与行动的双重转变。为了持续提高我校课程思政质量和水平，常态化推进课程思政建设，学校把"三金"评选活动中的优秀课程思政案例汇集成册，使各专业课程与思想政治理论课程同向同行，形成协同效应，实现"知识传授"和"价值引领"的有机统一，对提高教师课程思政育人能力、促进学校课程思政教育体系建设具有积极意义。同时，也为各高职院校课程思政建设工作提供参考、借鉴。

张启鸿　姚光业<br>
2023 年 3 月于北京

# 目 录

## 上篇 "金点子"课程思政优秀教学设计案例

发动机装配与调试：发动机配气机构的装配与调试 ………………………… 3
大学物理 2：麦克斯韦方程组 ………………………………………………… 9
高等数学：定积分的概念 ……………………………………………………… 17
会计基础：会计的职能与作用 ………………………………………………… 26
金融基础：货币的产生及货币形态演变 ……………………………………… 31
跨境电子商务运营：基于供应商开展跨境选品 ……………………………… 37
供配电技术：无功补偿设备和成套配电装置 ………………………………… 44
生物分离与纯化技术：双水相萃取法提取牛奶中的酪蛋白 ………………… 49

## 中篇 "金扣子"课程思政优秀教学设计案例

动力电池检测与诊断：动力电池高压元件检修 ……………………………… 61
焊接机器人操作与运维：焊接机器人工作站的组成 ………………………… 69
汽车发动机装配：发动机装配及质量检测 …………………………………… 74
电机与电气控制技术：正反转控制线路 ……………………………………… 78
网络服务构建与管理：Samba 服务器构建与管理 …………………………… 82
网络攻防分析与实践：HTTP 协议基础 ……………………………………… 88
移动通信网络组建与维护：5G 基站设备认知及站点部署 ………………… 96
飞机机械系统：飞机液压系统绕机检查 ……………………………………… 103
飞机维护：机组氧气系统维护——氧气瓶拆装 ……………………………… 109
民用航空概论：空气动力学基础原理 ………………………………………… 116
通风与空调工程：用鸿业软件精析赛时空调负荷 …………………………… 122
自动化生产线安装与调试：分拣单元工件的识别与定位 …………………… 131
安防系统工程：视频监控系统 ………………………………………………… 138
建筑设备监控系统工程：定风量空调系统的监控 …………………………… 145

复杂部件多轴数控加工：航空发动机离心叶轮五轴加工 …………… 155
智能产线运行与维护：装配单元机器视觉工件识别 ……………… 169
数字电子技术：中规模组合逻辑电路实践 ………………………… 175
高等教学：数列的极限 ……………………………………………… 181
高等数学：曲线的凹凸性及拐点 …………………………………… 187
应用文写作：入党文书写作 ………………………………………… 193
语文：庖丁解牛 ……………………………………………………… 200
体育1：蹲踞式起跑及起跑后加速跑 ………………………………… 208
无纸动画：短片故事创作 …………………………………………… 215
游戏概念设计：中国风建筑单体设计与绘制 ……………………… 224
首饰金工技艺：花丝珐琅戒指精作——字母掐丝 ………………… 244
生物产品安全性评价：新冠疫苗研发及安全性评价 ……………… 250
食品加工安全控制：酸奶生产的危害分析和质量控制 …………… 255
仪器分析：气相色谱法测定白酒中甲醇的含量 …………………… 265
基因操作技术：Real Time PCR 检测——新冠病毒核酸检测 …… 272
Web 前端技术：北斗卫星导航网页布局设计 ……………………… 278

## 下篇 "金种子"课程思政优秀教学设计案例

工程图学：正投影法和三视图 ……………………………………… 285
人工智能数据处理：基于 Python 的数据收集、处理、展示基础 … 291
英语3：Space Exploration …………………………………………… 303
全球商业环境分析：国际商务面临的文化环境及应对 …………… 310
全球商业环境分析：全球价值链的发展方向 ……………………… 315
大学英语1：Living Green：China's Solar Roof Water Heaters …… 322
食品微生物检测技术：免疫磁珠法检测大肠埃希氏菌 O157：H7 … 325
自动控制系统装调综合实训：光伏电站的特性测试 ……………… 333
H5 新媒体设计：故宫文物南迁 H5 设计项目剖析 ………………… 341
大学英语1：Intelligent Vehicles …………………………………… 356
国际贸易融资实务：跨境贸易人民币结算 ………………………… 365

## 附　录

北京电子科技职业学院关于课程思政教学设计优秀案例
　　评选（四期）结果的通知 ……………………………………… 373

# 上篇

## "金点子"课程思政优秀教学设计案例

# 发动机装配与调试：发动机配气机构的装配与调试

**教师信息：**苟维杰　　**职称：**副教授　　**学历：**博士研究生
**研究方向：**职业教育课程开发
**授课专业：**汽车制造与装配技术
**课程类别：**理实一体
**课程性质：**职业技术技能课

## 第一部分　设计思路

### 一、本次设计的课程思政目标

本次课的思政目标是让学生全面理解马克思主义辩证思维中的分析综合法，建立运用辩证思维看待问题和解决问题的思维方式，提升学生解决实际问题的能力。本课程是理实一体化课程，授课时采取任务驱动法和问题导向相结合，逐步分析配气机构的工作原理和气门间隙的形成；课堂贯穿思政元素，运用分析综合方案检验气门间隙问题和气门间隙的调整，结合精益求精、一丝不苟，培养辩证思维分析综合法解决实际问题的能力。

### 二、课程思政教学设计内容

**1. 课前：课程思政引入**

课前教师将《红旗轿车突破技术封锁，攻克液压挺杆关键技术》案例发布于《发动机装配与调试》网络教学平台，以问题导向的方式让学生通读全文，旨在培养学生综合解决问题的思维理念。

**2. 课中：课程思政贯穿授课过程**

本课程是技术技能课程，教学中采用"实践中学习"的教学思路，将技术技能培养与课程思政元素相融合，培养学生正确的辩证思维方法。教师结合专业课程的具体任务实践学习，通过学习原理、实践训练、查找问题、解决问题、总结反思几个阶段，建立起分析综合法的应用场景和路径，建立运用马克思主义辩证法思维的意识。

**3. 课末：课程思政总结反思**

首先，教师引导学生进行课程内容小结，从多个角度总结发动机排气机构调试的方法；其次，教师总结辩证思维分析综合法的意义。在培养技术技能方面注重过程严谨、方法有效、质量可靠、职业规范，重申爱岗敬业和工匠精神；对在配气结构调试中有创意、提出新方法的学生进行点评，鼓励创新。

# 第二部分　案例描述

## 发动机配气机构的装配与调试

**【思政导入】**

导入1：新成立的一汽发动机团队技术攻关受阻。

解放牌卡车投产仅两年，中央向一汽下达了设计制造国产高级轿车的任务（图1），红旗汽车正式开启研发工作。1958年7月，一汽发动机车间受命试制红旗轿车V8发动机，但质量很差，几乎所有的零件都有问题。怎么办？一汽为此组织了几十个质量攻关突击队，其中，液压挺杆的任务最重，作为一项世界性技术难题，当时的情况是，美国不过在几年前刚刚解决，而苏联甚至还没有过关。攻克这项难关的开始，产品设计图纸靠样机测绘克莱斯勒而来，精度公差根据苏联标准。在具体实验时，热加工方面，红旗人误以为提高材料硬度就可解决耐磨性能，但多次试验均未成功；冷加工方面，红旗人误以为调整间隙就可以解决挺杆失灵问题。在这种情况下，发动机研制工作停滞不前。

思考问题一：红旗轿车在制造当初遇到了什么问题？

思考问题二：当初在技术封锁时所做努力失败的原因是什么？

导入2：透过现象看本质，辩证分析综合应用，攻克难题。

一汽研发轿车之初，时逢中国汽车工业建设初期，处于缺人才、缺技术、缺材料的困难环境下，毕业于清华大学的李刚带领年轻技术人员发扬艰苦奋斗的优良传统，不讲地位，不讲待遇，不讲物质享受，一心希望为国家做贡献，夜以继日地投入到技术攻关之中。在制造第一辆红旗轿车期间，发动机最初制作出来时，出现了抱缸、拉缸、活塞环断裂、整机振动、机油泵打不上油、液压挺杆"敲缸"乱响等问题。为此，全厂组织上百个质量突击队，一批毕业没几年的大学生组成液压挺杆突击队，重点解决液压挺杆在发动机高速运行时寿命短的技术难题。首先，他们查阅有关文献，分析国外样品，分析出现"敲缸"现象的原因，发现与材料、工艺、结构等因素有关。其次，青年突击队一边提方案，一边做试验，试用了几十种不同的材料，最后选定合金铸铁；在处理淬火工艺上做了42次试验，才确定了淬火时间和淬火温度；重新设计了能够减缓冲击力的结构，进行试制生产，最后制成的液压挺杆不但没有"敲缸"声音，同时能经受住400小时的台架试验。凭借这种不畏困难、迎难而上的精神，通过现象看本质，分析问题、综合治理、分散击破，最后解决了很多技术问题，一步一步地掌握了核心技术。

思考问题一：当遇到问题时，发动机研发团队首先做了什么？

思考问题二：发动机研发团队是如何破解液压挺杆技术难关的？

图1  中国一汽轿车新老红旗

## 一、配气机构的功用与构成形式

（1）配气机构的组成与结构形式：凸轮轴下置式配气机构、凸轮轴中置式配气机构、凸轮轴上置式配气机构；

（2）配气相位与气门间隙；

（3）气门的结构、工作条件与材料；

（4）正时、凸轮轴传动机构、凸轮轴的轴向定位；

（5）挺杆的功用、材料，挺杆分为机械挺杆、液压挺杆（图2）。

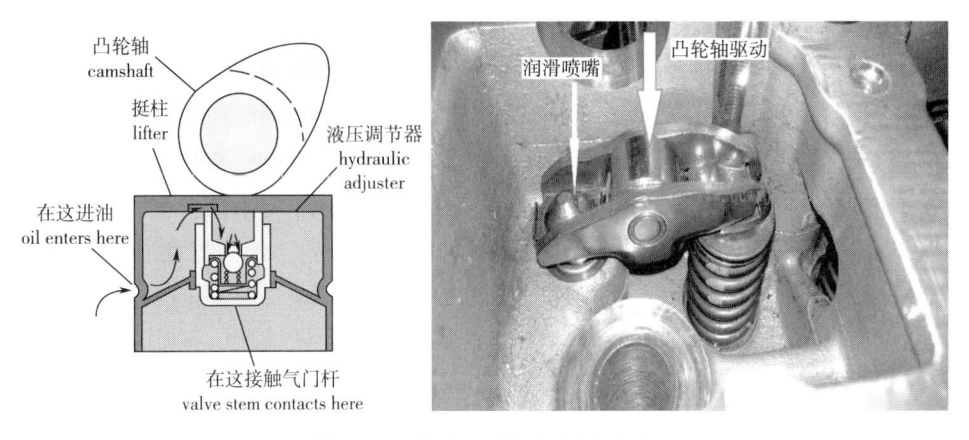

图 2　液压挺杆工作原理图和实物

## 二、配气机构装配与调试

**1. 零部件认识与装配训练**

（1）配气机构零部件名称与功用认识。

（2）给出发动机配气机构中凸轮轴的三种布置形式，分别找出上置（图 3）、下置和中置发动机形，并说出各自的外观特点。

（3）认识和使用拆装工具，阅读维修手册，参观与使用车间的各种设备。

（4）制定配气机构转配步骤。

图 3　上置凸轮轴装配

【思政贯穿】

一汽发动机研发团队遇到问题是如何解决的？如何制定发动机步骤？（探索精神）

**2. 配气机构装配**

（1）凸轮轴的装配；

（2）气缸盖的装配；

（3）正时同步带的安装；

（4）正时同步带的检查与调整。

一汽发动机研发团队是如何分步骤破解液压挺杆技术难关的？正时检查步骤如何确定？（精益求精做法）

**3. 发动机凸轮轴形位误差的检测**

（1）清洁并校验平台；

（2）支撑凸轮轴；

（3）检验百分表；

（4）检验磁力表座；

（5）装表、压表、测量；

（6）计算确定变形量。

见图4。

图4　凸轮轴装配与间隙检测

如何评价一汽发动机研发团队解决问题的策略和团队成员的付出？（不忘初心，技术至上，艰苦奋斗，奋发图强）

**【总结反思】**

教学中结合线上学习平台，将思政案例作为教学辅助阅读材料发布到学习平台，课中总结提炼案例中包含的辩证思维方法，解决课程中将会出现的实际问题。用辩证分析的方法分析装配问题，分析综合解决问题，在技能训练的同时融入辩证思维方法，用辩证的方法解决课堂实际问题，培养辩证思维方法。结合案例讲解在新中国成立之初一汽在"一穷二白"的基础上发展汽车工业的故事,用老一辈汽车人的吃苦耐劳、无私奉献、一丝不苟的敬业精神去感化学生,达到融入自然,融物无声,以便取得更好的教育教学效果。

# 大学物理2：麦克斯韦方程组

**教师信息**：郑晓丽　**职称**：讲师　**学历**：博士研究生
**研究方向**：物理
**授课专业**：计算机、通信等专业
**课程类别**：理论课
**课程性质**：公共基础课

## 第一部分　设计思路

### 一、本次设计的课程思政目标

课程面向贯通培养高职阶段二年级的学生，经过前面阶段的学习，学生具备了基本的物理学科素养和思想道德素质，但运用科学思维和方法分析和解决问题的意识和能力尚不强。依据《高等学校课程思政建设指导纲要》等文件的精神以及本专业人才培养方案和"大学物理2"课标的要求，本次课将通过学习位移电流假说，掌握科学方法假说法，培养创新思维；通过学习麦克斯韦方程组，掌握对立统一规律，运用辩证思维方法解决实际问题；通过学习电磁波的发现和我国电磁波技术的发展，认识理论要与实践相结合，增强实践思维。

### 二、课程思政教学设计内容

**1. 课前：课程思政引入**

教师在学习通发布热点新闻视频，引导学生思考并参与在线讨论，激发学生学习电磁波的兴趣，使学生初步感受到实践思维的重要。

**2. 课中：课程思政贯穿授课过程**

（1）通过将启发引导法引入位移电流假说，介绍科学方法假说法的重要性，掌握假说法的原则和步骤。

（2）主要采用故事引导法、分组讨论法，通过讲授麦克斯韦方程组的创立过程，增强对对立统一规律的认识；引导学生从麦克斯韦方程组中认识科学的美。

（3）主要通过视频讲解法，介绍科学家赫兹验证电磁波的实验，引导学生认识到实践是检验真理的唯一标准，增强实践思维。

（4）采用热点启发法，通过介绍我国电磁波技术的发展，培养学生的家国情怀，增强"四个自信"。

**3. 课末：课程思政总结反思**

教学过程以学生为中心，通过在麦克斯韦方程组的学习中弱化理论推导、显化科学假设和辩证思维的重要地位，学生在学会物理知识的同时掌握相应的马克思主义哲学的基本原理，进而运用科学思维及方法论指导个人的学习和生活，体会到学习的价值和意义；以学生的学习兴趣为切入点，通过介绍电磁波技术在我国的发展，将政治认同和家国情怀渗透于课堂教学中，增强学生的四个自信和专业自信，提高学生的实践思维能力。

# 第二部分　案例描述

## 麦克斯韦方程组

【思政导入】

（课前、在线）央视网消息：地形复杂、严寒、强风等严苛的自然环境是冬奥网络建设面临的最大挑战。研发团队研发了多频段、多形态的5G基站设备，在冬奥雪上场馆建成了可抵抗-45℃高寒、10级以上大风及冰雪天气等恶劣条件的5G全覆盖网络，支持室外2 000米以上海拔、3 000米以上长度赛道、垂直落差830米以上的户外冰雪场地的高清晰度电视画面转播（图1）。技术应用非常关键，5G商用以来，我国大力推进其与产业的融合和多领域应用。5G信号是什么频段的电磁波？它是怎么产生的？

【思政贯穿】

一、位移电流的假说

在麦克斯韦以前，包括法拉第在内，人们讨论电流产生磁场时，指的总是传导电流，也就是在导体中自由电子运动所形成的电流。麦克斯韦在研究中发现了新的情况。例如，把两块中间夹着介质的金属板（即电容器）接在交变电源上，介质内并不存在自由电荷，也就是没有传导电流，可是磁场却同样存在。这是为什么呢？法拉第没有解释过。麦克斯韦经过反复研究和分析，找到了答案。他指出，这里的磁场是由另一种类型的电流形成的，这种电流存在于任何电场变化的电介质中，他把它称为"位移电流"（图2）。

图1　5G基站抗零下45℃高寒10级强风

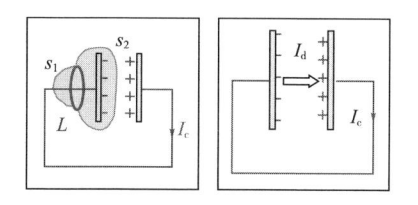

图2　位移电流的引入

**创新思维——假说法**

位移电流概念的引入是麦克斯韦对电磁场理论的重要发展，是极具创造性的贡献。科学假说，即在已有知识和科学事实的基础上，对事物本质及其规律性所做出的一种推测性的说明。它是将认识从已知推向未知，进而变未知为已知的必不可少的思维方法，是科学发展的一种重要形式。物理学家杨振宁说过："在所有物理和数学最前沿的研究工作中，很大部分要花在猜想。当然，这不是说乱猜，猜必须是建筑在过去的一些知识层面上，你过去的知识越正确越广泛，那么猜想答案的可能性越大。"

物理学的很多新理论的问世都是建立在假说基础上的，或者叫作基本假设,在基本假设的基础上得出一系列结论,然后通过其他理论、实验、观测结果等验证结论的正确性,这样的理论才能站得住脚。假说法也是物理学乃至各学科科学研究最常见、最有效的方法。请学生课下查阅资料并在线分享了解假说法在各学科领域的应用。(提示:在天文学中,康德、拉普拉斯关于太阳系起源的星云假说;地质学中,李四光提出的地质力学的假说;物理学中关于原子结构各种模型的假说;化学中关于元素周期性变化的假说;生物学中关于生物遗传和变异的假说等等,都是根据已知的科学原理和科学材料,对未知的自然现象及其发展规律所做的假定性的解释。)

## 二、麦克斯韦方程组的创立

(课前请学生扫描课本二维码了解麦克斯韦的故事)1860年,比法拉第年轻40岁的青年科学家麦克斯韦来到了他面前,并把自己之前发表的论文《论法拉第的力线》递交给法拉第。法拉第大喜过望,对麦克斯韦说:"你不应该局限于用数学解释我的观点,而要有所创新。"在法拉第的鼓励下,麦克斯韦进一步开拓了自己的观点,并最终总结成四个方程组成的麦克斯韦方程组:

$$\begin{cases} \oint_S \vec{E} \cdot d\vec{S} = \dfrac{q}{\varepsilon_0} \\ \oint_l \vec{E} \cdot d\vec{l} = -\int_S \dfrac{\partial \vec{B}}{\partial t} \cdot d\vec{S} \\ \oint_S \vec{B} \cdot d\vec{S} = 0 \\ \oint_l \vec{B} \cdot d\vec{l} = \int_S \left( \mu_0 \vec{j_c} + \mu_0 \varepsilon_0 \dfrac{\partial \vec{E}}{\partial t} \right) \cdot d\vec{S} \end{cases}$$

**1. 辩证思维教育**

恩格斯说得好:"一个民族要想站在科学的高峰,就一刻也不能没有理论思维。"1999年,英国广播公司(BBC)通过世界各国所有人士均可参加投票的网上评选活动,评选出1 000年来最伟大的10位思想家,其中麦克斯韦与马克思、爱因斯坦等人一起榜上有名。

麦克斯韦方程组揭示了电场和磁场之间的内在联系,建立了统一的电磁场概念。电磁场是电场和磁场的统一体,不存在单独的电场,也不存在单独的磁场,电场和磁场有着密切的联系,在一定的条件下可以相互转化,两者是对立统一的。电磁场的相对性和统一性也是矛盾的相对性和统一性的体现。电磁场是同一物质形成的两个方面。从电磁场的相对性和统一性,我们知道相对性和统一性是物质的基本属性，而利用矛盾的相对性和统一性分析和处理问题也是我们首选的方法。对立统一规律即矛盾规律是唯物辩证法的核心。世界上一切事物都存在矛盾，事物内部对立双方，又统一又斗争，由此推动了事物的运动、变化和发展，成为事物发展的根本动因。而事物之间的相互影响和相互作用，又统一又斗争，则是事物存在和发展的必要条件。所以说，矛盾是事物发展的动力，内因（事物内部的矛盾）和外因（事物之间的矛盾）作为同时存在的内部和外部的联系，都对事物发展产生作用。

对于大学生来说，对立统一规律对如何处理好恋爱和学习的关系，如何平衡网络对生活的影响等问题都有指导意义。通过对电磁场的相对性和统一性的探讨，我们知道了科学方法和思想的重要性、事物之间联系的广泛性，想要提高能力，我们得去培养自己的思想和掌握做事的方法。

值得指出的是，麦克斯韦是英国科学史上第一位创建和领导了在现代科学革命中起先锋作用的卡文迪许实验室，并为实验室立下方针、政策和宗旨，指导实验室培养了无数科学人才，取得了大量杰出成果。请学生课下在线查阅学习通相关资料进一步了解麦克斯韦的贡献，感受正确的科学思维对伟大的科学发现和个人成长的引导意义，并完成相应的思考题。

**2. 真善美教育**

2004年，英国的科学期刊《物理世界》举办了一个活动：让读者选出科学史上最伟大的公式。结果，麦克斯韦方程组力压质能方程、欧拉公式、牛顿第二定律、勾股定理、薛定谔方程等方程界的巨擘，高居榜首。麦克斯韦方程组是科学美的典范，形式简单，对仗工整，道理深刻，涵盖了电磁世界中所有的物理规律，使每一位物理学家都陶醉其中。玻尔兹曼情不自禁地引用歌德的诗句赞叹道："难道这些是上帝写的吗？"人们形容麦克斯韦方程组"和谐美妙得像一首诗"，被誉为"19世纪最美的方程"。

美无处不在，发现美、认识美、创造美的过程令人愉悦，美亦是科学的本性之一。物理学家在探索自然界物质运动的规律时，无论他们所运用的巧妙的思想方法、他们的勤劳和智慧的结晶——简单、和谐的物理理论，还是他们在追求真理的过程中所体现的严谨求实、锲而不舍的科学精神，无不向人们展示了科学自身的至美。

不仅仅是麦克斯韦方程，还有牛顿的运动方程、爱因斯坦的狭义与广义相对论方程、狄拉克方程、海森伯方程和其他五六个方程，都是物理学理论架构的骨架，它们提炼了几个世纪实验和理论工作的精髓，达到了科学研究的最高境界。杨振宁先生说:"以极度浓缩的数学语言写出了物理世界的基本结构,可以说它们是造物者的诗篇。"

请学生课下参与在线(分组任务)讨论:4 人一组(随机分组),结合十大最美物理实验和十大最美物理公式,谈谈对科学之美的理解。

### 三、赫兹发现电磁波

(课前请学生扫描课本二维码了解赫兹的故事)虽然麦克斯韦电磁波的预言极为鼓舞人心,但直到 25 年后赫兹才通过实验(图 3)证明了电磁波确实存在。他不断进行试验,进而证实了电磁波也会产生反射、折射、衍射和偏振等光行为。

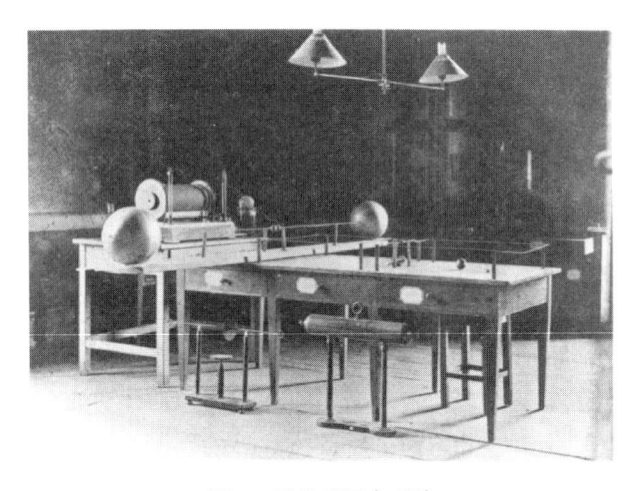

图 3 赫兹验证电磁波

**实践思维**

如果把电磁学比作一座雄伟壮丽的摩天大厦,那么,奥斯特发现电流的磁效应就是大厦的第一张草图,法拉第的电磁感应定律则给它打下坚实的地基,而麦克斯韦建立的方程组则标志着大厦的落成,最后由赫兹验证了电磁波的存在,这个大厦的一个个房间先后住满了人。从麦克斯韦预言电磁波到赫兹通过实验验证电磁波,体现了实践是检验真理的唯一标准。2015 年 1 月 23 日,习近平总书记在党的十八届中央政治局第十二次集中学习时指出,实践观点是马克思主义哲学的核心观点。实践决定认识,是认识的源泉和动力,也是认识的目的和归宿。认识对实践具有反作用,正确的认识推动正确的实践,错误的认识导致错误的实践。电磁波的发现,为无线电通信开辟了道路,但从赫兹实验到无线电的出现，还隔了 10 年时间。此间的研究与探索，请学生课下在线查阅资料或去图书馆阅读相关书籍，了解马可尼等人关于无线电的发明和应用的故事，从中感悟实践的重要性。

### 四、电磁波谱

**四个自信**

电磁波和电磁理论的研究推动了通信、广播和信息传输技术的发展（图 4）。物质电磁性质的研究推动了材料科学的发展，优质材料不断涌现。建立在电磁理论基础上的光学研究拓宽了光学研究领域。对于"以太"的深入研究导致狭义相对论的诞生。这些发展推动了 20 世纪以来科学技术的繁荣。著名物理学家费曼在《费曼物理学讲义》中写道："从人类历史的长远观点来看，例如从今往后一万年来看，几乎无疑的是，19 世纪最重要的事件将判定为麦克斯韦方程组的建立。"

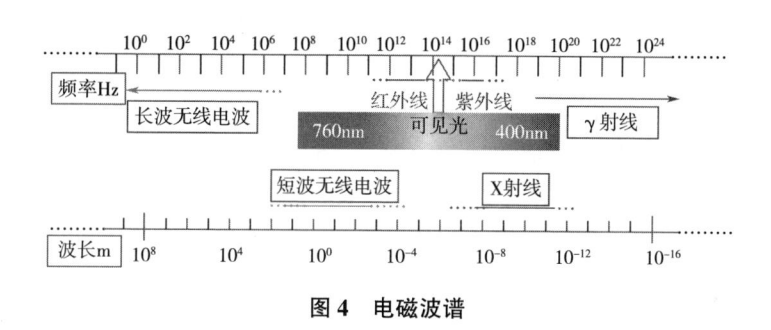

**图 4 电磁波谱**

相对论问世以后，人们的目光开始投向外太空。派遣探测器实地探测、人类飞向太空、登陆月球，并将数据和照片传回地球，一切都离不开电磁波，这是人们认识宇宙的基础，也是人类奔向未来的必由之路。目前世界上最大的单口径射电望远镜"中国天眼"（图 5），已确认了多颗新发现脉冲星。如今，现代军事、医疗、探测、航空航天等各项事业的发展，都离不开电磁波的应用，它对人类生活的影响和科学技术的进步都起着不可估量的作用。中国目前是 5G 网络技术及产业化的领先者之一，5G 网络技术的突破性进步，极大地助推了全球数字经济发展，在"共建共治共享"的原则下，中国愿意把自己的技术成果及产业化经验分享给全球各经济体，这体现了大国风范，也激励着学生积极投身祖国的建设中。

图 5　中国天眼

**【思政考核】**

1. 下列哪些物理理论用到了假说法？（　　）

A. 万有引力定律　　　　B. 电磁场统一理论

C. 熵增原理　　　　　　D. 高斯定理

2. 根据对立统一规律，从选修与必修、恋爱与学习、工作与考研、保持自我与随波逐流中任选一话题，谈一谈自己的认识。

3. 在线分组讨论：4 人一组（随机分组），结合十大最美物理实验和十大最美物理公式，谈谈对科学之美的理解。

**【总结反思】**

教学过程以学生为中心，通过在麦克斯韦方程组的学习中弱化理论推导、显化创新思维和辩证思维的重要地位，学生在学会物理知识的同时掌握相应的马克思主义哲学的基本原理，进而运用科学思维和方法论指导个人的学习和生活，体会到学习的价值和意义；以学生的学习兴趣为切入点，通过介绍电磁波技术在我国的发展，将政治认同和家国情怀渗透于课堂教学中，增强学生的四个自信和专业自信，提高学生的实践思维能力。大学物理课堂在培养科学思想与方法，涵养科学精神，培养人文素养的过程中变得更加深厚和温情。

# 高等数学：定积分的概念

**教师信息**：王佳新　**职称**：副教授　**学历**：本科
**研究方向**：应用数学
**授课专业**：22 飞机电子
**课程类别**：理论课
**课程性质**：公共基础课

## 第一部分　设计思路

### 一、本次设计的课程思政目标

**1. 育人入心**

课前了解微积分的发展史；了解中国古代割圆术等，增强学生的民族自豪感和文化自信。

**2. 育人入脑**

在讲解定积分的概念时，结合不规则图形的分割和青海湖的面积问题，创立教学情境，结合动画演示，引导学生对知识进行提炼、归纳与总结，得出定积分解决面积问题的思想——化整为零、以直代曲，积微成著；培养学生处理科技问题时的数学抽象能力，会用数学眼光开阔视野，掌握数学思维探究世界，增强创新意识。

**3. 育人入行**

在分组完成课堂拓展时，通过探讨定积分在航天飞行器脱离地球轨道的速度中的应用及相关科技前沿发展动态问题，不但让学生感受到数学知识和专业知识结合的力量，还能激发学生的爱国情怀，培养学生勇于探索的科学精神和学习飞机专业知识的信心。

## 二、课程思政教学设计内容

**1. 课前：课程思政引入**

按照学习小组分组完成课前任务提纲，完成学习通课前任务单的两项任务：①观看微积分发展史的视频和展示万物皆可微积分的动画，了解微积分的历史和体会微积分的思想；②学生查阅资料，教师讲述中国古代割圆术，通过小视频、小动画对积分这种抽象概念形象化，激发学生的学习兴趣，让学生感受中国古代数学的繁荣，增强学生的民族自豪感和文化自信。

分组任务要求：①以小组为单位汇报课前任务，呈现方式可以是小论文、微视频、PPT等多种形式；②组长统筹，分工明确，并根据各自完成任务情况完成组内生生互评。

**2. 课中：课程思政贯穿授课过程**

（1）对课前任务进行展示、分享和点评，充分发挥学生的主动性，引导学生了解中国古代数学的发展，增强学生的民族自豪感和文化自信；同时了解积分思想——无限分割，以直代曲。通过青海湖水域上升的案例，导入本次课的内容——定积分的概念，目的在于让学生从日常生活、地理环境的知识中发现积分思想，与课程中的定积分的内容联系起来，培养学生理论联系实际的能力，同时增强学生爱护和保护生态环境的意识。

（2）通过引例2和引例3创立教学情境，结合动画演示，引导学生对相似解题过程进行提炼、归纳与总结，体会数学的积分（无限逼近）思想——化整为零、以直代曲，积微成著。讲解《荀子·大略》中的成语"积微成著"，使学生结合中华传统文化理解数学思想，提升文化自信。

（3）通过探讨定积分概念的形成过程，让学生用尽可能多的数学语言表述自己对定积分形成的理解，最后得出最贴近定义的表达。目的是通过定义的推导，培养学生处理科技问题时的数学抽象能力，会用数学眼光开阔视野，掌握数学思维探究世界，增强创新意识。

（4）通过探讨定积分在航天飞行器脱离地球轨道的速度中的应用及相关科技前沿发展动态问题，让学生感受到数学知识和专业知识结合的力量，激发学生的爱国情怀，培养学生勇于探索的科学精神。

**3. 课末：课程思政总结反思**

对本次课的思政内容进行总结和提升，引导学生发现课程中不完善的地方，进一步培养学生的责任感、严谨的工作态度及精益求精的工匠精神，鼓励学生在课后继续深入思考，勇于创新。教师总结本次课的教学效果，对教学过程和课程思政进行诊断，总结教学创新点。通过课程思政总结，回顾课程思政四个融入点是否达成。

依据课程标准、教学内容特点和学情分析，本次课确定了如下教学目标及思政目标（图1）。

**思政目标**
（1）回顾我国古代数学家刘徽的"割圆术"，增强学生的民族自豪感和文化自信
（2）通过"青海湖水域面积"问题情境，增强学生爱护和保护生态的意识
（3）通过探讨定积分的航天方面的应用及相关科技前沿发展动态问题，激发学生的爱国情怀，培养学生勇于探索科学的精神

**知识目标**
（1）学生能够利用"大化小"、常代变、近似和、取极限四个步骤，归纳出定积分的概念
（2）学生能够利用定积分的概念完成相关题目的计算

**能力目标**
（1）通过探讨定积分概念的形成过程，培养学生的数学抽象能力和辩证思维能力
（2）通过分析解决实际案例问题，培养学生的数学建模能力

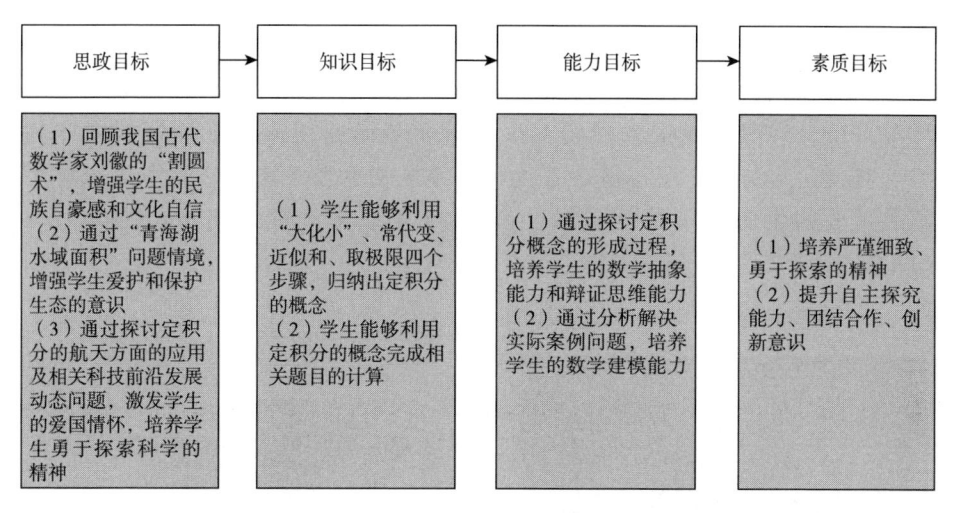

**素质目标**
（1）培养严谨细致、勇于探索的精神
（2）提升自主探究能力、团结合作、创新意识

图1　教学目标与思政目标

# 第二部分　案例描述

## 定积分的概念

【思政导入】

一、课程引入

**1. 课前任务汇报展示**

请学生分组上台分享微积分的历史、万物皆可微积分和古代割圆术中所蕴含的数学思想和方法，以及不规则图形的分割计算方法。

**2. 教师总结和延伸**

"积微成著"是积分思想的体现，将不规则图形进行水平与垂直分割，引

导学生发现需要求得任意不规则图形的面积即需要解决下面三种特殊图形的面积：曲边梯形、曲边弓形与曲边三角形。在这三种特殊图形中，曲边梯形更具有一般性，从而可以将求不规则图形的面积转化为求曲边梯形的面积。

**3. 创设情境，新课导入**

引例1：青海湖水体表面面积问题。

青海湖是中国最大的内陆高原咸水湖，是维系青藏高原东北部生态安全的重要水体，也是控制西部荒漠化向东蔓延的天然屏障。青海湖的生态环境特征及其演变在很大程度上反映着青藏高原整体生态环境的变化趋势，对柴达木盆地、三江源、祁连山等地区均有较大影响，青海湖水域面积是重要的生态环境特征指标。自2005年以来，青海湖水位持续上升（图2）。

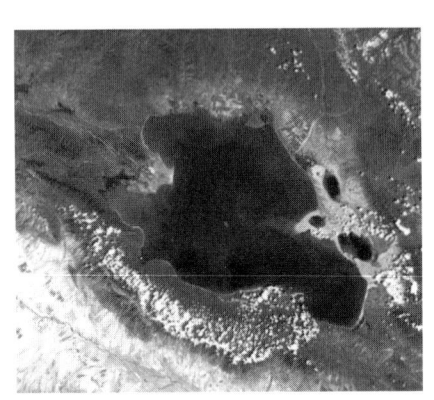

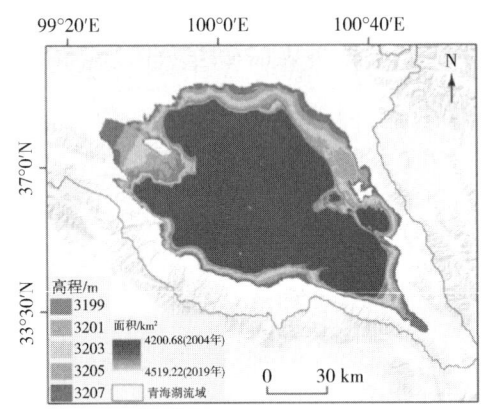

图2 青海湖水域

通过引入"青海湖水域面积"问题，创设问题情景，激发学生的学习兴趣，引导学生思考与讨论青海湖水位上升对周围生态产生的影响。这个问题的核心是面积问题，那么我们要得到青海湖的水域面积，应该用什么数学方法来解决呢？

教师总结提出：青海湖水域对周边生态的影响最直接的判断指标就是水域面积的变化。这个引例的核心问题是计算不规则图形的面积。引出本次课的第一个重点：曲边梯形面积。

结合青海湖水域面积生态主题案例，让学生把日常生活、地理环境的知识与课程中的定积分的几何意义内容联系起来，培养学生理论联系实际的能力，增强学生爱护和保护生态环境的意识。

【思政贯穿】

## 二、定积分的概念

引例2：曲边梯形面积。

设函数 $y=f(x)$ 在区间 $[a,b]$ 上非负连续，求由曲线 $y=f(x)$，直线 $x=a$，$x=b$ 及 $x$ 轴所围成的曲边梯形的面积 $A$，见图3。

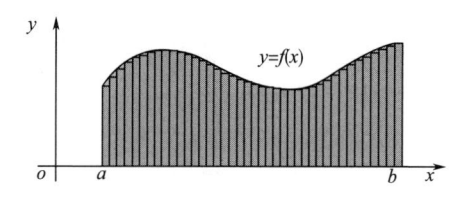

**图3　求曲边梯形面积**

教师提出问题：结合课前预习的小视频"割圆术"和小动画"万物皆可微积分"的数学思想，学生该如何利用数学方法计算曲边梯形的面积呢？

教师总结：求曲边梯形面积的基本方法是割补法，通过类比矩形面积的求法，目的让学生体会从具体到抽象、从特殊到一般的数学思想方法。

（1）大化小（分割）。任取分点：

$$a=x_0<x_1<x_2<\cdots<x_{i-1}<x_i<\cdots<x_{n-1}<x_n=b$$

把 $[a,b]$ 分成 $n$ 个小区间。小区间 $[x_{i-1},x_i]$ 的长度记为：

$$\Delta x_i=x_i-x_{i-1} \quad (i=1,2,\cdots,n)$$

（2）取近似——以直代曲。在第 $i$ 个小曲边梯形中，以 $[x_{i-1},x_i]$ 上任意一点 $\xi_i$（$x_{i-1} \leq \xi_i \leq x_i$）所对应的函数值 $f(\xi_i)$ 代替变化的 $f(x)$；用相应的底为 $\Delta x_i$、高为 $f(\xi_i)$ 的小矩形面积近似代替这个小曲边梯形的面积，即：

$$\Delta A_i \approx f(\xi_i)\Delta x_i$$

（3）近似和。将 $n$ 个小矩形的面积相加，得到原曲边梯形面积 $A$ 的近似值，即：

$$A \approx f(\xi_1)\cdot\Delta x_1+f(\xi_2)\cdot\Delta x_2+\cdots+f(\xi_n)\cdot\Delta x_n=\sum_{i=1}^{n}f(\xi_i)\cdot\Delta x_i$$

（4）取极限。当最大的小区间长度趋于零，即 $\lambda \to 0$ 时，和式 $\sum_{i=1}^{n}f(\xi_i)\cdot\Delta x_i$ 的极限就是 $A$，即：

$$A=\lim_{\lambda \to 0}\sum_{i=1}^{n}f(\xi_i)\Delta x_i$$

引例3：变速直线运动的路程。

设一物体沿直线运动，其速度$v=v(t)$是时间区间$[a,b]$上$t$的连续函数，且$v(t)\geq 0$，求这一物体在这段时间内所经过的路程$s$，见图4。

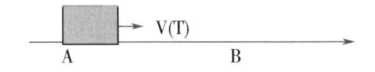

**图4　求变速直线运动的路程**

学生类比求曲边梯形面积的方法，讲解求变速直线运动的路程的方法。教师提问：分组讨论两个引例的共同点是什么？

教师总结：在学生归纳的基础上，师生共同总结引例2和3的特性：

(1) 都通过"四部曲"——分割、近似、求和、取极限解决问题。

(2) 都归结为求同一种类型的和式$\sum_{i=1}^{n}f(\xi_i)\Delta x_i$的极限问题。

(3) 解决问题的方法相同——在局部小范围内以直代曲、"以不变应万变"和"逼近"的思想。

创立教学情境，结合动画演示，引导学生对相似解题过程进行提炼、归纳与总结，更能体会数学的积分（无限逼近）思想——化整为零、以直代曲，积微成著。讲解《荀子·大略》中的成语"积微成著"，使学生结合中华传统文化理解数学思想，提升文化自信。

把这些问题从具体的问题中抽象出来，作为一个数学概念提出，就是本次课的第二个重点：定积分的定义。

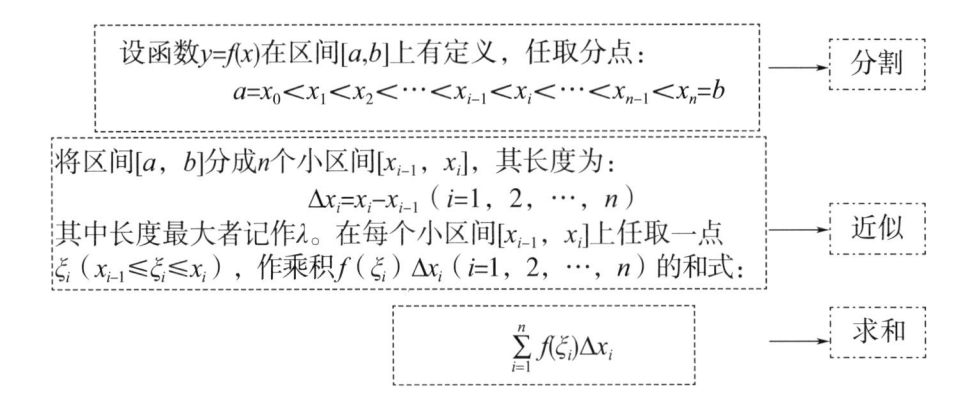

设函数$y=f(x)$在区间$[a,b]$上有定义，任取分点：
$a=x_0<x_1<x_2<\cdots<x_{i-1}<x_i<\cdots<x_{n-1}<x_n=b$ → 分割

将区间$[a,b]$分成$n$个小区间$[x_{i-1},x_i]$，其长度为：
$\Delta x_i=x_i-x_{i-1}$（$i=1,2,\cdots,n$）
其中长度最大者记作$\lambda$。在每个小区间$[x_{i-1},x_i]$上任取一点$\xi_i$（$x_{i-1}\leq\xi_i\leq x_i$），作乘积$f(\xi_i)\Delta x_i$（$i=1,2,\cdots,n$）的和式： → 近似

$\sum_{i=1}^{n}f(\xi_i)\Delta x_i$ → 求和

不论对区间$[a,b]$采取何种分法及$\xi_i$如何选取，当最大的小区间的长度趋于零，即$\lambda\to 0$时，极限存在，则称此极限值为函数$f(x)$在区间$[a,$

$b$]上的定积分,记作$\int_a^b f(x)dx$,即:

$$\lim_{\lambda \to 0} \sum_{i=1}^n f(\xi_i)\Delta x_i = \int_a^b f(x)dx \longrightarrow 取极限$$

其中,$f(x)$称为被积函数,$f(x)dx$称为被积表达式,$x$称为积分变量,$a$与$b$分别称为积分的下限与上限,$[a,b]$称为积分区间。

通过教师引导学生类比,发现例2和例3不仅所利用的思想一致,其表达式也均为一种特殊乘积和式的极限,以此渗透"透过现象看本质"的哲学思想,让学生用尽可能多的数学语言表述自己对定积分形成的理解,从而形成定积分的定义。给出定积分的表达式,目的是通过定义的推导,培养学生在处理科技问题时的数学抽象能力,会用数学眼光开阔视野,掌握数学思维探究世界,增强创新意识。

### 三、定积分的几何意义

见图5。

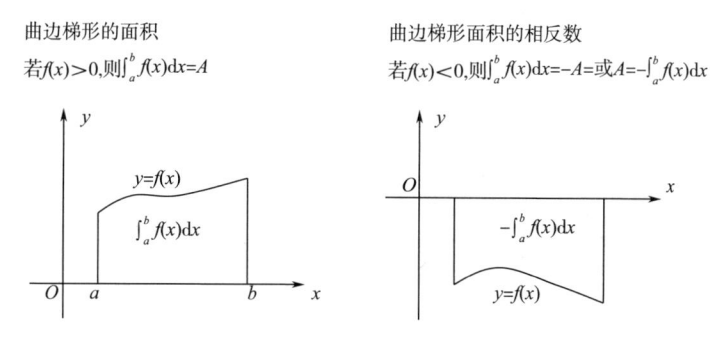

**图5 定积分的几何意义**

### 四、典型例题

将引例1青海湖水域面积表示成定积分,见图6。

### 五、课堂拓展

2021年10月16日,神舟十三号在酒泉卫星发射中心发射升空。按照计划,翟志刚、王亚平和叶光富三名航天员在天宫空间站进行为期半年的科学任务。2022年,我国天宫空间站全面建造完成(图7)。以美国为主导的国际空间站已经进入"生命周期的尾声",虽然最新调整到 2030 年才退役,但其综合性能和稳定性已经大大降低,未来更多的国家与我国开展太空探索和科学研究,天宫空间站将成为科学家开展太空领域科研与合作的首选平台。人类要发射人造地球卫星或发射星际航行的飞行器,就要摆脱地球强大的引力,飞行器必须达到宇宙速度,发射火箭需要计算克服地球引力所做的功,设火箭的质量为 $m$,将火箭垂直向上发射到离地面高 $H$ 时,需做多少功?(图 8)并由此计算初速度至少为多少时,方可使火箭脱离地球的引力范围?

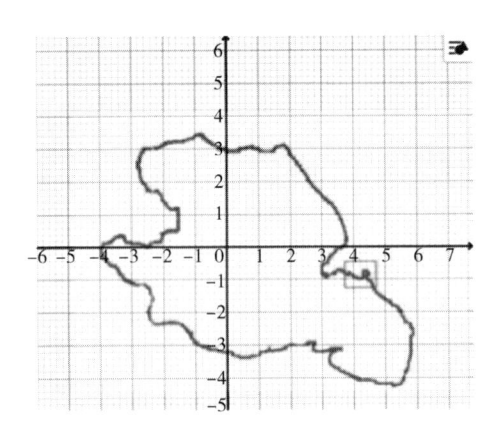

**图 6　青海湖水域面积定积分**

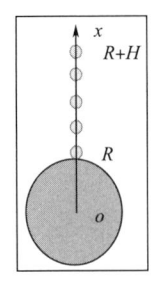

**图 7　天宫空间站**　　**图 8　火箭升空受力示意图**

分析:将质量为 $m$ 的火箭垂直向上发射到离地面高 $H$ 时,需要计算克服地球引力所做的功,本质上属于变力沿直线做功的问题。

分组讨论:学生分组讨论,探讨解决问题的方案,并派出小组代表对所设计的解决方案进行展示,培养学生分析解决问题的能力和团队协作能力。

通过探讨定积分在航天飞行器脱离地球轨道的速度中的应用及相关科技前沿发展动态问题，不但让学生感受到数学知识和专业知识结合的力量，还能激发学生的爱国情怀，培养学生勇于探索的科学精神。

## 六、教学效果分析

本节课所讲授的定积分的概念，是高等数学教学中的重点和难点内容。根据学情分析进行教学设计，组织教学活动，选择教学方法，课堂上学生学习兴趣浓厚，教学效果良好。

（1）创设问题情境。通过"青海湖水域面积"创设问题情境，激发学生的学习兴趣，引导学生积极主动探索曲边梯形面积的计算方法。

（2）多环节课程思政融入，润物无声。通过回顾我国古代数学家刘徽的"割圆术"，增强学生的民族自豪感和文化自信；通过"青海湖水域面积"问题，增强学生爱护和保护生态环境的意识；通过探讨定积分概念的形成过程，培养学生的数学抽象能力和辩证思维能力；通过探讨定积分在航天飞行器脱离地球轨道的速度中的应用及相关科技前沿发展动态问题，激发学生的爱国情怀，培养学生勤于思考、勇于探索的科学精神。

（3）分组讨论，探究学习。学生分组讨论，探讨解决问题的方案，并派出小组代表对所设计的解决方案进行展示，提升学生的数学素养，培养学生分析解决问题的能力和团队协作能力。

（4）培养学生初步的数学建模能力。与航天领域的应用案例相结合，通过数学建模将实际问题转化为数学问题，应用所学知识予以解决。

【总结反思】

基于学生的专业培养方案和高等数学课程的特色及优势，紧紧围绕"培养什么人、怎样培养人、为谁培养人"这个根本问题，以"滴灌育人"和"融通育人"为路径，切实发挥教师队伍"主力军"、课程建设"主战场"、课堂教学"主渠道"作用，系统地构建高等数学课程思政的教学大纲，重塑"高等数学+"教学内容体系，课程思政紧密结合教学内容，达到知识、能力、思政教育三线并进。

# 会计基础：会计的职能与作用

**教师信息**：张晖　**职称**：副教授　**学历**：本科
**研究方向**：会计、财务
**授课专业**：大数据与会计
**课程类别**：理实一体化课程
**课程性质**：专业群技术基础课

## 第一部分　设计思路

### 一、本次设计的课程思政目标

本次课通过会计职能与作用的具体讲解，全面介绍会计对于企业经营、推动经济发展的意义；深刻理解遵守法制、守住底线的重要作用，培养学生新时代发展理念，为学生树立正确的职业道德观，培育正确的战略思维、法治思维的会计理念。

### 二、课程思政教学设计内容

**1. 课前：课程思政引入**

大家知道中国早期会计学会是何时，在哪里成立的吗？

党和政府历来重视会计工作。早在1942年，中国共产党领导的陕甘宁边区就成立了边区会计学会。

**2. 课中：课程思政贯穿授课全程**

本课采取"理论与实践相结合"的教学思路，在学习会计作用的同时，培养学生正确地认识会计，了解会计在经济生活中的作用以及党和国家对会计的重视。教师在讲解会计作用的过程中，通过穿插讲解新发展理念，明确会计的目标要与企业的目标一致，企业的目标应该与社会发展的目标一致，让学生理解新发展理念，理解会计的重要作用。

**3. 课末：课程思政总结反思**

教师引导学生进行课后小结，总结会计的职能和作用，特别是会计对企业经营的意义，对社会发展的意义；同时，教师应引导学生通过重温 80 年前的新闻，了解我党对会计工作的重视。强调遵守《中华人民共和国会计法》，遵循会计准则，做到不做假账；发挥会计助力社会经济增长的重要作用。

# 第二部分　案例描述

## 会计的职能与作用

【思政导入】

导入 1：我党领导的最早的会计学会。

1942 年 4 月 20 日，《解放日报》（图 1）刊登一则新闻："边区会计学会成立"（图 2）。"边区"一词原本是指边远的地区，经常指某一区域的边界地带，但在中国近代史语境中"边区"一词则特指民主革命时期，中国共产党领导的革命政权在几个省接连的边缘地带建立的根据地。最著名的边区有陕甘宁边区、晋察冀边区、晋冀鲁豫边区、苏皖边区等。这条新闻提到的"边区"是指陕甘宁边区，就是党中央的所在地。《解放日报》于 1941 年 5 月 16 日创刊于延安，报名由毛泽东亲自题写，为中共中央的机关报。

思考问题一：中共中央的机关报为什么会刊登这样一则消息？

思考问题二：会计学会是个什么样的组织？

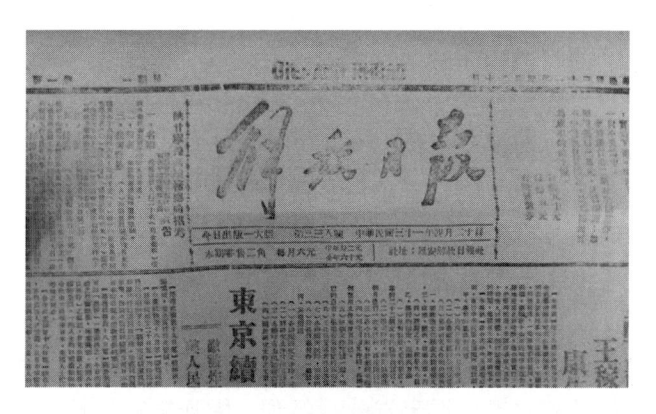

**图 1　《解放日报》报头**

图 2　《解放日报》新闻报道：边区会计学会成立

导入 2：重视会计，加强领导。

80 年前的新闻回放："筹备数月的'边区会计学会'，于昨日上午假边行大楼召开成立大会。到会员（包括各公私工厂、作坊、商店、农场、矿井、银行、合作社，及各级政府机关、部队之会计人员）近二百人，赞助人何思敬等（暨）财厅南厅长、建厅高厅长亦均莅临。会议开始后，主席陈济生说明成立会计学会的目的：团结边区会计人才及会计工作者，研究会计问题，解决会计困难；配合并促进边区财政经济工作的发展。"

边区银行大楼（图 3）始建于 1940 年，是延安革命时期标志性建筑之一，2006 年被列入全国重点文物保护单位，现为陕甘宁边区银行纪念馆。从新闻稿中可知，当时陕甘宁边区会计学会会员包含了边区各个行业的会计人员，近二百人的规模说明了当时边区经济发展情况。到会祝贺的领导有时任边区财政厅厅长的南汉宸，后来担任中国人民银行首任行长。边区重要的主管经济建设领导到场，足见边区政府对会计人员的重视。边区会计学会的主席陈济生，后来担任过东北银行辽宁省分行经理、大连银行行长等职，是一位会计专家。

思考问题一：会计的职能和作用是什么？

思考问题二：党和政府为什么重视会计工作？

图 3　边区银行大楼

【思政贯穿】

一、会计的基本职能

**1. 反映职能**

会计的反映职能是指会计能够按照公认的会计准则、制度的要求，通过一定的程序和方法，全面、系统、及时、准确地将一个会计主体所发生的会计事项表现出来，以达到揭示会计事项的本质、为经营管理提供经济信息的目的。

思考问题：我国会计主要的法律法规有哪些？会计准则是政府颁布的吗？

**2. 监督职能**

会计的监督职能是指会计按照一定的目的和要求，利用会计信息系统所提供的信息，对会计主体的经济活动进行控制，使之达到预期的目标。

思考问题：会计监督是审计吗？会计监督是代表国家监督企业吗？

二、会计的作用

（1）会计工作是企业管理工作的重要内容。会计部门和企业其他部门发生广泛的联系，会计工作在企业工作中占据重要位置。

（2）会计信息是企业经营决策的基本依据。企业决策的正确与否是企业经营成败的关键，而正确的决策又取决于会计信息的可靠性和及时性。准确的会计信息，能确保企业经营稳定，促进企业持续发展。

（3）会计能对企业过去的生产经营情况进行分析，预测将来的生产经营状况。

（4）会计工作可以在过程中检查企业各项计划的执行情况，及时发现问题。

（5）会计工作的结果是企业经营决策正确与否的检验标准；是企业生产经营实际情况的数字化呈现，可对比量化的企业目标。

（6）会计信息是投资人、债权人了解企业情况的主要来源。

（7）会计信息是政府收税的依据，同时也是做出宏观经济决策的依据。

思考问题：错误的会计信息会给政府决策和社会经济发展带来什么危害？

**【总结反思】**

会计是企业经营的重要环节，是对企业的数字化描述。做好会计工作，及时准确地提供会计信息，从战略上看，不仅对企业发展至关重要，也对政府的决策，对社会经济的发展起到重要作用。经济的发展不仅促进了会计职业的发展，合格优质的会计人员在法制框架内的工作，也会对经济发展起到支撑作用。马克思提出的会计反映和监督两职能，是对会计工作作用的简洁和准确的描述。在设计时，思政要与课程内容紧密结合，要用令人信服的详实资料佐证观点，这就需要长期的积累挖掘，及时发现合适的案例和思政切入点。功夫下到，设计合理，思政效果必然显著。

# 金融基础：货币的产生及货币形态演变

教师信息：边海宁　　职称：讲师　　学历：硕士研究生
研究方向：科技金融、国际金融
授课专业：国际金融
课程类别：理论课
课程性质：专业群技术基础课

## 第一部分　设计思路

### 一、本次设计的课程思政目标

货币不是伴随着人类诞生就有的，而是商品经济发展到一定阶段才慢慢产生出来的。在漫长的货币发展历程中，出现了不同的货币形态；并且每种具体货币形态都会经历由盛至衰的过程。通过实物货币、金属货币、代用货币、信用货币、电子货币等具体货币形态演变历程，培养学生的历史发展思维和创新思维。每种货币形态都是历史发展的产物，都有自身的特点和优势，但随着经济的发展，都会出现种种不再适合新的客观经济情况的问题，会被新的货币形式所取代；要全面看待和评价每一种货币形态，培养学生全面、系统思维能力。鼓励学生树立个人发展观，不进则退，要积极进取，不断增加自身竞争力。

结合中国古货币内容和中国在货币史上的特殊贡献，强化学生的文化自信和爱国情怀；鼓励学生观察金融现象，探索现象背后的规律，把握货币本质，锻炼学生理性归纳能力；同时融入劳动教育和职业素养教育，培养学生的职业荣誉感和责任感，激发学生专业归属感和学习动力。

### 二、课程思政教学设计内容

**1. 课前：课程思政引入**

通过有关货币的视频，理解货币的产生及其形态演变是历史的选择；帮助学生树立历史发展思维；同时引导学生积极思考货币产生的原因，探索货币形态演变历程，强化学生劳动意识；引导学生关注新兴的数字货币，观察金融现象，激发学习金融知识的兴趣和学习热情。

**2. 课中：课程思政贯穿授课过程**

结合货币产生的原因，阐述货币的本质，即固定充当等价物的特殊商品，解释为什么说货币体现了一定的社会生产关系，培养学生透过现象把握本质的理性归纳思维能力；理解为什么"金银天生不是货币，而货币天生是金银"，强化学生的历史发展思维。

通过实物货币、金属货币、信用货币、电子货币等货币形态演变历程，帮助学生认识到事物都是发展变化的，每种货币形态在一定的历史背景条件下产生，随着经济发展、社会进步，又会出现不适应社会发展的问题，逐渐被新的货币形态所取代，历史的车轮永远向前，强化学生的发展思维和创新思维；同时引导学生看到每种货币形态都有优缺点，事物都是对立统一的，培养学生的辩证思维。通过结合中国古代货币，强化学生的文化自信和民族荣誉感，提升爱国情怀。

通过组织小组讨论，帮助同学树立正确的金钱观，强化学生刻苦努力，爱岗敬业的劳动精神；通过提升技能，服务客户，更好实现人生价值，激发学生的职业责任感和荣誉感。

**3. 课末：课程思政总结反思**

全面、客观总结评价每一种货币形态，提升学生辩证思维和创新意识；了解更多的人民币知识，激发学生对金融知识的探索，提升专业认知和职业责任感；事物都是发展变化的，货币如此，学生个体也是如此，"士别三日当刮目相看"，强化学生自我发展意识，树立自信，对自己负责，对专业负责，鼓励学生做好职业规划，为自己的理想奋斗。

# 第二部分 案例描述

## 货币的产生及货币形态演变

**【思政导入】**

课前视频学习：货币的产生，并提问、启发学生思考：货币为什么会产生？货币的本质是什么？货币经历了哪些具体形态？

思政元素：通过观看货币产生及演变的视频，启发学生思考货币为什么会产生，激发学生的创新意识。通过课前提问，启发学生探索更多历史史料，激发学习兴趣；随着商品经济的发展和环境的变化，货币逐渐产生，并经历了不同货币形态；每种货币形态也不是永久的，会随着社会的发展变化不断被新的、更先进的货币形态所取代；历史是发展变化的，帮助学生树立历史发展观；对于每位学生也是一样，也要树立个人发展观，不能固步自封，要不断激励自己，开阔视野，学习新技能，提升竞争力。

【思政贯穿】

一、探究起源，分析原因

马克思说"货币的起源在于商品本身"，货币不是从来就有的。从历史发展角度去探究货币产生的原因，货币的产生是和商品交换紧密联系在一起的。商品交换的发展经过了两个阶段：第一阶段是物物交换，第二阶段是通过媒介的交换。物物交换存在明显的缺陷，货币是在交换过程中为了克服物物交换的缺陷而产生的。

思政元素：货币的出现，是历史发展的选择，强化学生的历史发展思维和创新思维。通过辛勤劳动创造出更多的产品，有了剩余产品才能进行交换，劳动推动社会进步，强化学生热爱劳动、崇尚劳动的劳动精神；私有制的出现虽然产生了剥削，但更是生产力进步的表现，促进了商品的产生和货币的出现，事物本身都是多方面的，培养学生树立全面、客观的辩证思维能力。

二、分析现象，探究本质

马克思曾经说过："金银天然不是货币，但货币天然是金银。"随着商品交换的发展，产生了不同的价值形式：简单的或偶然的价值形式、扩大的价值形式、一般价值形式和货币价值形式。引导学生思考货币的本质，金银首先是以普通商品参与交换的，金银由于其天然属性而获得了充当一般等价物的独占权。所以货币的本质是固定充当一般等价物的特殊商品（图1）。

思政元素：每种价值形式都可以通过公式体现，引导学生总结每种价值形式的公式，提升学生的逻辑思维和总结归纳能力；同时强化练习判断不同价值形式，增强学生的实践运用能力；商品交换的过程浓缩了货币产生的过程，引导学生探索货币本质，培养通过现象把握本质的理性归纳能力；把握货币本质，分析金融现象，提升分析问题、解决问题的实践能力。

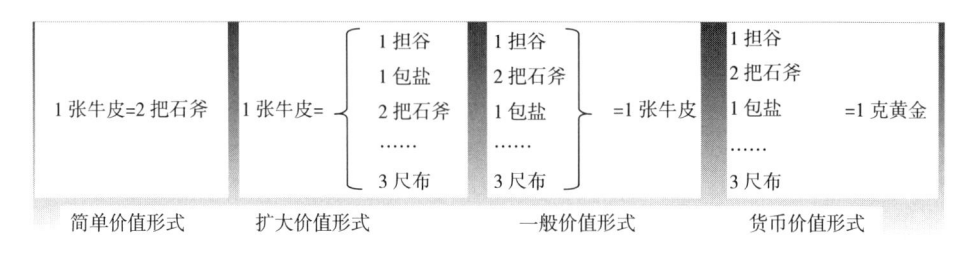

**图 1　不同的价值形式**

## 三、探究形态，对比异同

**1. 实物货币**

实物货币指金属货币出现前，曾充当过交易媒介的特殊商品，如贝壳、牲畜、农具、布帛等（图2）。

**2. 金属货币**

金属货币指用金属做成的货币。它的优点是价值高、易于分割、易于保存、便于携带。缺点是金属数量有限，不能满足商品流通对币材的需要；流通费用较高（图3）。

**3. 代用货币**

代用货币通常作为可流通的金属货币的收据，一般指由政府或银行发行的纸币或银行券，代替金属货币参加到流通领域中（图4）。

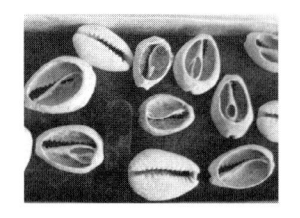

图 2　贝币 　　　图 3　秦半两 　　　图 4　最早的纸币——交子

**4. 信用货币**

信用货币指币材的价值低于其作为货币所代表的价值，甚至没有价值只凭借发行者的信用而得以流通的货币，也叫法定货币。

**5. 电子货币**

电子货币指以电子数据形式存储在银行计算机系统中，以电子信息传递形式实现流通和支付功能的货币，是当今货币形态发展的新趋势。

思政元素：通过 5 种货币形态的学习、对比分析，培养学生的历史发展思维能力，提升学生的总结归纳能力；中国最早的实物货币是贝币，从我国文字中可以得到印证，如"货""财""贫""贵"等都是与货币财富相关的文字，都带有"贝"偏旁部首。中国最古老的金属货币是铜铸币，"秦半两"是第一种在全国范围内的统一货币。在宋代，中国出现了世界上最早的纸币——交子。从 2014 年开始，中国已经开始研究数字货币，也取得了一定的进展。

中国货币的发展历程在中国文字中得到了印证，体现了中国文化的博大精深，要发扬和传承好中华文化，坚定文化自信！同时中国在世界货币史上占据重要地位，强化学生民族自豪感和爱国情怀！

## 四、讨论提升，学以致用

话题讨论：

（1）作为当代大学生，有哪些正当途径获得货币？

（2）作为当代大学生，应该树立怎样的金钱观？

思政元素：通过话题讨论，引导学生树立正确的金钱观，培养金融职业道德，树立法治意识；通过诚实劳动，获得合法收益，强化学生的劳动意识；同时，鼓励学生学好本领，练好技能，更好地服务客户，贡献社会，这样才能更好地实现自我价值，脚踏实地，勤劳肯干，认真过好每一天，强化实践思维，将思政教育落实在实处。

## 五、总结巩固，拓展实践

进行课程内容总结，布置课外拓展任务。

任务1：观看《人民币的前世今生》视频，总结人民币发展的阶段。

任务2：总结货币形态演变历程，预习货币职能，分析货币本质和货币职能的关系。

思政元素：通过《人民币的前世今生》，以发展的眼光系统、全面了解人民币的产生、发展及对未来进行展望，增加学习兴趣，培养学生的探索精神和创新意识；全面、系统总结货币的演变历程，继续探索货币本质和货币职能的关系，提升学生的自我学习能力和归纳能力。

**【总结反思】**

通过货币产生及不同货币形态演练历程，帮助学生树立历史发展思维观；结合中国货币发展历程，强化学生的文化自信和爱国情怀；通过分析商品交换不同价值形式，总结货币本质，提升学生分析归纳能力；最后通过话题讨论，帮助学生树立正确的金钱观，鼓励学生通过诚实劳动，创造财富，强化学生的劳动意识；鼓励学生学好本领，练好技能，更好地服务客户，提升学生的职业责任感，更好地实现自我价值！

# 跨境电子商务运营：
# 基于供应商开展跨境选品

**教师信息：** 耿慧慧　　**职称：** 讲师　　**学历：** 硕士研究生
**研究方向：** 跨境电子商务
**授课专业：** 电子商务
**课程类别：** 理实一体课
**课程性质：** 职业技术技能课

## 第一部分　设计思路

### 一、本次设计的课程思政目标

本次设计的课程思政目标兼顾认识论和方法论两个方面，不仅落实习近平新时代中国特色社会主义思想进教案、进课堂、进学生头脑，还在课程教学过程中加强对学生马克思主义辩证思维方法的理解与运用。

### 二、课程思政教学设计内容

**1. 课前：课程思政引入**

基于学生具备良好的英语基础，能浏览国外英文网站，能收集、检索信息，并进行适当的整理或加工，但对国内外农产品跨境出口法律不熟悉，规则意识不强的现实，我们在课前准备"一带一路"沿线国家农产品进出口有关法规资料，提出本次课的思政目标：树立以新的发展理念促进社会主要矛盾转化的意识，遵守目标国跨境电商农产品进出口法规，增强法治思维。结合跨境电商新业态和新模式，展示我国跨境电商的巨大成就及其对一带一路沿线国家的经济贡献，激发学生民族自信心和自豪感，树立坚持走中国特色社会主义道路的自信心。

**2. 课中：课程思政贯穿授课过程**

本次课遵循以学生为主体、以教师为主导的教学理念，以将青海省玉树杂多优质农产品推向国际市场为载体，按照跨境电商运营工作流程，以"敬业修德、铸魂育人"为思政主线，基于 ARCS 模型，实施教学任务。将课程思政与专业培养相融合，在完成学习任务的过程中培养学生发现、分析、解决问题的能力，培育学生终身受益的优良品格和追求卓越的职业精神，将立德树人落到实处（图1）。

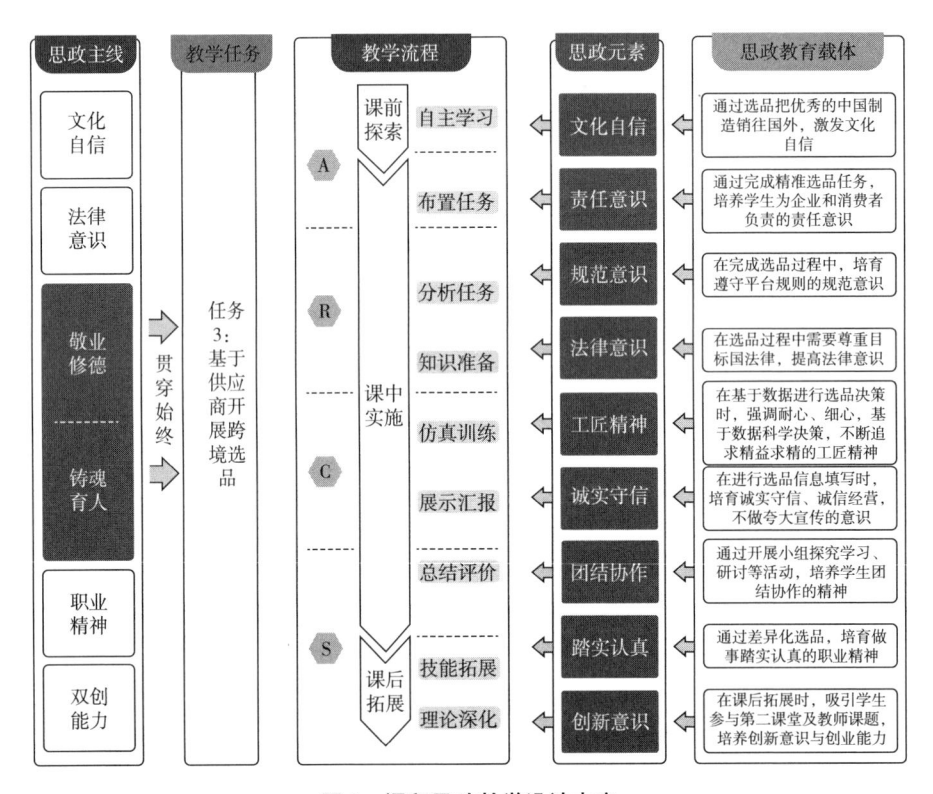

**图1 课程思政教学设计内容**

### 3. 课末：课程思政总结反思

课程结合跨境电商行业需求与课程特点，凝练课程思政目标，实现专业培养与课程思政双线有机融合。学生完成课后拓展任务，利用双创基地和第二课堂深化学习，引导学生内化新发展理念、法治思维以及将油然而生的自豪感和爱国主义共鸣细化落实到课业学习中，落实到自己的言行中。

# 第二部分 案例描述

## 基于供应商开展跨境选品

**【思政导入】**

党中央、国务院高度重视外贸新业态新模式发展。习近平总书记多次做出重要指示，强调要推动跨境电商等新业态新模式加快发展，培育外贸新动能。国务院连续8年在《政府工作报告》中进行部署，强调要发展跨境电商等新业态新模式。2021年7月，国务院发布《关于加快发展外贸新业态新模式的意见》，围绕完善跨境电商发展支持政策，深入推进外贸服务向专业细分领域发展等内容提出了一系列举措，促进跨境电商可持续发展。

东方甄选贵州行专场首次跨境联动，直播间展示"贵州格局"，引入来自柬埔寨、泰国、越南等湄公河国家的特色商品，直播期间，柬埔寨腰果、香米、越南咖啡等产品，由于质量、价格优势突出，上架后迅速热销，成为东方甄选贵州直播的创新亮点。

基于新发展理念，为了更好地服务优质企业和产品沿着"一带一路"走出去，借助跨境电商新业态、新模式，帮助青海省玉树杂多优质产品走出国门、推向国际市场。作为跨境电商运营人员，我们应该选择哪些商品，如何开展基于供应商选品？

思政内容：思政导入让学生基于新发展理念，思考在遵守"一带一路"沿线国家农产品进出口法规的基础上，选出我国中西部地区具有比较优势的优质农产品，借助跨境运营将其推向国际市场，进而在全球跨境电商市场上打造中国跨境电商发展样板，激发学生民族自豪感和坚定走中国道路的自信心。

**【思政贯穿】**

依据学情分析，将与我校电子商务专业合作的玉树杂多农产品跨境运营业务引入课堂，以"敬业修德、铸魂育人"为思政主线，基于ARCS学习动机激励模型，通过任务驱动、问题引领，将跨境选品工作流程转化为符合教学规律和学生认知的教学流程，教学过程贯穿课程思政，将立德树人落到实处（图2）。

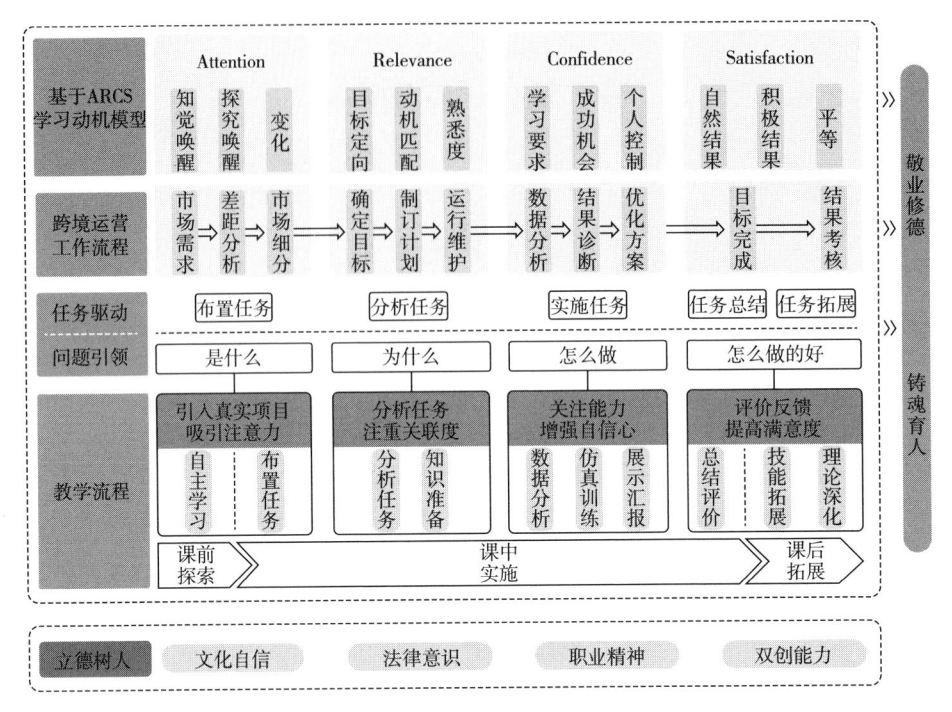

图 2　ARCS 教学模式

## 一、课前探索

基于学生具备良好的英语基础，能浏览国外英文网站，能查询收集英文信息，并进行适当的整理或加工，但对国内外农产品跨境出口法律不熟悉，规则意识不强的现状，教师在课前准备"一带一路"沿线国家农产品进出口法规资料，学生自主学习并完成测验，分组完成两个调研，提出本次课的思政目标：树立以新的发展理念促进社会主要矛盾转化的意识，遵守目标国跨境电商农产品进出口法规，增强法治思维（图3）。

思政内容：通过学习"一带一路"沿线国家的农产品进出口法规，让学生建立规则意识和法治思维；通过调研，强化学生团队精神和实践思维。

## 二、课中实施

### 1. 引入真实项目，吸引注意力（attention）

播放视频引入青海玉树农产品跨境运营真实项目，启发学生思考，在新发展理念下，哪些优质农产品符合"一带一路"沿线国家出口要求，如何选择优质的农产品？

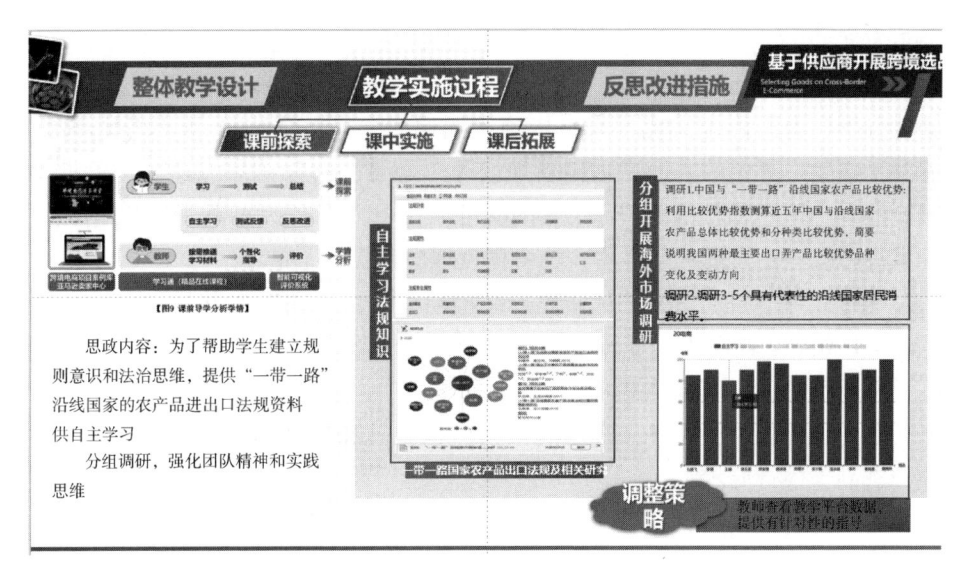

图 3 课前探索

思政内容：在 2022 年服贸会"2022 中国电子商务大会——跨境电商论坛"上，中国国际电子商务中心电子商务首席专家指出，随着国内消费升级阶段的到来，国内消费者对海外优质商品的消费能力不断增加，这也是直接驱动我国跨境电商进口快速发展的主要动力之一。跨境电商也发挥了其灵活性等方面的优势，不断地服务全球细分市场。线上是一个覆盖全球 30 亿网络消费者的庞大市场，总规模超过 4 万亿美元，值得每一个企业关注、重视甚至进入。中国要想更快适应这个市场，跨境电商可能是最直接的手段。通过跨境电商提供的一系列连接服务，包括云计算、大数据及智能化工具，能够聚焦细分市场的加速变化。跨境电商出口会将中国制造、中国服务以及中国供应链等方面的潜力充分挖掘，对接全球需求。

**2. 分析任务，强调关联度（relevance）**

在教师引导下小组讨论分析，将任务分解为三个子任务：①分析产品的功能与特点；②筛选出具有比较优势的产品；③挖掘差异化选品方向。讲解"比较优势""差异化选品""市场容量"知识点，并借助学习通完成测试。

思政内容：随着数字技术的快速发展，外贸领域的新业态新模式层出不穷、不断涌现，数字化、网络化、智能化特征明显。2021 年我国服务进出口总额首次超过 8 000 亿美元，创历史新高。中国与"一带一路"沿线国家的服务贸易额增长 33%，对"一带一路"沿线国家的经济有很大贡献。新发展阶段，贯彻新发展理念，跨境电商能畅通国内国际双循环，推动服务贸易高质量发展。

引入东方甄选转型案例，播放东方甄选贵州专场视频，他们通过双语直播业务推广中国传统文化及来自中国不同原产地高品质农产品及相关产品。除此，像蒙牛集团的乳产品远销新加坡等"一带一路"国家，还有一大批中国企业和中国品牌获得了国际市场的认可，"中国经验""中国方案"已经成为世界跨境电商发展的新样本，为各国发展电商提供了借鉴。

通过此环节激发学生把优质农产品推向"一带一路"沿线国家的文化自信和爱国情怀，树立坚持走中国特色社会主义道路的自信心。

### 3. 关注能力，增强自信心（confidence）

基于以上三个子任务，学生利用大数据工具和仿真训练方式开展基于供应商选品，进行展示汇报。

思政内容：第一，在"一带一路"倡议下，随着我国"互联网+农业"的兴起，农产品跨境电商蓬勃发展，然而"一带一路"沿线国家在食品安全监管上往往都有庞杂繁多的法律条文体系，由于语言差异大、贸易水平低、通报机制不畅等原因，贸易方对沿线国家食品安全监管法律制度普遍不够了解，导致食品屡屡在过境、入境时因不符合当地食品安全监管法律要求而遭退货、销毁。"一带一路"不同区域、地区、国家对农产品进口在清真标准、食品标签、食品包装、转基因食品管理、食品添加剂等相关法规方面要求不尽相同，请学生结合本组的目标国/区域进行有针对性地分析和选择农产品。第二，培养学生创新思维和实践思维意识，为适应跨境电子商务运营岗位做好准备。此外，培育学生团队精神以及倾听并尊重他人意见的良好素质。

### 4. 评价反馈，提高满意度（satisfaction）

教师归纳总结，利用智能可视化系统分析学习情况，进行增益综合评价。

思政内容：倾听并尊重他人意见的良好素质。

## 三、课后拓展

在课后鼓励学生在技能提升和理论深化两方面进行拓展，培养学生创新思维能力（图4）。

【总结反思】

本次课基于ARCS教学模式，将思政元素渗透到每个教学环节，思政设计围绕认识观和方法论两个层面，重点展开了中国社会主要矛盾的转化与新发展理念和法治思维教育，并且辅以中国特色社会主义道路自信、理论自信、制度自信、文化自信和创新思维教育。本次课校企合作搭建人才培养平台，教学团队探索式设计课程思政模式，并付诸实践，构建 ARCS 教学模式，通过完成选品任务，引导学生不仅掌握差异化选品的技能，还要掌握选品的规则意识，使学生基于新发展理念，培养守法合规、勤勉尽责的职业素质和创新思维意识。

跨境电商行业发展快，新政策新技术不断出现，对课程思政资源库更新提出挑战，课程教学团队在探索如何提升教学环境育人效果，提供更加个性化学习需求和反馈方面进行了尝试。

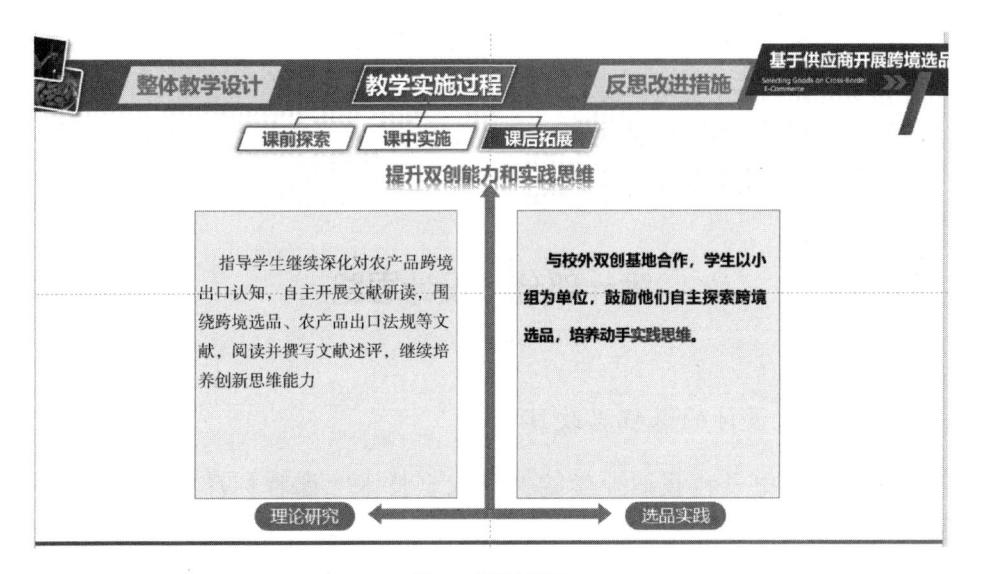

图 4　课后拓展

# 供配电技术：无功补偿设备和成套配电装置

**教师信息：** 刘增辉　**职称：** 教授　**学历：** 本科
**研究方向：** 电气自动控制
**授课专业：** 电气自动化技术
**课程类别：** B 类（理实一体）
**课程性质：** 专业模块化课

## 第一部分　设计思路

一、本次设计的课程思政目标

依据北京电子科技职业学院"供配电技术"课程标准、学生特点、习近平在全国高校思想政治工作会议上的重要讲话精神，按照价值引领、能力达成、知识传授的总体要求进行本课程的设计，创设一个既教书又育人的良好课堂环境，培养德智体美劳全面发展的高素质技术技能型人才。

本次课的课程思政教学设计侧重于价值观和方法论两个层面。价值观层面的目标是引领学生崇尚社会主义核心价值观，提升社会公德素养；方法论层面的目标是提升学生运用马克思主义辩证思维方法（辩证思维）解决问题的能力。

二、课程思政教学设计内容

**1. 课前：课程思政引入**

针对学生诚信意识、安全意识、公德意识淡薄的状况，按图 1 所示列入思政内容，并贯彻课程始终。

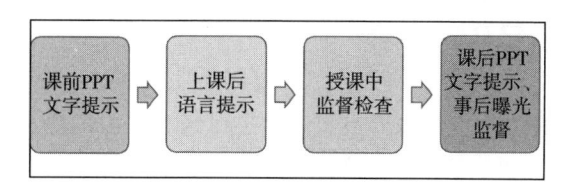

```
课前PPT        上课后         授课中        课后PPT
文字提示   →   语言提示   →   监督检查   →  文字提示、
                                            事后曝光
                                              监督
```

**图 1　基本素养思政内容引入方法**

**2. 课中：课程思政贯穿授课过程**

生产安全意识是重要的职业素质之一，如果没有生产安全，其他一切都有可能不复存在。对于在电力系统中从事工作的人员来说，生产安全更是重中之重了。在本课程的学习中，学生不仅要认真学习理论知识，更要注重学习各种行业规范，更要注重学习各种操作规范并遵守操作规范。那么，这样做就够了吗？

播放事故的视频短片，进一步通过实际案例向学生展示不重视安全操作规范的严重后果。

请学生思考这个事故的原因是什么。

由此，引出批判性思维与辩证思维的能力培养及其重要性，建议大家在今后的学习和工作中注重批判性思维与辩证思维的能力培养和应用。

在本次课中拟对学生培养的三个素质目标是：具有良好的安全（包括公共安全和生产安全）意识和公德意识；具有良好的诚信意识；具有初步的辩证思维意识以及批判性思维意识。

此内容在授课过程中的贯穿实施过程如图 2 所示。

**课前**
- 上课前
- 播放PPT内容：安全意识（防疫）、文明素质（公德意识）培养

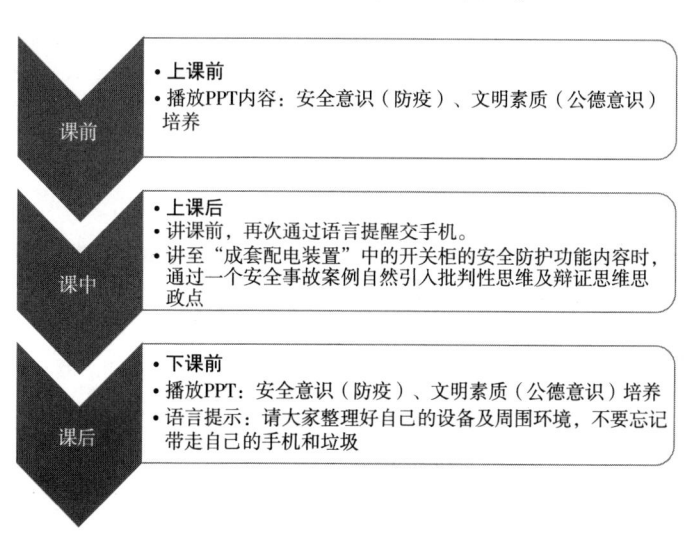

**课中**
- 上课后
- 讲课前，再次通过语言提醒交手机。
- 讲至"成套配电装置"中的开关柜的安全防护功能内容时，通过一个安全事故案例自然引入批判性思维及辩证思维思政点

**课后**
- 下课前
- 播放PPT：安全意识（防疫）、文明素质（公德意识）培养
- 语言提示：请大家整理好自己的设备及周围环境，不要忘记带走自己的手机和垃圾

**图 2　课程思政实施过程**

**3. 课末：课程思政总结反思**

（1）辩证思维的培养是成功的。通过对学生的辩证思维的培养，学生在上课时思维较以前活跃了，认真学习的学生已经有一些能够从"教条"地学，逐渐变成"灵活"地学了，有些学生敢于质疑、提问了。

（2）公德意识显著增强。绝大多数学生能够在上课前主动将手机自觉地放入手机袋中，能够在下课时自觉地将自己周围的卫生清理干净，即使是上一个班的学生留下的垃圾，也能够将其清理带走。对公德意识还比较淡薄的学生，则采用不点名批评，以曝光不文明现象的形式进行提醒。

# 第二部分　案例描述

## 无功补偿设备和成套配电装置

【思政导入】

上课前播放PPT内容：安全意识、文明素质培养。PPT内容如图3所示。

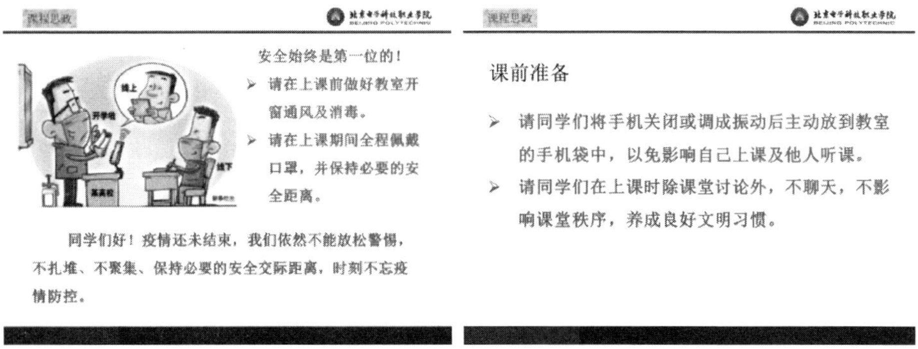

图3　课前安全意识、文明素质培养

【思政贯穿】

提醒还没有将手机交到教室前面手机袋中的学生抓紧时间交手机，不要以手机壳代替手机。请所有学生拿出学习用具（书、笔记本、笔），做好上课准备。

开始讲授新课。

在讲解"成套配电装置"中的开关柜内容时，重点介绍开关柜的五种安全防护功能，即"五防"功能，强调安全生产的重要性。教学 PPT 内容如图 4 所示。

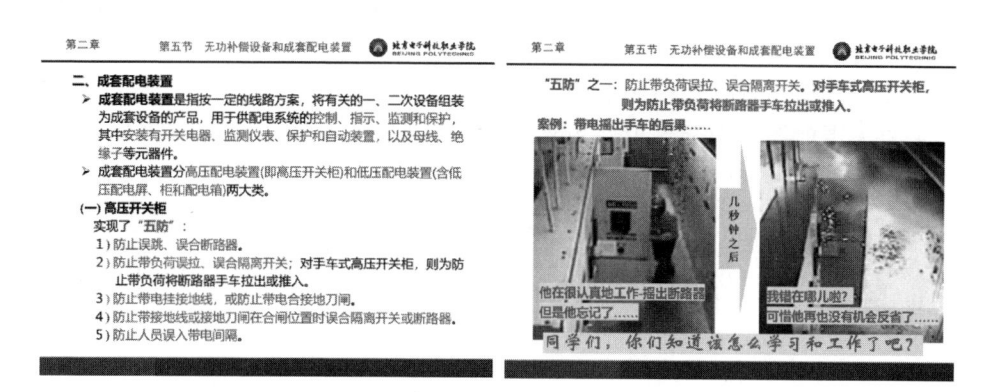

**图 4　授课 PPT**

讲解后，提出问题：高压开关柜有了这"五防"功能，是否就能够在生产中保障不出安全事故了呢？然后播放安全事故视频。

图 4 就是学生刚才在视频中看到的内容截图，这是一个真实的关于高压开关柜的生产操作安全事故视频。

请学生思考发生事故的原因是什么。

从事故的结果不难看出，最直接的原因是在断路器手车摇出之前负荷没有断开，从而导致了强大的电弧产生！

那么学生此时一定会问："开关柜不是已经具有防止带负荷误拉、误合隔离开关的功能了吗，如果开关柜是带着负荷的，断路器手车不应该能被拉出的呀！"视频中事故的当事人可能在操作前也是这样想的，反正有保护功能，如果忘记断开负荷也不会有事。但事实却和大家想的完全不一样，他当时也许是真的忘记断开负荷了，也许是……对于当事人来说，他已经再没有机会去反思了，而只能靠我们这些局外人事后替他分析，但为时已晚，追悔莫及。

那么这种事故能否避免呢？我认为是完全可以避免的！

首先，操作者要严格按照操作规程做。先断开负荷，并认真检查确已断开断路器的所有负荷，然后再做断路器手车的摇出操作，这样就不会发生事故了。

其次，不要将安全完全寄托于设备的安全防护设施上，因为没有百分之百有效的安全防护设施（批判性思维）。我们必须要考虑，如果这个安全防护

47

设施失效了，那么我们的操作是否还会安全（辩证思维）。

如果做到了这两点，那么我想大家就不会看到刚才视频中的事故了。

上述的第二点实际上运用了批判性思维及辩证思维的分析问题方式，我们平时无论在学习中、生活中，还是在工作中，如果能够习惯用批判性思维、辩证思维的方式去思考和处理问题，也许会获得更好的结果。希望大家注意培养批判性思维与辩证思维的意识及能力。

在下课前播放安全意识、文明素质培养 PPT，提醒学生收拾整理设备、座凳收入桌下、清洁自身周围卫生并带走垃圾。

教师最后离开实验室或教室（身教），并对环境再做进一步的检查，对学生没有做到位的，拍照记录，在下一次上课时，不点名曝光警示。曝光照片如图 5 所示。

图 5　课后学生未带走的垃圾

【总结反思】

（1）辩证思维的方式具有普适性，建议在教学过程重点培养学生的辩证思维意识和习惯。这样不但能够提升学生分析问题解决问题的能力，还有利于活跃学生的思维，有助于学生树立自信心，更有助于培养学生的批判性思维和创新性思维能力。

（2）在大学期间教给学生正确的思维方法要比教给他们掌握更多的知识更重要。

（3）创新能力实际上是解决问题能力的高级阶段，辩证思维也是帮助学生有效提升解决问题能力的重要前提之一。

（4）不让我们培养的学生的教训成为警示别人的案例，是我们从事职业教育的教师贯彻"课程思政"的最基本原则之一。

# 生物分离与纯化技术：双水相萃取法提取牛奶中的酪蛋白

**教师信息：**赵新颖　　**职称：**教授　　**学历：**博士研究生
**研究方向：**生命分析化学
**授课专业：**药品生物技术
**课程类别：**B类（理实一体）
**课程性质：**专业群技术基础课

## 第一部分　设计思路

### 一、本次设计的课程思政目标

本次课通过将新知识与传统方法相结合，培养学生推陈出新的创新能力；通过与旧知识类比，引导学生学习，掌握并且灵活运用类比法进行知识归类和新知识学习；通过身边案例对学生进行环境安全和食品安全教育，树立"科技服务民生"的理念。

在完成本次课程的同时，教育学生既要学习专业知识，灵活运用专业知识，具备专业技能，也要培养自身职业素养，在工作中体现系统思维、创新思维、法治思维和实践思维。以此培养学生的法律意识和创新能力，提高其职业素养，并使其具备严谨的工作态度。

### 二、课程思政教学设计内容

**1. 课前：课程思政引入**

要求学生观察市面销售的液体奶的营养标签，查找营养标签中蛋白质含量的意义，通过中国知网、万方数据等科技数据库查阅牛奶中蛋白质的主要种类和含量，以及有关的国家法律法规。

**2. 课中：课程思政贯穿授课过程**

将第一学年下学期在"有机分析技术"中学习到的新知识和第一学年上

学期在"无机分析技术"中掌握的实验装置结合使用,以经典萃取体系为例,利用类比法学习双水相萃取法,并总结特点;进一步锻炼实验流程图的写法,全班所有实验组统一性协调,互为对照,锻炼学生认真观察、独立思考的能力,更好地激发学生的独立意识和创新意识。

**3. 课末:课程思政总结反思**

列表比较全班实验结果,找到影响酪蛋白提取效率的主要参数,培养学生的观察能力、总结能力以及信息加工能力。

# 第二部分 案例描述

## 双水相萃取法提取牛奶中的酪蛋白

通过营养标签简介导入课程,使学生理解生活中的科学知识,培养学生学以致用的意识,同时让学生理解"科技服务民生"的落脚点就在生活的点点滴滴中。以牛奶中酪蛋白的提取、分离和纯化作为主线展开课程,通过实验装置的灵活运用,引导学生认真思考,协同合作,激发创新意识和工匠精神;利用列表法、比较法等,培养学生的系统思维和辩证思维;通过新物质特性的介绍和应用,引导学生思考,培养学生的环保意识。

【思政导入】

一、课前准备和课程导入

(学生课前准备)请学生认真观察每天喝的牛奶包装盒上的营养标签(图1),对比不同奶制品中营养成分的差别,了解不同种类奶制品营养成分的不同。

(学生汇报)学生进行调研汇报,充分认识和了解牛奶中的营养成分及其作用。

(教师总结)对学生的发言进行总结,引入知识点。

(1)食品营养标签:在食品的外包装上标注营养成分并显示营养信息,以及适当的营养声称和健康声明。营养标签要按照《食品安全国家标准(GB28050-2011)》强制执行。

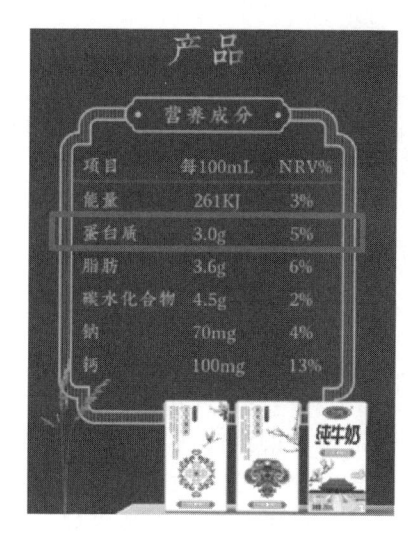

**图 1　营养标签**

育人：树立中国特色法治观，渗透科技工作者的职业精神。

（2）牛奶被誉为"白色血液"，营养很丰富。常识性认为"喝牛奶补钙"，就因为牛奶中含有丰富的酪蛋白。酪蛋白十分重要，使用其他物质代替酪蛋白涉及违法行为，比如以三聚氰胺为代表的食品安全事件，造成了非常恶劣的影响，是世界观、人生观和价值观不正确，职业道德缺失的表现。

育人：以实际发生的反面例子，再次说明从业人员必须有正确的人生观和价值观，遵纪守法；必须有职业精神，否则就会造成巨大的损失。

（3）根据全国标准化管理平台和中国知网查阅到的依据，得知牛奶中的酪蛋白占蛋白质总含量的80%，计算得到牛奶中的酪蛋白含量约为4%。

育人：查阅最严谨、最科学的依据，计算酪蛋白的含量，逐步让学生理解实验科学的科学性和严谨性，培养职业精神。

【思政贯穿】

二、运用问题导入法引导学生学习理论

问题1：既然牛奶中含有4%左右的酪蛋白，如何提取呢？

目的：引导学生复习蛋白质固相析出方法，尤其是等电点知识。酪蛋白是酸性蛋白质，等电点（pI）为4.6~4.7，当溶液的pH等于pI时，可以用等电点法提取酪蛋白。

问题2：牛奶中的其他蛋白质以及营养标签中水、脂肪、碳水化合物等成分是否会干扰酪蛋白的提取？

目的：强调蛋白质等电点是自身的重要特征参数，其他蛋白质的干扰可以通过控制 pH 避免。碳水化合物和脂肪都属于有机物，可以利用"相似相溶"的方法除去。

问题 3：利用等电点法提取酪蛋白，该如何操作？

目的：引导学生说出调节 pH 的方法。直接用酸溶液调节时，扩散需要时间，容易造成 pH 分布不均；用缓冲溶液可以保持酪蛋白一直处在稳定的溶液环境中。

问题 4：缓冲溶液是否会对后续的纯化造成影响呢？

目的：启发学生要考虑实验的整体性。在生物分离与纯化中，缓冲液中的无机盐需通过膜透析的方法除去，过程繁琐，难度高。

育人：通过已经学过的多门课程知识点的反复串联，层层递进，逐步引导，使学生反复思考，提出问题，并以问题为导向，引入新知识。

问题 5：是否有其他又方便又快捷的方法可以实现酪蛋白的等电点沉淀？

目的：引导学生将 PEG 和双水相链接。学生在"有机分析化学"中学习了环氧乙烷和聚环氧乙烷——聚乙二醇（Polyethylene Glycol，PEG）。带领学生复习 PEG4000 和 PEG6000 的特点，着重强调其水溶性非常好，在生物医学领域应用广泛，如做隐形眼镜的清洗药水、药物的载体、渗透性缓泻剂等。在生物分离与纯化中，PEG 可以与水溶性好的无机盐形成双水相，作为非变性且温和的分离介质应用于生物领域。（观看教师自己制作的视频）

育人：将"有机分析技术"课程中学习到的新物质引入本门课程，解决实际问题，并可以延续到后续的两门课程，形成专业课程的有效衔接，体现整体性。

问题 6：什么是双水相，有什么特点？（理论难点）

目的：生物领域中的双水相全称为"双水相萃取技术"，是萃取技术的一种。带领学生利用类比法学习双水相萃取法（图 2）。既然是萃取法，可以利用分液漏斗分离。

育人：利用新物质替代经典的有机溶剂萃取体系，降低"三废"排放，体现了绿色生产过程。从源头抓起，对学生进行绿色工程教育和环保意识的培养，使学生将"绿色发展"内植于心。

问题 7：实验分为几个步骤，才可以得到牛奶中的酪蛋白呢？

目的：整理实验的全部过程，实验分为"双水相成相—分离—纯化—鉴定"，教师带领学生绘制实验流程图（图 3）。

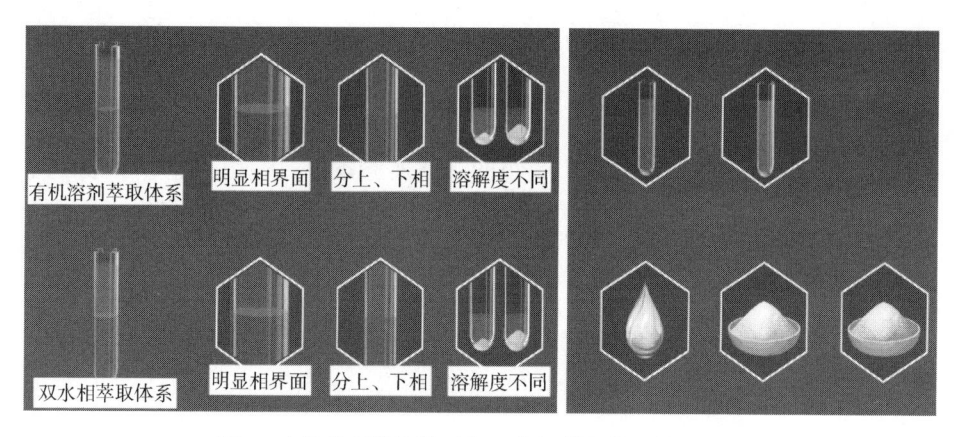

图 2　有机溶剂萃取体系和双水相萃取体系的异同点

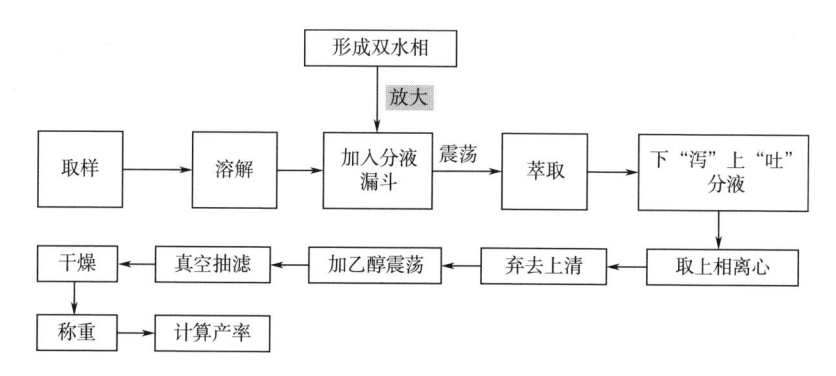

图 3　双水相萃取法提取牛奶中酪蛋白的实验流程图

育人：系统梳理全部实验流程，帮助学生从点到线，从线到面地掌握实验整体情况，在实验中做到心中有全局，手头有任务，头脑清楚，步骤明确，高效率地完成实验；同时，提高学生从文字到图表的抽象思维能力。

问题8：如何确定提取的白色固体是酪蛋白？

目的：引导学生结合外标法运用紫外分光光度法检定，启发学生通过测定酪蛋白的纯度（高效液相色谱仪）、等电点（毛细管电泳仪）、分子结构（液相色谱质谱仪）进行鉴定。

育人：紫外分光光度计是国产品牌，但是高效液相色谱仪、毛细管电泳仪和液相色谱质谱仪等贵重精密仪器主要还是进口品牌。我国在精密仪器的研发、设计、组装方面都有不足。中国人可以克服万难"上天入海"，也一定能够实现精密仪器的自主研发，实现精密仪器的中国梦。在学生心中种下中

53

国梦的种子,培养学生的爱国精神。

### 三、学生分组实操

全班划分为 7 个小组,每个小组的重要实验条件有略微的差异(表1),条件相差一个参数的小组互为对照,全班学生实验结果互为对照,增强全班实验的整体性和协作性,客观上促进学生认真操作、细心观察和独立思考。

育人:不拘泥教材,大胆创新,激发学生创新创造的激情;各小组不但要关注自己的实验,还要关注其他组的实验,互相对照以确认结果的正确性。

表1 全班分组实验条件

| 组别 | 一 | 二 | 三 | 四 | 五 | 六 | 七 |
|---|---|---|---|---|---|---|---|
| PEG | 每组在 PEG4000 和 PEG6000 中任选一种 |||||||
| 浓度/100g 水 | 每组任选一个 PEG 浓度 |||||||
| 无机盐 | 每组任选一种无机盐 |||||||
| 浓度/100g 水 | 每组任选一个无机盐浓度 |||||||
| 颜色 | 每组任选一种颜色 |||||||
| 备注 | 其中至少 1 个实验组的无机盐是过饱和溶液(不能太过饱和) |||||||

(1)PEG 在水中的溶解性和酸碱性(实验创新点一)。配制 PEG 水溶液(质量比),利用 3 种 pH 试纸测 pH(图4)。

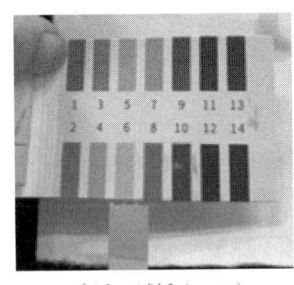

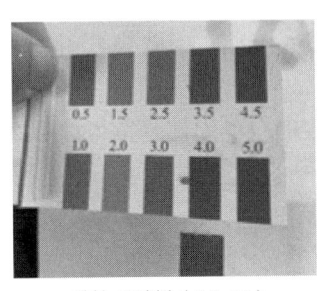

广泛pH试纸(1~14)　　酸性pH试纸(0.5~5.0)　　精密pH试纸(3.8~5.5)

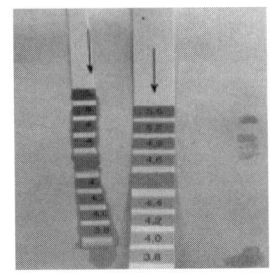

图 4　3 种范围 pH 试纸测定 PEG 水溶液 pH

育人:pH 试纸是实验室最常用的工具,是颜色对 pH 的一种归类,也是一种"谱",学生在"无机分析技术"中已经学习了紫外光谱,后续还会学习其他的"谱"。理论上,PEG 是醇,其水溶液 pH 应该为 7 左右,是否与实际测定的结果相符?教育学生不要想当然,也不能想当然。本门课程作为实验课,一切应该以实验数据为准。

(2)双水相体系成相,观察相界面,判断上下相(理论难点,实验创新点二)。每个小组准备 7 根试管,按照 PEG 和无机盐溶液的比例混合(表2),观察双水相界面的形成。由于上、下相都是透明状态,分辨两相分别是什么比较困难。过饱和无机盐的水溶液不完全澄清,通过观察浑浊出现的位置,判断上下两相分别是什么。过饱和浓度较低的无机盐水溶液可以和 PEG 水溶液再次分配,溶液变成澄清。通过添加色素,增加上下相的对比度,解决两个透明相拍照困难的问题(表3)。

表 2　小组实验形成双水相的条件

| 试管 | 1 | 2 | 3 | 4 | 5 | 6 | 7 |
|---|---|---|---|---|---|---|---|
| PEG(mL) | 0 | 1 | 2 | 3 | 4 | 5 | 6 |
| 无机盐(mL) | 6 | 5 | 4 | 3 | 2 | 1 | 0 |

表 3　双水相成相以及相界面的观察

| 组 | 原有实验 | 第一次改进 | 第二次改进 |
|---|---|---|---|
| 单管 | | | |
| 系列 | | | |
| 问题 | 不能确定上下相;观察和照相困难 | 可以确定上下相;便于观察 | 便于拍照;便于放大体积比例的选择 |

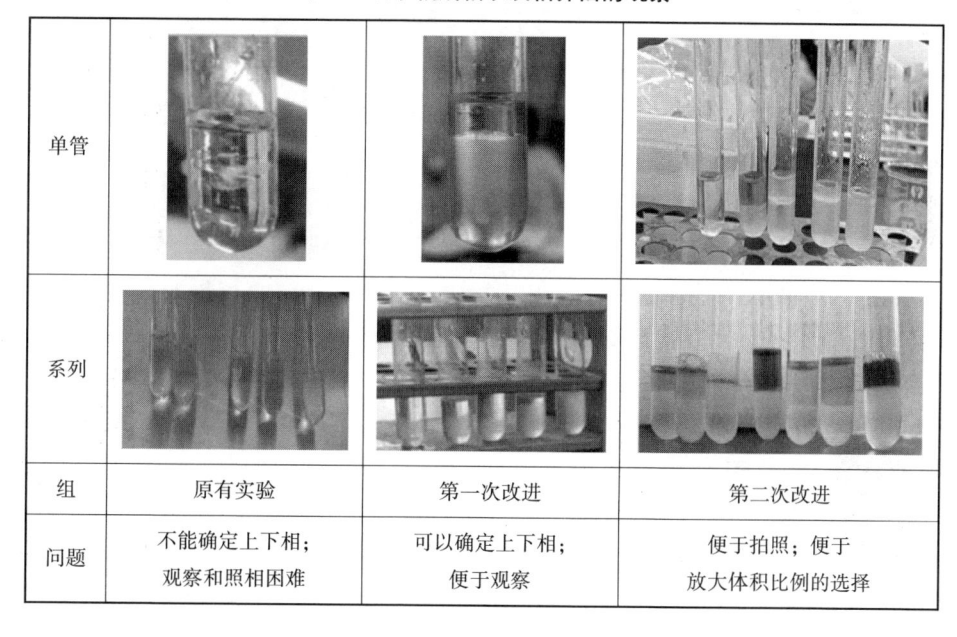

育人:本环节是该课程的核心创新部分,用一系列知识巧妙的交叉应用,解决了理论和实验的难点。具体为:由一根试管改为多根试管,便于

学生观察实验，总结规律性；巧妙利用过饱和无机盐溶液不澄清的特点，分辨出上、下相，解决了观察界面困难的问题；巧妙利用色素增加相界面的可视性，解决双水相界面拍照困难的问题；利用不同颜色使全班的实验结果巧妙地形成色谱的雏形，为"生物分离与纯化技术"课程后续的色谱技术学习做了铺垫。

（3）双水相体系在分液漏斗中放大，采用下"泻"、上"吐"法分离酪蛋白（操作重点，实验创新点三）。每个小组选择最合适的比例，按体积进行10倍放大到分液漏斗中（记录形成双水相所需要的时间）。加入牛奶液体（记录现象和分层需要的时间）。采用下"泻"、上"吐"的方式和顺序对两相进行分离（图5）。测得上相的pH正好在4.6~4.7，酪蛋白可以直接沉降。重要问题：在小体积的时候可以成相，但是放大后无法成相了？这是实验室研究和工业化生产的区别。由于传统的有机溶剂萃取受到实验条件的限制，放大实验操作的训练基本是缺失的。本环节最合理地利用了现有资源，完成了放大实验的操作。

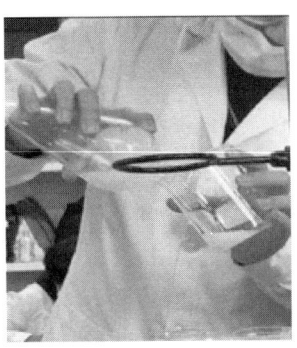

下"泻"     上"吐"     完成分离

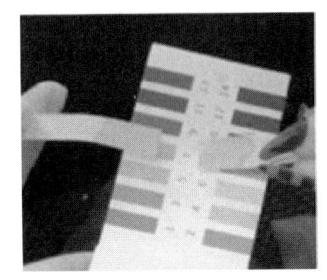

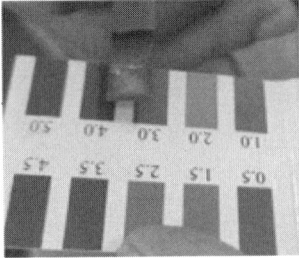

广泛pH试纸（1~14）     酸性pH试纸（0.5~5.5）     精密pH试纸（3.8~5.5）

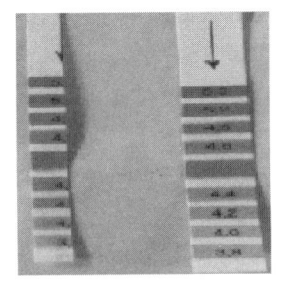

**图5 分液漏斗分离双水相以及上相pH测定**

育人：本环节是该课程的创新部分，最合理地利用了现有资源，完成了放大实验的操作。同时，告诉学生实验室操作和工业化生产在技术细节上存在差异，强调不要想当然，一定要以实验结果为依据。

（4）酪蛋白粗品的制备和产率计算（计算重点）。上相转移至离心管中，同时称取等质量的牛奶作为对照样品，离心后可以看到PEG溶液中的固体完全沉淀。固体利用无水乙醇清洗，真空抽滤，收集固体，烘干，称重(图6)。重点：设置对照样品，突出实验结果的同时，还可以作为配重样品进行离心操作。

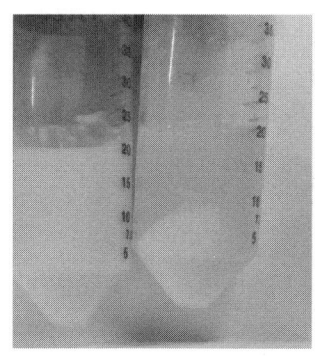

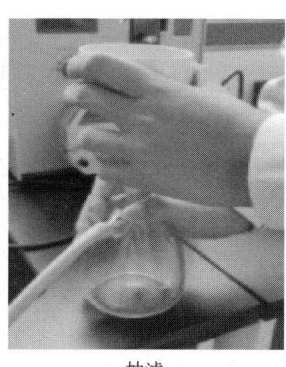

离心　　　　　　　抽滤　　　　　　　干燥后称重

**图6　酪蛋白粗品的制备**

育人：本环节强调使用对照样品的概念，如果想让实验现象更明显，可以利用对照实验，同时还可以解决离心操作的配重问题。

（5）酪蛋白的鉴定。紫外分光光度计结合外标法检测，最大吸收波长为276nm。

育人：科学制定检测方法，重视鉴定工作，避免类似三聚氰胺事件的发生，确认得到的白色固体就是酪蛋白。

四、讨论

实验设计采用了战略思维，强调每个参与实验的学生分工明确。每个小组既是独立的个体，也是全班整体的一部分；允许小组成员发挥自己的优势。每个小组独特的实验现象，又是整体实验现象中的一环。其中第六组在放大过程中出现了问题（表4），目标物不在理论中的上相出现。与其互为对照的第二组迅速反应，协助分析原因，提出处理办法，确保了实验的成功。

表 4 全班分组实验条件和重要实验结果汇总

| 组别 | 一 | 二 | 三 | 四 | 五 | 六 | 七 |
|---|---|---|---|---|---|---|---|
| PEG | 4000 | 6000 | 6000 | 6000 | 4000 | 4000 | 6000 |
| 浓度/100g 水 | 30g | 30 g | 40 g | 30 g | 30 g | 30 g | 30 g |
| 无机盐 | 硫酸铵 | 硫酸钠 | 硫酸铵 | 硫酸铵 | 硫酸铵 | 硫酸钠 | 硫酸铵 |
| 浓度/100g 水 | 35g | 30 g | 40g | 30g | 40g | 25 g | 35g |
| 颜色 | 紫色 | 蓝色 | 绿色 | 黑色 | 橙色 | 黄色 | 红色 |
| 体系放大到分液漏斗中牛奶在上相 | √ | √ | √ | √ | √ | × | √ |
| 处理办法 | — | — | — | — | — | 增加 PEG | — |
| 酪蛋白粗产率（%） | 6.2 | 5.8 | 10.2 | 9.6 | 8.3 | 5.2 | 7.0 |

育人：培养学生在任何环境中都要保持独立观察、独立思考的能力，同时要有团结协作、互相帮助的团队精神。

【总结反思】

人是创新的主体，科学、人文需融合，素质技能要并重。

（1）科学技能。学生在本次课学习过程中了解了酪蛋白的提取、分离和鉴定的一般程序与方法，了解了酪蛋白的理化性质，学习了双水相萃取的提取原理，掌握了实验技能。采用问题导入的方法进行课程设计，通过多门课程旧知识的巧妙链接和灵活运用，在思维推进的过程中完成教与学，培养学生从原料到产品的系统思维方法；培养学生树立整体协作的团队意识，激发学生勇于实践的创新意识；培养学生勤于思考的学习能力和严谨细致的工匠精神，把"创新、协调、绿色、开放、共享"的发展理念"糅"进课程教学中。

（2）人文素质。了解国家技术标准的概念和相关法律，了解我国食品安全和环境安全的现状，增强了学生的法治观念，强调了科学精神、职业精神和职业道德。

# 中篇

## "金扣子"课程思政优秀教学设计案例

# 动力电池检测与诊断：
# 动力电池高压元件检修

**教师信息：** 王谷娜　　**职称：** 讲师　　**学历：** 硕士研究生
**研究方向：** 新能源汽车技术
**授课专业：** 新能源汽车技术
**课程类别：** 理实一体化课程
**课程性质：** 职业技术技能课

## 第一部分　设计思路

### 一、本次设计的课程思政目标

"动力电池高压元件检修"教学任务来源于企业典型工作案例，属于企业高频工作任务。教学中以专业知识和技能为载体，以"三精神、三意识"（工匠精神、劳动精神、劳模精神，安全意识、规范意识、创新意识）为课程思政主线，通过课堂教学"主渠道"，依据教学内容，优化课程思政内容供给，实施课程思政主线贯穿始终、按任务特点融入思政元素的任务驱动教学，使专业课程与思政课程同向同行，形成协同效应，落实立德树人根本任务。

该任务主要侧重于对学生在价值观层面的培养和进行社会主义核心价值观引领。利用校企双平台，搭建基于产业发展和创新需求的兼具教学、研发、创新创业功能的产学研用协同的实践教学环境和多种教学资源；结合"学思践悟"教学模式，按教学流程融入思政元素，并在教学全过程采集学生学习行为数据，对学生成长情况进行定性分析，培养具有"三精神、三意识"的动力电池故障诊断与检修高素质技术技能人才。

本次课思政设计思路见图1。

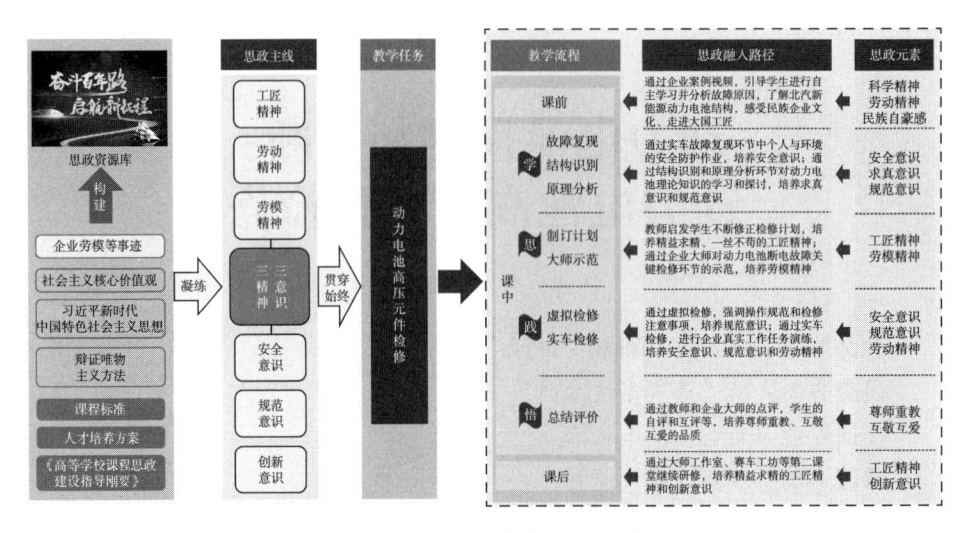

图 1 本课程思政整体设计思路

## 二、课程思政教学设计内容

**1. 课前：课程思政引入**

课前，通过"动力电池断电"企业案例视频，引导学生进行自主学习并分析故障原因、了解北汽新能源动力电池结构、感受民族企业文化、走近大国工匠，激发学生学习兴趣和对动力电池工作原理的探究，培养科学精神、劳动精神和安全意识，增强学生民族自豪感。

**2. 课中：课程思政贯穿授课过程**

课中，按"学、思、践、悟"四个环节，螺旋式培养学生动力电池技术支持专员岗位职业能力和思政素养。

学——通过实车故障复现环节中个人与环境的安全防护作业，培养安全意识；通过结构识别和原理分析环节对动力电池理论知识的学习和探讨，培养求真意识和规范意识。

思——教师启发学生不断修正检修计划，培养精益求精、一丝不苟的工匠精神；通过企业大师对动力电池断电故障关键检修环节的示范，培养劳模精神。

践——通过虚拟检修，强调操作规范和检修注意事项，培养安全意识和规范意识；通过实车检修，进行企业真实工作任务演练，培养安全意识、规范意识和劳动精神。

悟——通过教师和企业大师的点评，学生的自评和互评等，培养尊师重教、互敬互爱的品质。

**3. 课后：课程思政总结反思**

课后，通过大师工作室、赛车工坊等第二课堂继续研修，培养精益求精的工匠精神和创新意识。

# 第二部分　案例描述

## 动力电池高压元件检修

【思政导入】

一、课程思政引入

教师借助学习通平台，发布新能源汽车维修案例库中"动力电池断电"案例视频，还原企业工作情境，学生明确学习任务、分析故障产生原因，并通过教材及教师推送的学习资料和进入北京新能源汽车股份有限公司企业调研等形式，自主学习动力电池结构、原理等理论知识，完成课前测试。教师利用学生学习数据分析学生前期学习情况，调整教学策略。

课程思政融入：通过"动力电池断电"案例视频（图2、图3），引导学生进行自主学习并分析故障原因，了解北汽新能源动力电池结构，感受民族企业文化，走近大国工匠，激发学生学习兴趣和对动力电池工作原理的探究，培养科学精神、劳动精神和安全意识，增强学生职业体验感和民族自豪感。

【思政贯穿】

二、学、思、践、悟

教学中，按"学、思、践、悟"四环节，螺旋式培养学生动力电池技术支持专员岗位职业能力和思政素养。

**1. 学——学理论**

故障复现：学生以小组为单位，做好个人及环境的安全防护，进行"动力电池断电"实车故障复现，读取车辆故障码和动力电池数据流，明确故障位置为动力电池高压元件。

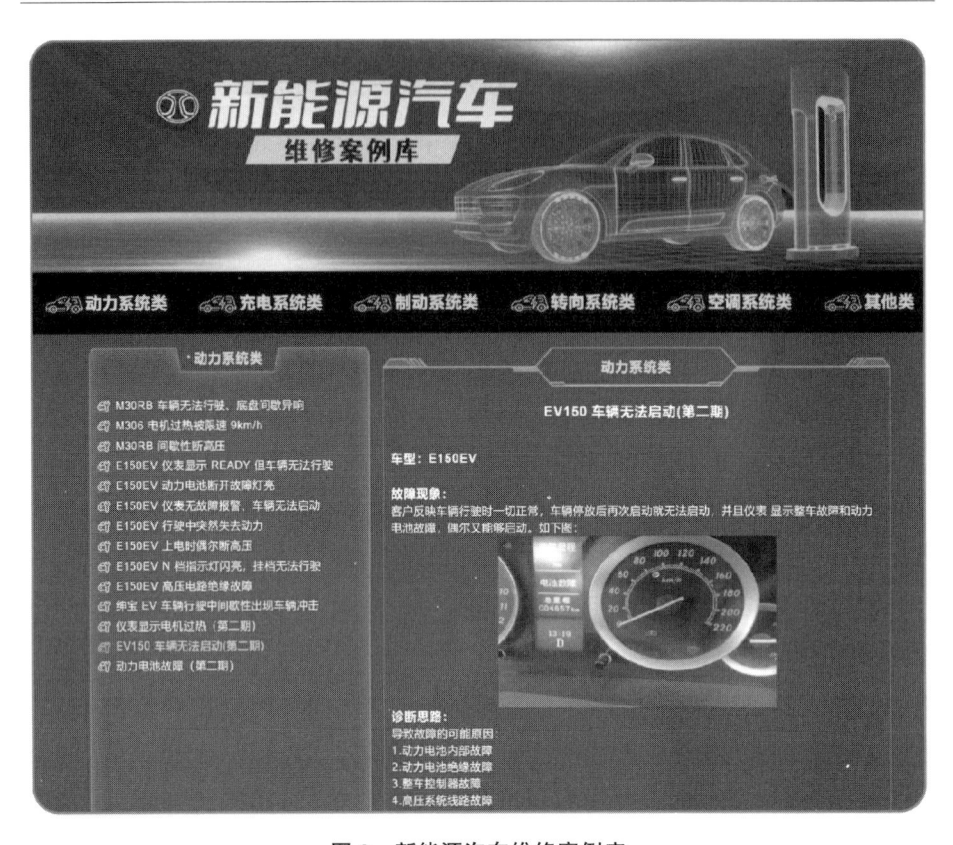

图 2　新能源汽车维修案例库

图 3　动力电池断电企业案例

结构识别：动力电池结构封闭、高压危险、原理抽象，引导学生利用 VR、视频学习动力电池结构、掌握动力电池高压元件种类和位置，并通过交互游戏进行闯关式学习效果验证，教师进行针对性讲解。

原理分析：学生使用新形态教材、动画等资源学习动力电池高压元件工作原理，并完成高压元件电阻测试试验；教师利用自主开发的教具，结合学生试验结果，重点讲解动力电池高压元件工作原理，在讲解中融入企业标准、规范和三新技术。

课程思政融入：在实车故障复现环节，教师强调新能源汽车检测工作中安全的重要性，学生按企业工作规范完成个人及环境的安全防护，培养安全意识。在结构识别和原理分析环节，教师对动力电池高压元件理论知识进行重点讲解，学生利用 VR 自主学习、小组合作、闯关游戏和电阻测试试验等深入探究动力电池高压元件的工作原理，培养求真意识；同时，教师讲解企业标准、规范和三新技术，培养规范意识。见图 4、图 5。

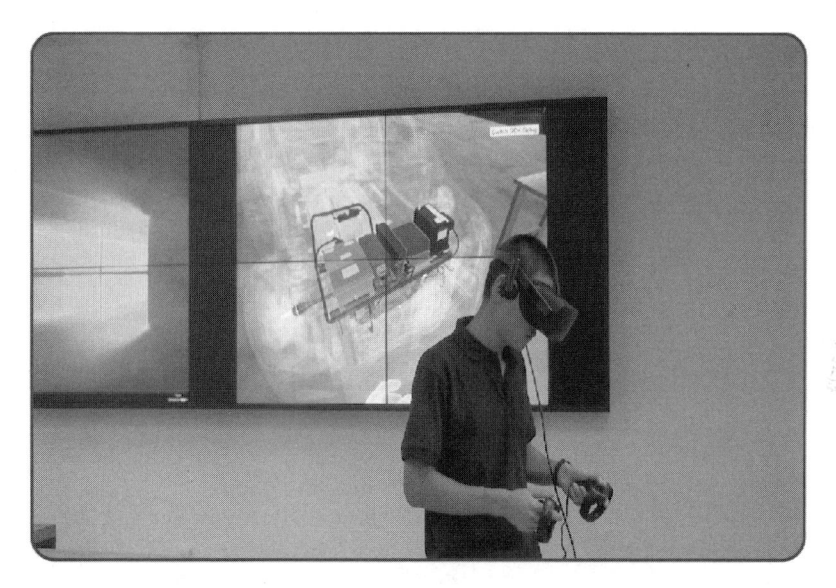

图 4　动力电池 VR

**2. 思——思方法**

制订计划：学生分组制订动力电池高压元件检修计划（图 6），教师根据小组讨论情况实施启发式教学，学生不断修正诊断思路，教师观察学生，进行教学策略调整，重点讲解学生集中出现的问题。

大师示范：企业大师对动力电池高压元件检修的关键环节进行示范，并用实际工作经验向学生重点讲解检修注意事项，见图7。

图5　动力电池工作原理视频

课程思政融入：通过教师的启发及针对集中问题的重点讲解，学生结合小组讨论、学习资料和企业维修诊断系统，不断修正检修计划，逐步完善检修计划，培养精益求精、一丝不苟的工匠精神。通过校企合作单位北京新能源汽车股份有限公司的企业大师对动力电池高压元件检修关键环节的示范，及利用自身实际工作经验向学生重点讲解检修注意事项和车间工作安全守则，润物无声地培养安全意识、规范意识和劳模精神。

图6　学生制订检修计划

图 7　企业大师检修示范

**3. 践——践检修**

虚拟检修：为确保安全，在实车检修前，学生先利用动力电池虚拟仿真平台进行动力电池高压元件故障诊断与检修，教师根据学生学习情况，进行有针对性的指导，强调检修注意事项（图8）。

图 8　动力电池虚拟仿真平台

实车检修：实车检修前，教师和学生共同总结实车检修口诀，教师再次强调安全和检修规范等注意事项，学生进行实车检修，学校教师和企业大师共同指导学生（图9）并对学生实车检修表现进行记录。

**课程思政融入**：动力电池高压危险，学生先利用动力电池虚拟仿真平台进行虚拟检修，理顺检修思路，有效避免直接检修的高压危险，培养安全意识和规范意识。通过师生共同总结实车检修口诀，结合教师再次着重强调操作安全和规范等检修注意事项，学生完成真实工作任务，学会诊断与排除故障，培养安全意识、规范意识和劳动精神。

图9 双师同堂指导实车检修

**4. 悟——悟实效**

教师利用板书进行学习内容的总结和归纳，并结合企业大师的点评、学生的自评和互评，以及教学平台中学生的学习数据，分析学生学习情况，对学生进行综合评价。

**课程思政融入**：通过教师和企业大师的点评，学生的自评和互评等，培养尊师重教、互敬互爱的品质。

【总结反思】

学生完成复习和作业，可选择到大师工作室完成与北大人民医院合作的医疗转运舱中动力电池的研制，或者到赛车工坊进行电动赛车动力电池的制作。

**课程思政融入**：通过大师工作室、赛车工坊等第二课堂继续研修，培养精益求精的工匠精神和创新意识。

# 焊接机器人操作与运维：
# 焊接机器人工作站的组成

**教师信息**：李显　**职称**：讲师　**学历**：硕士研究生
**研究方向**：工业机器人技术、焊接技术
**授课专业**：汽车制造与试验技术
**课程类别**：理实一体
**课程性质**：专业模块化课程

## 第一部分　设计思路

### 一、本次设计的课程思政目标

本次课程的课程思政，主要对学生进行真善美教育，提升学生的职业精神及工匠精神。即让学生树立正确的职业态度，以职业人的标准要求自己的职业精神；以及在学习过程中追求极致、精益求精的职业品质，发扬工匠精神。

### 二、课程思政教学设计内容

**1. 课前：课程思政引入**

通过组织学生观看视频《宝马汽车生产线》引入新课，用先进的制造技术引入职业人钻研技术的职业态度，让学生体会技术人员的专注、精益求精的职业品质。

**2. 课中：课程思政贯穿授课过程**

（1）班级分成若干班组，深入实训现场，工服工装穿戴整齐。以班组为单位，班组长带领班组全体组员共同对焊接机器人工作站组成进行分析。通过模拟工作环境，让学生以职业人标准要求自己，端正态度。

（2）工作任务由易到难，班组长继续带领本班组对现场焊接机器人工作

站设备连接测绘,组员独立自主完成任务;任务完成后,在班组长的组织下,对测绘结果进行分析优化,以进一步树立正确的职业态度。

(3)通过对焊接机器人工作站的连接再布局、再优化,培养学生精益求精、追求极致的职业品质。

**3. 课末:课程思政总结反思**

以班组为单位,对本班组的学习成果进行总结,重点分析遇到的问题。通过对本课程的学习,学生可以根据完成过程中遇到的问题,分析职业态度、职业品质对任务更好完成的促进作用,有效地树立正确的职业态度和精益求精的职业品质。

# 第二部分 案例描述

## 焊接机器人工作站的组成

【思政导入】

观看视频《宝马汽车生产线》(图1),在认识焊接机器人工作站的同时,提示学生认真观察技术人员在汽车生产过程中的工作状态以及对汽车手动检测时的专注情况,以导入职业态度。看完视频后,以提问的方式,让学生回答对宝马汽车生产线的感受以及对技术人员技术的评价,以导入精益求精、追求极致的职业品质。

**图1 宝马汽车生产线**

**【思政贯穿】**

一、分析焊接机器人工作站的组成

**1. 查阅资料**

首先，查阅相关资料，自主学习，形成对焊接机器人工作站的初步认识。

强化上次课思政目标培养，继续采用自主学习，检验学生主观能动性培养的效果。

**2. 实地考察分析**

班级分成若干班组，工服工装穿戴整齐，以班组为单位，班组长带领班组全体成员进入设备现场（图2），进行观察分析，边记录、边查阅、边分析、边讨论，了解焊接机器人工作站的组成。

图 2　学校实训场地——焊接机器人工作站

通过实地观察分析，穿戴工装，划分班组，班组长组织大家共同考察分析，遇到问题协商解决，营造出企业工作环境，学习即工作，以职业人标准要求学生，培养学生树立正确的职业态度。

二、测绘焊接机器人工作站连接

**1. 设备布局的测绘**

以班组为单位，小组成员独立进行测绘设备布局任务，学生一边测绘一边总结测绘方法并优化测绘实施，按照"做中学，学中做"的原则进行。另外，小组成员在任务完成过程中可以借助参考资料或者求助组员或老师，最终达到精准的对设备布局进行测绘的目的,测绘出设备各单元之间的机械连接情况。

测绘是一个很枯燥也很有价值的工作,通过让学生独立完成任务,可以培养学生独立工作的能力,独立工作意识是每个职业人必备的职业态度。另外,作为职业人,要能够在实践中掌握知识技能,遇到困难时能够想办法解决,这都能有效地让学生树立正确的职业态度。

**2. 通信网络的测绘**

以班组为单位,组内分工协作,班组长给每名组员分配角色(测绘员、安全员、画图员、保管员等),按照角色分工协作,针对PLC、焊接机器人、分布式I/O模块等,测绘出它们之间的通信网络,以实现各设备间的互联互通。

通过职业人常见的分工协作形式测绘PLC、焊接机器人、分布式I/O模块之间的通信网络,一方面让学生进一步了解职业人的工作形式,另一方面还可以让学生体会万物互联的魅力,锻炼学生的职业认同感,寻找测绘所带来的成就感,进一步加强职业态度培养。

**3. I/O 接线的测绘**

I/O 接线为焊接机器人设备提供了与外界的交互,准确测绘 I/O 接线(图3),可为编程控制提供保障。采用"技术大比拼"的方式实施任务,对学生进行比赛测试,重点考核测绘的正确性及绘制的美观性。

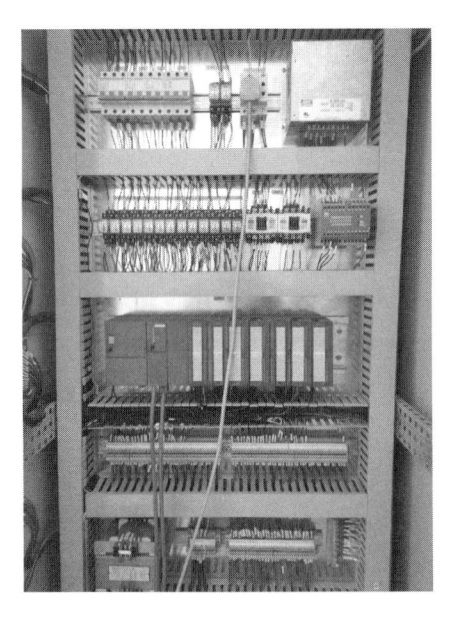

图 3 控制柜——I/O 接线

I/O 接线线路繁多复杂，测绘过程中要求细心、认真，并需具备扎实的专业技能，通过"技能大比拼"，更能激发学生精益求精、追求极致的职业品质。

### 三、焊接机器人工作站的连接再布局、再优化

**1. 设备位置的再布局、再优化**

测绘工作已经完成，测绘的目的就是优化改进原有方案，每个班组分别提出自己的优化方案，然后所有班组共同讨论，确定最终布局优化方案，并开始实施。

对布局优化方案的多轮讨论，把设备位置再布局、再优化，让设备布置更合理，更利于任务的实施，达到在培养专业技能的基础上，让学生体会"没有最好，只有更好"的极致追求，以培养良好的职业品质。

**2. 通信接线的再布局、再优化**

对 PLC、焊接机器人、分布式 I/O 模块之间的通信线路重新连接，优化通信接线。

**3. I/O 接线的再布局、再优化**

排除传感器设备故障，理顺 I/O 输入输出，优化 I/O 接线。

I/O 接线改动较大，对 I/O 接线的再布局、再优化更需要学生认真、一丝不苟的工作态度，并能够在接线过程中不断改进、不断优化，同时接线过程中严格执行工业标准，规范接线，规范使用工具，通过此工作继续培养学生精益求精、追求极致的职业品质。

【总结反思】

本课程的学习过程中，学生通过分析焊接机器人工作中的组成，以职业人的身份进行工作，树立了正确的职业态度。在具体实施过程中，需要列出详细的工作方案，做好角色定位、岗位分工，这样更有助于培养职业态度。通过测绘焊接机器人工作站连接，让学生体会了力量之美、感受了万物互联之魅力，进一步培养正确的职业态度。在具体实施过程中，可以通过分享一些复杂的运动机构优美的运动视频和智能家居物联网样例，进一步直观感受，更助于职业态度树立。通过焊接机器人工作站连接的再布局、再优化，让学生体会到凡事都可改进，只是我们缺乏精益求精的态度，在实施过程中，可以通过"技术大比拼"，让学生自我寻找差距，不断改进，养成追求极致的职业品质。

# 汽车发动机装配：发动机装配及质量检测

**教师信息**：夏广辉　　**职称**：讲师　　**学历**：硕士研究生
**研究方向**：机械工程
**授课专业**：汽车制造与装配技术
**课程类别**：理实一体
**课程性质**：职业技术技能课

## 第一部分　设计思路

一、本次设计的课程思政目标

本次课程思政目标主要侧重于价值观层面，注重学生社会主义核心价值观引领，结合发动机质量检测专业课程内容，引导学生理解工匠精神、职业文化等。

通过介绍北京奔驰赵郁大师，让学生充分理解工匠精神，增加对职业的认同感，不断提升汽车制造专业的专业水平，掌握新的发动机拆装技术、技能，增强社会主义核心价值观，从而达到爱国主义教育的目的。

二、课程思政教学设计内容

**1. 课前：课程思政引入**

通过提问"奔驰汽车为什么贵？"引起学生对这个话题的关注；通过讨论"如果汽车质量不过关，却通过检测会有什么后果？"得出以下结论：奔驰汽车具有较好的操纵性、先进的技术，以及优良的质量。要保证整车质量，就要求汽车生产者严格遵循质量标准进行安装与检测。

**2. 课中：课程思政贯穿授课过程**

在上课的过程中，设置发动机装配及质量检测任务，分组实施，每组四名同学。要想安装好汽车发动机舱，需要组内成员进行团队协作，利用头脑风暴的方法分析发动机装配过程中可能会遇到的问题，比如，如何合理设计安装工序、缩小安装误差、缩短装配时间等，通过解决问题和持续改进，以达到圆满完成任务的目的。

在发动机安装的过程中，可以间接向学生介绍北京奔驰的赵郁大师。赵郁大师曾做过一些发动机拆装的培训，在装配过程中提出了一些问题，并教授大家如何快速解决。这样可以侧面突出大师的精湛技艺，和一些非常值得大家学习的职业素养。

要求学生利用千分尺测量装配尺寸，提高装配精度；当出现装配错误时，要求学生重新装配，给学生时间，让学生耐心的完成，经过不断的尝试，培养学生坚忍不拔、精益求精的素质。

在课程快结束时，让学生对工位进行5S管理，整理工具，打扫卫生，通过这种方式了解汽车行业的企业文化。

**3. 课末：课程思政总结反思**

在课程的最后，留下一些时间，让学生分享本节课所获得的知识，以及明白工序和质量管理的重要性；通过亲自示范，了解什么是5S管理，让学生明白什么是工匠精神，什么是精益求精的职业素养。

# 第二部分　案例描述

## 发动机装配及质量检测

【思政导入】

一、引言/导入语

问题1：奔驰汽车为什么价格非常贵？
引起学生对这个话题的关注，引发学生对品牌价值的相关讨论。
问题2：如果汽车质量不过关却通过检测，会造成什么后果？
通过对问题的分析与讨论，让学生进一步意识到质量检测的重要性。
【思政贯穿】

二、设置任务

通过设置发动机质量检测任务，分组实施，提高团队意识。通过小组分工,以及小组讨论,分析如何展开工作,提高工作效率,比如安装工序、如何缩小安装误差、如何缩短安装时间、如何解决或改进这些问题等。

通过分析讨论,引导学生如何更好地解决问题,加深对工匠精神的理解。

### 三、发动机零部件安装与检测的过程

第一,在安装和检测的过程中,可能会出现一些安装困难和问题,这时可以间接向学生介绍北京奔驰的赵郁大师(图1),比如,赵郁大师曾为教师做过一些发动机拆装的相关培训,当他面对同样的装配问题时,是如何思考和解决这些问题的。在介绍他的安装流程的同时,也可以侧面介绍大师所获得的一些国家级荣誉,突出大师的精湛技艺,以及一些非常值得大家学习的职业素养。

图1 赵郁在工作中

通过介绍一些身边人,让学生明白大师离我们并不遥远,只要自己不断地努力,最终也能像榜样一样实现自己的梦想。

第二,提前让学生编制装配工艺,每一步骤都提前拍照,做好记录,并做PPT,要求学生对每个步骤进行细化。每一个密封圈的装配、每一步工艺所使用的工具及所需要的安装扭矩、安装的误差范围等,都要详细地做好记录,培养学生精益求精的态度。

第三,在齿轮的安装与调试(图2)过程中,可能会出现装配错误,安装误差不符合要求。一旦出现问题,应该要求学生分析问题产生的原因,避免下次再次发生,并要求其重新装配,通过反复的调整、不断的改进,最终

达到装配精度要求。通过这种方式培养学生不屈不挠和精益求精的工匠精神。

图 2　安装齿轮

四、课程总结

在课程结束之前，让学生对所完成的任务做好总结，并让学生对汽车装配工位及实训室进行 5S 管理，整理平台上的工具，打扫实训室的卫生，并对学生所做的工作进行点评。通过这种方式培养学生良好的职业素养。

【总结反思】

在课程的最后几分钟，让学生分享本节课所获得的知识，明白了哪些道理，在发动机舱检查的过程中发现了哪些问题，以及什么是 5S 管理等，让学生进行思考，组内讨论，并通过白板纸和思维导图的方式进行展示。

通过这种自己发现问题解决问题的方式，培养学生的独立思考能力，让学生回顾课程中的收获，加深他们对职业素养、工匠精神的理解，并在日后能够更加严格要求自己，持续进步，追求卓越。

# 电机与电气控制技术：
# 正反转控制线路

**教师信息：** 陈容红　**职称：** 副教授　**学历：** 双学士
**研究方向：** 轨道机电技术、自动控制技术
**授课专业：** 城市轨道交通机电技术专业
**课程类别：** 理实一体
**课程性质：** 专业模块化课

## 第一部分　设计思路

### 一、本次设计的课程思政目标

本次课程思政注重学生社会主义核心价值观引领，主要培养学生的职业道德和职业精神。本次课贯穿"民族精神"的主线，提出深入地研究电路理论，能够推动技术的革新，让学生知道自己身上担负着科技报国的使命与责任。

### 二、课程思政教学设计内容

**1. 课前：课程思政引入**

以华为芯片受到美国制裁不得不出售荣耀系列为例，让学生深刻认识到我国目前在基础理论研究领域，在国际上处于劣势地位，一些核心技术都掌握在欧美发达国家手里。在核心技术和基础研究上的短板会让我国企业受到美国等西方国家"卡脖子"式的制约，想要突破壁垒，必须把核心技术掌握在自己手中。

**2. 课中：课程思政贯穿授课过程**

采取视频介绍的形式，引入"正反转控制线路"。学生在观看视频后了解了正反转控制线路在日常生活中的应用，有了具象的直观认识后再来学习理

论知识,讲解主电路、控制电路的工作原理,引导学生绘制原理图、安装接线图,再进行安装调试。做到兴趣为先导,事半功倍。让学生了解从传统的控制电路,到PLC控制的发展,能降低生产成本、提高工作效率,让学生明确一切理论研究都能最终转化成技术上的革新,科技是生产力,学好理论知识,科技报国。

**3. 课末:课程思政总结反思**

采用"引发思考+分组总结"的形式,归纳正反转控制线路的工作原理。我们看到,只需要按下控制电路中的启动按钮,就可以控制电动机正反两个方向的运行。这样质的飞跃,仅仅靠一个接触器或一个继电器是无法实现的,但当这些小元件组成一个电路,就能迸发出惊人的能量。一个人只有融入集体才能充分发挥自己的才能。由此,学生升华出包括团结精神、奉献精神、拼搏奋斗在内的民族精神。

# 第二部分 案例描述

## 正反转控制线路

**【思政导入】**

华为芯片受到美国制裁,不得不出售荣耀系列。我国目前在基础理论研究领域,在国际上处于劣势地位,一些核心技术都掌握在欧美发达国家手里,在核心力量和基础研究上的短板,会让我国企业受到美国等西方国家"卡脖子"式的制约。这样的制裁在近几年更是层出不穷。

想要突破壁垒,必须把核心技术掌握在自己手中。比如,华为的"5G"技术目前处于世界领先水平,是整个华为潜心十年不懈努力,在最基础的理论学科中走出来的前沿科技。因此,中国的科研工作者要重视基础理论研究。

每一位学生,要认识到自己身上担负着科技报国的使命与责任,学好理论知识才能更好地指导我们去创新创业,去奋斗拼搏,为国家再攀高峰。

一、正反转控制电路的接线

(1) 主电路的安装与接线;

(2) 控制电路的安装与接线。

教学活动：学生依据工作手册上绘制的正反转控制电路的接线图纸（图1），按要求完成主电路、控制电路的安装、接线，重点是按钮、熔断器、接触器、热继电器、电机的安装与接线。教师组织各组学生领取导线、万用表等，指导学生完成各小组人员分工。

通过观看视频、讨论等多元素的课堂活动，加深对正反转控制线路特点的理解，并动手进行线路的安装接线。

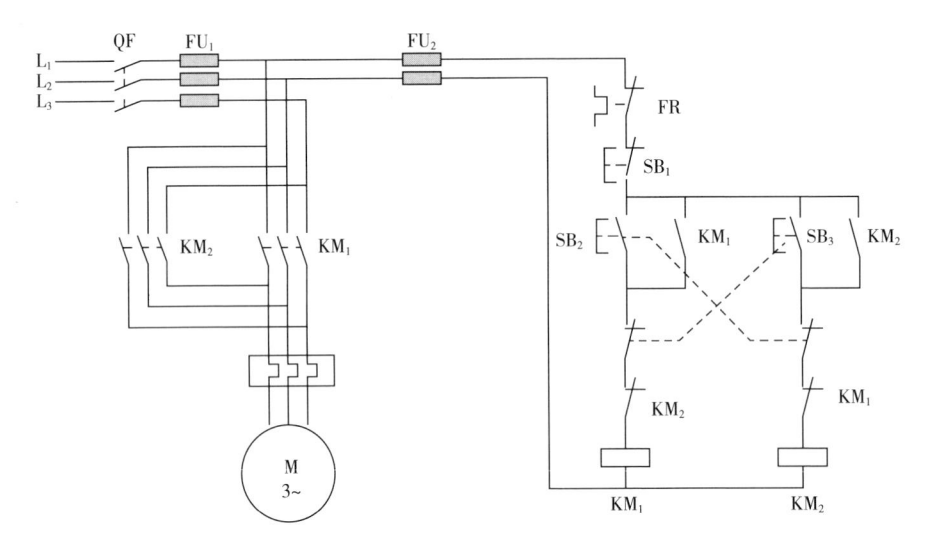

**图1　电动机正反转控制电路原理**

【思政贯穿】

从传统的控制线路，发展到现在的 PLC 控制，更能降低生产成本、提高工作效率。一切理论研究最终要转化成技术上的革新。科技是第一生产力，学生要学好理论知识，科技报国。

## 二、正反转控制电路的通电测试

(1) 通电前的检查；

(2) 通电测试；

(3) 故障检测。

教学活动：学生在线路通电前，要做好小组分工，依照工艺标准检查线路，用万用表等工具进行线路测试，确保电路没有短路现象后，再进行通电测试。通电前，试验台必须干净整洁、没有多余的导线等，严格遵守实验室安全操作规程。

【总结反思】

我们看到，只需要按下控制电路中的启动按钮，就可以控制电动机正反两个方向的运行，如电梯、起重机的上升与下降，机床工作台的前进与后退。这样质的飞跃，仅仅靠一个接触器或一个继电器是无法实现的，但当这些小元件组成一个电路，就能迸发出惊人的能量。一滴水只有融入大海才能永不干涸，一个人只有融入集体才能充分发挥自己的才能。由此，我们联想到自己。要想做到不凡成绩，靠一个人的力量很难实现。我们要学会与人合作，树立爱国主义精神，奋发图强，为实现中国制造的强国梦贡献自己的力量。

# 网络服务构建与管理：
# Samba 服务器构建与管理

**教师信息：** 赵凯　　**职称：** 副教授　　**学历：** 本科
**研究方向：** 计算机网络技术、信息安全管理
**授课专业：** 计算机网络技术
**课程类别：** 理实一体化课程
**课程性质：** 职业技术技能课

## 第一部分　设计思路

一、本次设计的课程思政目标

课程思政的目标是让学生学习专业知识技能的同时学习党的二十大精神并了解国家的"一带一路"倡议，用不同国家（地区）间流动的货物类比节点中需要共享的数据，借助"一带一路"图例让学生在头脑中形成网络拓扑，加强对 Samba 服务的理解，同时增强学生的民族自豪感和爱国情怀，让学生学会开放、包容、共享的思维的方法，培养学生的职业素养及工匠精神，锻炼学生的工程实践能力，养成良好的组织纪律、集体意识和数据安全意识，面对挑战永不言弃的精神，为实现中国梦积蓄力量。

二、课程思政教学设计内容

**1. 课前：课程思政引入**

共享是中华传统文化的一部分，在党的二十大报告中有 6 处提到了"共享"。"一带一路"倡议是共享理念的延伸，与"一带一路"有关的表述如下："我们实行更加积极主动的开放战略，构建面向全球的高标准自由贸易区网络，加快推进自由贸易试验区、海南自由贸易港建设，共建'一带一路'成为深受欢迎的国际公共产品和国际合作平台。我国成为一百四十多个国家

和地区的主要贸易伙伴，货物贸易总额居世界第一，吸引外资和对外投资居世界前列，形成更大范围、更宽领域、更深层次对外开放格局。"

**2. 课中：课程思政贯穿授课过程**

网络中的一个数据节点类似于"一带一路"中的一个节点，以构建 Samba 服务器为专业目标（完成一个数据节点的设置），结合 Linux 系统的特点贯穿"开放""包容"等思政元素，以 Samba 系统的安装、配置、调试及安全管理方法为抓手，为本课程的思政目标提供专业支撑，落实立德树人的根本任务，深挖教学过程中的思政元素，在锻炼学生职业能力的同时培养学生的工匠精神及数据安全意识（安全共享、安全访问），做到德技双修。

**3. 课末：课程思政总结反思**

总结课程内容，布置拓展任务。课程思政贯穿于教育的全过程，用专业知识践行共享理念，以中华传统文化和党的二十大报告中关于"共享"的论述为专业知识提供思政支撑。Linux 系统特点及 Samba 的功能特点与"开放""包容""共享"相对应；Samba 系统的配置方法与"踏实""认真""严谨"的职业精神相对应，参数设置与培养"数据安全意识"相对应，延伸到社会主义安全观；学生点名及系统配置过程（实际操作）与组织纪律和集体意识，面对挑战永不言弃等内容相对应，培养学生的坚韧品质和实践思维。通过布置拓展任务引导学生加深对数据的安全共享、安全访问等内容的理解。在实现专业教学目标的同时实现思政目标。通过课程学习，可以提升学生的专业素养，更加清楚自己的学习目标和人生追求，形成正确的数据安全观；通过课后作业的延展，促使学生积极主动思考，强化职业精神与数据安全意识。

# 第二部分 案例描述

## Samba 服务器构建与管理

**【思政导入】**

**一、课前点名**

课前点名是师生彼此熟悉的关键过程，强调不能迟到早退，不能在机房吃东西，要遵守机房管理规定，让学生树立诚信守时的良好习惯。

## 二、本课引言

共享思维深深根植于中华优秀传统文化之中，并且具有自身深厚的意蕴。早在先秦时期，荀子就提出了"天下之人有所共予"的命题，在党的二十大报告中有多处表述与"共享"及"一带一路"有关。作为共享理念的延伸，"一带一路"倡议已经被很多国家所接受，课程学习内容与共享理念相契合，在网络世界实现资源的共享共用。

简单说明 Windows 系统和 Linux 系统的差异，提出问题，引出将 Windows 中的某些资源拷贝到 Linux 系统中并进行处理的解决方案——Samba 服务器配置管理。不同系统间是可以进行数据互访的，就如同货物可以在不同国家间流动一样，课程内容所体现出的开放、包容、共享理念与"一带一路"相契合。

【思政贯穿】

## 三、课程主要内容

**1. Linux 操作系统平台说明**

Linux 是一种免费使用和自由传播的类 UNIX 操作系统，它主要受到 Minix 和 Unix 思想的启发，是一个基于 POSIX 的多用户、多任务，支持多线程和多 CPU 的操作系统。重点突出该系统的"开源""共享"理念，为实现科技自立提供了很好的学习平台和途径。

**2. Samba 的功能、系统架构、工作原理和特点等**

Samba 是在 Linux 和 UNIX 系统上实现 SMB 协议的一个免费软件，由服务器及客户端程序构成，工作原理见图 1。SMB（Server Messages Block，信息服务块）是一种在局域网上共享文件和打印机的通信协议，它为局域网内的不同计算机之间提供文件及打印机等资源的共享服务。Samba 的核心是两个守护进程 smbd 和 nmbd，smbd 用于管理 Samba 服务器上的共享目录、打印机等，主要针对网络上的共享资源进行管理服务；nmbd 的功能是进行 NetBIOS 名解析，并提供浏览服务显示网络上的共享资源列表。

**3. Samba 服务的安装、管理**

重点强调 Samba 配置文件的内容和安全等级，培养学生的职业精神及数据安全意识。

（1）Linux 系统中所有的设备都是以文件的形式存在的，都有严格的语法

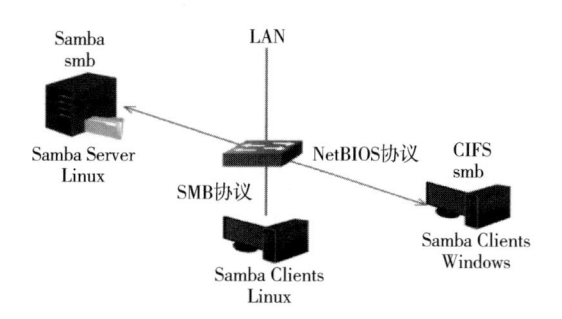

**图 1　Samba 工作原理**

规则，如 Samba 配置文件中的 path = /resource，参数中的"/"代表路径，不能省略，关键字"path"不能写错。

（2）Samba 服务的配置文件为/etc/samba/smb.conf。配置 smb.conf 是学习和掌握 samba 服务的关键技术。smb.conf 文件有两个部分，一个是 Global Settings 全局配置段，设置整个系统的全局参数和规则；别一个是 Share Definitions 共享定义段，设置共享目录和打印机以及相应的权限。文件中行首"#"表示说明，";"是注释，"[×××]"是共享名，其中，[homes]是一个特殊的共享名，动态地映射每一个用户的用户目录。

常见全局配置项的含义如下：

workgroup：所在工作组名称。

server string：服务器描述信息。

security：安全级别，可用值如下：share，user，server，domain。

log file：日志文件位置，"%m"变量表示客户机地址。

max log size：日志文件的最大容量，单位为 KB。

常见共享目录配置项的含义如下：

comment：对共享目录的注释、说明信息。

path：共享目录在服务器中对应的实际路径。

browseable：该共享目录在"网上邻居"中是否可见。

guest ok：是否允许所有人访问，等效于"public"。

writable：是否可写，与 read only 的作用相反。

（3）安全等级。Samba 服务的主要功能为共享资源，但不是所有的资源都可以共享，也不是所有人都可以访问共享资源，要对资源的保密属性及访问者进行分类，根据保密等级进行资源的共享。

Samba 的安全级别，按从低到高分为四级：share，user，server，domain。它们对应的验证方式如下：

share：访客的级别，任何用户都可以不需要用户名和口令访问服务器上的资源。

user：samba 的默认配置，要求用户在访问共享资源之前必须先提供用户名和密码进行验证，如果共享部分设置为 guest ok=yes，此时权限同 share 级。

server：和 user 安全级别类似，但用户名和密码是递交到另外一个服务器去验证。如果递交失败，就退到 user 安全级。

domain：这个安全级别要求网络上存在一台 Windows 的主域控制器，samba 把用户名和密码递交给它去验证。

与 Samba 资源安全有关的参数还有 valid users，invalid users，read list，write list 等。通过带领学生完成 Samba 服务的配置及安全等级设置，体验各种安全级别的差异，以增强学生的安全意识。

**4. 系统配置、测试**

（1）在安装 samba 服务之前，先检查系统中是否已安装了 Samba 服务，执行 rpm-qa ｜ grep samba。

（2）启动 samba 服务，可以通过 netstat-ant 或 ps-aux ｜ grep smb 命令查看 smb 服务是否启动，如出现 139 端口号或 smbd 的进程号，则说明 samba 服务已经启动。

（3）访问共享资源。无论是 Windows 系统还是 Linux 系统都可以访问 Samba 服务器。使用 Windows 客户端访问文件共享服务，可以直接在浏览器或网上邻居中输入共享文件的 UNC 路径；使用 Linux 客户端访问文件共享服务，可以使用 smbclient 及 mount 命令，部分命令举例如下：

smbclient-L 192.168.168.1 查看服务器端共享资源。

smbclient-U jack //192.168.168.1/myshare 登录共享服务器。

mount-o username=jack //192.168.168.1/myshare /mnt 挂载共享目录到本地。

完成系统配置，进行完整性、有效性及安全性测试，鼓励学生互助，在完成专业学习的同时增进同学间的友谊，在实践中锻炼学生逻辑思维能力及排错能力，培养学生的整体意识、全局意识。

【总结反思】

以共享理念为引领，带领学生学习党的二十大精神，使学生更加清楚地知道我国对外开放的国策，结合专业内容更加清晰地理解开放、包容、共享的内涵。学生能够完成基于 Linux 系统的 Samba 服务的配置，实现资源的"安全""有效"共享。在学习过程中，会遇到文件名错误、路径错误、参数错误等问题，在教师的指导和同学的互助下，能够发现问题并改正错误，最终完成课程任务，实现专业学习目标，即不同系统间的数据安全共享和安全访问。通过专业课程的学习，学生的学习专注度及实践能力明显提升，学生间的交流互助现象增多，对任务的实现方法思考更加全面，养成了良好的数据安全意识，同时对职业精神等内容的认识有所提升。

# 网络攻防分析与实践：HTTP 协议基础

**教师信息：** 杨建兴　**职称：** 讲师　**学历：** 硕士研究生
**研究方向：** 信息安全
**授课专业：** 计算机网络技术
**课程类别：** 理实一体化课程
**课程性质：** 专业模块化课

## 第一部分　设计思路

### 一、本次设计的课程思政目标

本次课主题为"HTTP 协议基础"，具体思政目标设计如下：通过"没有网络安全，就没有国家安全"的论断，激发学生爱国热情，树立远大理想，投身技术报国；建设网络强国需要科技创新，培养学生独立自主意识和科技创新精神；HTTP 协议是 Web 信息交换的协议标准，谁掌握了标准制定权，谁就掌握了发展的主动权，勉励学生为了中华民族伟大复兴而奋发图强；通过了解 HTTP 协议分析工具方面我国与先进水平的差距，激励学生充分发扬劳模精神、劳动精神、工匠精神，不断追求卓越、精益求精。

### 二、课程思政教学设计内容

**1. 课前：课程思政引入**

通过典型的 Web 攻击事件让学生初步认识 Web 安全的重要性。Web 安全是网络安全的重要组成部分，网络安全作为网络强国的核心内容，需要加强科技自主创新发展，需要培养学生的科学精神、职业精神和创新精神。激励学生努力学习专业知识和技能，弘扬工匠精神，投身技术报国。

**2. 课中：课程思政贯穿授课过程**

（1）互联网技术已经彻底改变了人们的工作和生活方式。作为 Web 信息交换的基础和标准，HTTP 协议目前由 IETF（互联网工程任务组）开发维护。标准已成为各国竞争的焦点之一，谁掌握了标准制定权，谁就在相关领域拥有话语权。以此激发并培养学生积极向上的爱国情怀，勉励他们为了中华民族的伟大复兴而志存高远，奋发图强。

（2）Wireshark 是一款专用于网络协议分析的开源软件，在行业内应用广泛。借此提醒学生认识到，在众多领域我国取得了举世瞩目的成就，但是在某些方面，与先进水平相比仍有差距，务必发扬劳模精神、劳动精神、工匠精神，不断精益求精、追求卓越，才能逐步缩小差距并实现赶超。

**3. 课末：课程思政总结反思**

回顾本次课程思政要点，引导学生进一步体会感悟"没有网络安全，就没有国家安全"，并以网络强国建设为目标，激发学生的爱国热情，树立远大理想，担当时代重任。同时，还要提醒学生认识到，虽然我们在很多领域已经取得举世瞩目的成就，但在某些方面与世界一流水平还有差距，勉励他们发扬劳模精神、劳动精神、工匠精神，努力成长为大国工匠，为中华民族的伟大复兴而奋发图强。

# 第二部分　案例描述

## HTTP 协议基础

**【思政导入】**

2018 年 2 月，韩国平昌冬季奥运会（图 1）开幕式当天，官网遭遇黑客网络攻击，此次攻击造成网络中断，广播系统和奥运会官网均无法正常运作，导致直播无法正常观看，部分观众无法打印开幕式门票，最终未能正常入场。

通过分析 Web 攻击事件，让学生初步认识 Web 安全的重要性。Web 安全是网络安全的重要组成部分，随着互联网、人工智能、云计算、大数据等新兴技术应用不断融合发展，Web 已经逐渐成为网络应用的主要载体，用户可以通过 Web 网站进行网页浏览、购物、办公等活动，其工作和生活方式获得极大便利性的同时，也带来了日趋严重的网络攻击。攻击者利用 Web 漏洞获取数据或破坏信息系统的安全事件也愈演愈烈，国家安全、企业安全和个人隐私安全受到极大挑战。

图 1　韩国平昌冬奥会

国家领导人多次强调：没有网络安全就没有国家安全。培养学生的爱国情怀，树立远大理想，勇于攻坚克难，担当时代重任，奋发图强。同时网络安全作为网络强国建设的核心内容，需要加强科技自主和创新发展，需要培养学生的科学精神、职业精神和创新精神。激励学生努力学习专业知识和技能，弘扬工匠精神，投身技术报国。

## 一、常见的 Web 安全漏洞

各种 Web 安全事件都是基于 Web 漏洞实施攻击的。OWASP（Open Web Application Security Project，开放式 Web 应用程序安全项目）组织于 2022 年公开发布了最新的 Top 10 Web 安全漏洞（图 2），总结了 Web 应用程序最可能、最常见、最危险的十大安全隐患。

| A1——注入 | A2——失效的身份认证和会话管理 |
| --- | --- |
| A3——敏感信息泄露 | A4——XML 外部实体 |
| A5——失效的访问控制 | A6——安全配置错误 |
| A7——跨站脚本 | A8——不安全的反序列化 |
| A9——使用含有已知漏洞的组件 | A10——不足的日志记录和监控 |

图 2　2022 年 OWASP 公布的十大漏洞

## 二、HTTP 协议基础

**1. HTTP**

HTTP（HyperText Transfer Protocol）即超文本传输协议，它规定了 Web 浏览器和 Web 服务器之间相互通信的规则，作为 Web 网站交换信息的基础，它支持将 HTML 文档从 Web 服务器传送到 Web 浏览器。系统中每个资源均由统一资源标识符（URI）标识，用户通过点击链接借助于超文本传输协议来获取该资源。

【思政贯穿】

随着互联网技术的发展，用户可以通过 Web 网站购物、办公，这完全改变了人们的工作和生活方式。HTTP 协议是 Web 信息交换的基础和标准，属于 TCP/IP 模型的应用层协议，目前由 IETF 互联网工程任务组开发维护。

标准已成为各国竞争的焦点之一，谁掌握了标准制定权，谁就掌握了主动权。因此，行业标准的制定权，实质上体现了行业认同和行业话语权。激发并培养学生积极向上的爱国情怀，勉励他们为了中华民族的伟大复兴而志存高远，奋发图强。

**2. HTTP 请求响应机制**

HTTP 是一种无状态的协议。无状态是指 Web 浏览器与 Web 服务器之间不需要建立持久的连接，这意味着当一个客户端向服务器发出请求，Web 服务器返回响应之后，连接就被关闭了，在服务器端不保留连接的有关信息，也就是说，HTTP 请求只能由客户端发起，而服务器不能主动向客户端发送数据。

HTTP 遵循请求（Request）/响应（Response）模型，如图 3 所示，Web 浏览器向 Web 服务器发送请求，然后 Web 服务器处理请求并返回适当的响应。

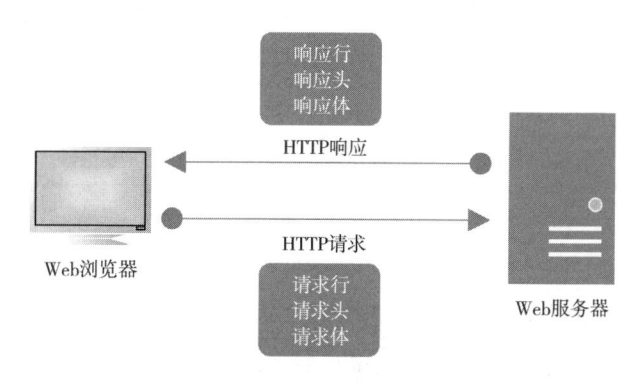

图 3 HTTP 请求响应模型

### 3. URL

URL（Uniform Resource Locator）是统一资源定位符，也称为网页地址，俗称"网址"，是互联网上标准的资源地址。URL的标准格式如下：

协议://域名或服务器IP［：端口］/路径/［？查询］

例如，http://www.bpi.edu.cn/help/help.php？id=1 就是一个标准的 URL。

### 4. HTTP 状态码

HTTP 状态码分类如表1、表2所示。

**表1　HTTP 状态码分类**

| 分类 | 分类描述 |
| --- | --- |
| 1×× | 信息，服务器收到请求，需要请求者继续执行操作 |
| 2×× | 成功，请求被成功接收并处理 |
| 3×× | 重定向，需要进一步的操作以完成请求 |
| 4×× | 客户端错误，请求包含语法错误或无法完成请求 |
| 5×× | 服务器错误，服务器在处理请求的过程中发生了错误 |

**表2　HTTP 状态码说明**

| 状态码 | 状态描述 | 说明 |
| --- | --- | --- |
| 200 | OK | 客户端请求成功 |
| 301 | Moved Permanently | 永久移动，请求的资源已被永久移动到新 URI，返回信息会包括新 URI，浏览器会自动定向到新 URI，后续新请求都应使用新的 URI 代替 |
| 302 | Found | 临时移动，与301类似，但资源只是临时移动，客户端应继续使用原有 URI |
| 400 | Bad Request | 客户端错误，请求包含语法错误或无法完成请求 |
| 401 | Unauthorized | 需要用户进行身份认证，表明未提供或已提供但未通过 |
| 403 | Forbidden | 服务器可以理解客户端的请求，但是拒绝执行 |
| 404 | Not Found | 服务器无法根据客户端的请求找到资源（网页） |
| 500 | Internal Server Error | 服务器内部错误，无法完成请求 |
| 503 | Service Unavailable | 由于超载或系统维护等原因，服务器暂时无法处理客户端的请求 |

### 5. HTTP 请求方法

见表 3。

表 3　HTTP 请求方法分类

| 方法 | 说明 |
| --- | --- |
| GET | 请求指定的页面信息，并返回实体主体 |
| HEAD | 类似于 GET 请求，只是返回的响应中没有具体的内容，用于获取表头 |
| POST | 向指定资源提交数据处理请求（例如提交表单或者上传文件）。数据包含在请求中，POST 请求可能会导致创建新资源或修改已有资源 |
| PUT | 从客户端向服务器传送数据替换指定的文档内容 |
| DELETE | 请求服务器删除指定页面 |

## 三、使用分析工具 Wireshark 分析 HTTP 协议

Wireshark 是专门用于网络协议分析的一款开源工具软件，在实践中应用非常广泛。Wireshark 的功能是抓取网络数据包，并尽可能显示出最为详细的数据包信息，让使用者对于网络行为有更清楚的了解。

在网络软件等领域，我们与先进水平尚存在一定差距。由此提醒学生，我们虽然在很多领域取得了举世瞩目的成就，但是在一些方面，还有差距和不足，需要充分发扬劳模精神、劳动精神、工匠精神，不断追求卓越、精益求精，才能逐步缩小差距并实现技术赶超。

### 1. 进入实验平台打开 Wireshark 分析工具

见图 4。

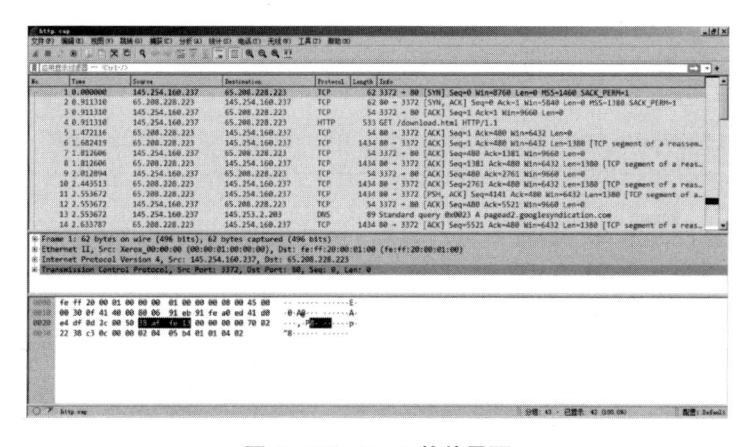

图 4　Wireshark 软件界面

## 2. 使用 Wireshark 分析工具分析 HTTP 请求

见图 5。

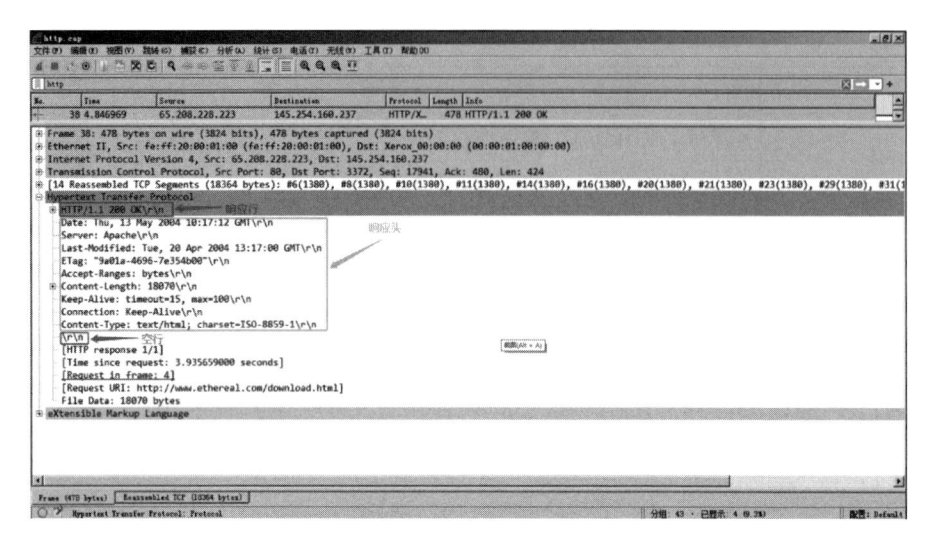

图 5 使用 Wireshark 分析 HTTP 请求

## 3. 使用 Wireshark 分析工具分析 HTTP 响应

见图 6。

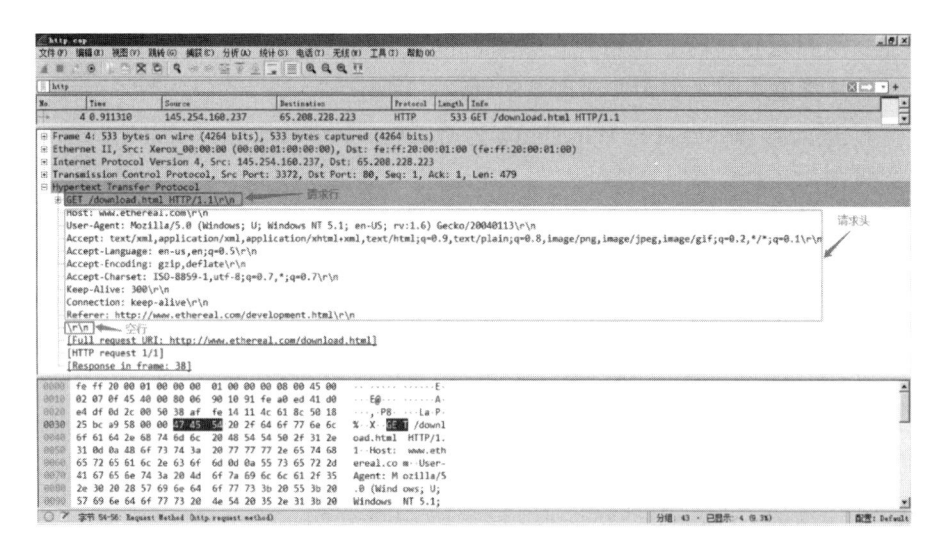

图 6 使用 Wireshark 分析 HTTP 响应

**【总结反思】**

Web 安全是网络安全的重要组成部分，随着互联网等新一代信息技术的蓬勃发展，互联网已经彻底改变了人们的生活、工作和学习方式，越来越多的 Web 安全事件给国家安全、企业安全和个人隐私安全带来了极大的挑战。引导学生深刻体会国家领导人关于"没有网络安全，就没有国家安全"的论断，并以网络强国建设为目标，激发学生的爱国热情，树立远大理想，担当时代重任，并培养科技创新精神和独立自主意识。同时，还要充分认识到在某些方面我们与世界先进水平的差距，刻意培养学生的科学精神、职业精神、工匠精神，勉励他们奋发图强，不断追求卓越、精益求精，投身技术报国，为中华民族伟大复兴不懈努力。

# 移动通信网络组建与维护：
# 5G 基站设备认知及站点部署

**教师信息**：陈海燕　　**职称**：副教授　　**学历**：硕士研究生
**研究方向**：移动通信
**授课专业**：现代通信技术
**课程类别**：理实一体化课程
**课程性质**：职业技术技能课程

## 第一部分　设计思路

### 一、本次设计的课程思政目标

本次课的课程思政目标侧重于价值观层面，注重学生社会主义核心价值观引领，主要内容包括理想信念教育、中国精神教育、真善美教育（科学精神、职业精神、工匠精神、职业文化、职业伦理）。以"智慧冬奥 5G 发力！冬奥背后的黑科技！"作为思政切入点，通过冬奥场馆 5G 站点部署课程内容的学习，将理想信念、精益求精、工匠精神等思政元素贯彻于教学过程中，课末引出共建共享，为世界带来 5G 规模发展范式的中国 5G 最大创新，引导学生坚定理想信念，坚定四个自信，将个人梦想融入伟大的中国梦中，在奋斗中创造精彩人生。

### 二、课程思政教学设计内容

**1. 课前：课程思政引入**

通过引入 2022 年冬奥会中习近平总书记回信冰雪健儿"新时代是追梦者的时代"，激励学生坚定理想信念，树立中国精神。我们每个人的梦想都和强国梦、中国梦紧密相连，没有强大的祖国，何谈个人梦想？作为新时代的中国青年，要不负时代，不负韶华，不负党和人民的殷切期望，所有追梦者，一起向未来！

**2. 课中：课程思政贯穿授课过程**

本次课程的内容是 5G 基站设备认知及站点部署。

课程首先通过"智慧冬奥 5G 发力！冬奥背后的黑科技！"作为切入点，既是专业的导入，也是润物无声地课程思政贯穿。美轮美奂的盛大开幕式、精彩赛事的超高清转播、冬奥机器人、5G 送餐员等，都得益于冬奥场馆的两地三赛区 87 个场馆及连接场馆道路、京张铁路的 5G 网络全覆盖。

开幕式前，中国联通就为鸟巢精心打造了 300M 带宽、无死角全覆盖的 5G SA 网络。

从而引出本次课的主要内容——5G 基站设备认知及站点部署，本次课程的 5G 组网正是采用 SA 组网方式（5G 组网包括 SA 和 NSA 两种组网方式）。

**3. 课末：课程思政总结反思**

结合 5G 组网方式及建设，回顾 5G 牌照发放 3 年来，中国 5G 的发展进程、一图看懂 5G 三年的成绩单，以及 5G 的中国创新，与学生共同见证，共建共享的中国 5G 最大创新，为世界带来 5G 规模发展范式。

本次课程中的所有思政元素，都将理想信念教育、中国精神教育、真善美教育涵盖的科学精神、职业精神、工匠精神等内涵有机融入专业教学过程中。引导学生坚定理想信念，坚定四个自信，将个人梦想融入伟大的中国梦中，在奋斗中创造精彩人生。

# 第二部分 案例描述

## 5G 基站设备认知及站点部署

**【思政导入】**

2022 年北京冬季奥运会开幕式于 2022 年 2 月 4 日在中华人民共和国国家体育场举行。观看学习"圆梦冬奥会 一起向未来"首都教育系统弘扬北京冬奥精神"大思政课"，又一次聆听、又一次回到那激动人心的冬奥盛会！除了精彩纷呈的竞技之美、美轮美奂的开闭幕式、冰丝带、可爱的冰墩墩雪容融之外，北京冬奥留给我们的无形资产——北京冬奥精神，更是格外珍贵！

冬奥会中习近平总书记回信冰雪健儿"新时代是追梦者的时代"，激励学生坚定理想信念，树立中国精神，我们每个人的梦想都和强国梦、中国梦紧密相连,没有强大的祖国,何谈个人梦想?作为新时代的中国青年,要不负时代,不负韶华,不负党和人民的殷切期望,所有追梦者,一起向未来!

在本任务中,主要学习 5G 基站设备认知及站点部署,任务内容主要涉及两个模块,第一个是在认知模块中,借助于虚拟仿真平台基站设备的 3D 展示,学习 5G 设备的基本结构与组成;第二个模块是在对 5G 基站设备的结构认知的基础上,在安装部署模块中,学习 5G 基站的接口,并根据拓扑规划及实际需求,完成安装部署(图 1)。

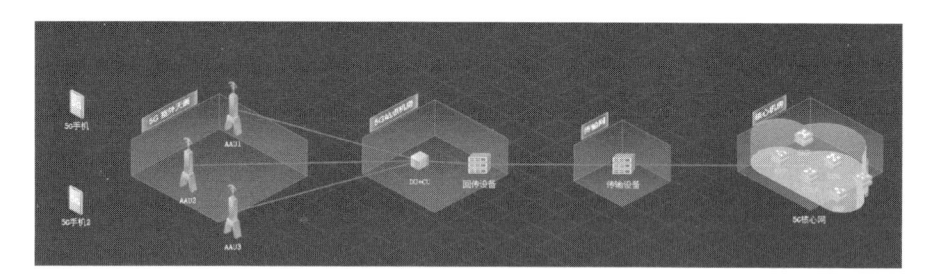

图 1　5G 网络架构

一、5G 基站设备认知

**1. 设备认知——AAU 设备**

见图 2。

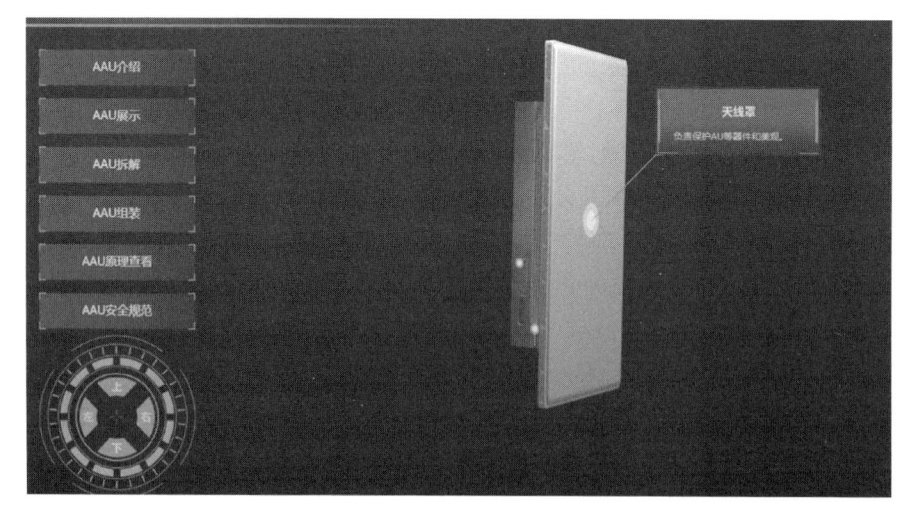

图 2　AAU 设备

AAU 设备分别由天线罩、天线阵子 AU、射频单元 RU、外壳（铭牌、指示灯）组成。

AAU 设备接收来自基带单元（BBU/DU+CU）的数字信号（当使用 CPRI 接口时，为数字中频信号；当使用 eCPRI 接口时，为物理层低层待处理信号）。数字信号经过处理后，由 AD/DA 将数字信号转为模拟信号，并通过天线单元将信号变为射频信号辐射出去（图3）。

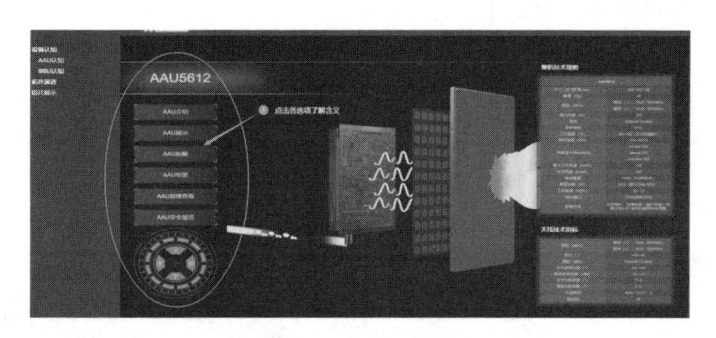

图 3　AAU 原理

**2. 设备认知——BBU 设备**

一般 BBU 设备主要由基带板、主控板、电源及风扇等部分构成（图4）。

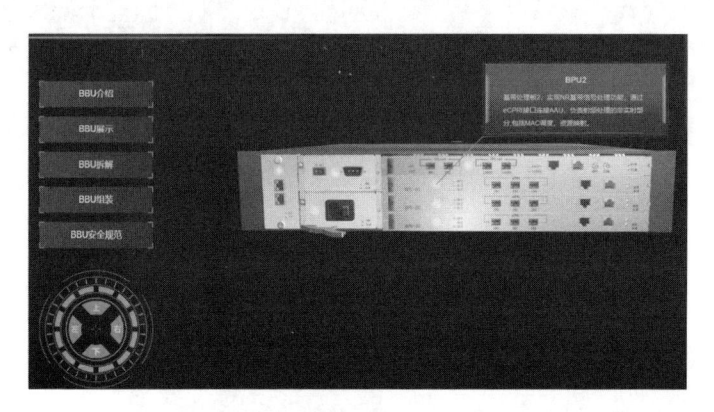

图 4　BBU 设备

【思政贯穿】

思政切入点：以"智慧冬奥 5G 发力！冬奥背后的黑科技！"作为切入点，既是专业的导入，也是润物无声的课程思政贯穿。美轮美奂的盛大开幕式、精彩赛事的超高清转播、冬奥机器人、5G 送餐员等，都得益于冬奥场馆的两地三赛区 87 个场馆及连接场馆道路、京张铁路的 5G 网络全覆盖。开幕式前，中国联通就为鸟巢精心打造了 300M 带宽、无死角全覆盖的 5G SA 网络，从而引出我们本次课的主要内容——5G 基站设备认知及站点部署，本次课程的 5G 组网正是 SA 组网方式（5G 组网包括 SA 和 NSA 两种组网方式）。

二、5G 站点安装部署

该 5G 站点具体需求如下：

（1）该 5G 站点由 3 个 AAU 组成，构成典型的 3 小区站点（图 5）。

（2）当前 5G 站点服务于冬奥场馆及连接场馆道路、京张铁路，单小区最大容量为 3Gbps，请根据实际要求，完成基站设备到回传设备的连线（图 6、图 7、图 8 和图 9）。（安装部署在虚拟仿真软件完成）

图 5　5G 站点场景

图 6　"DU+CU" 设备连接

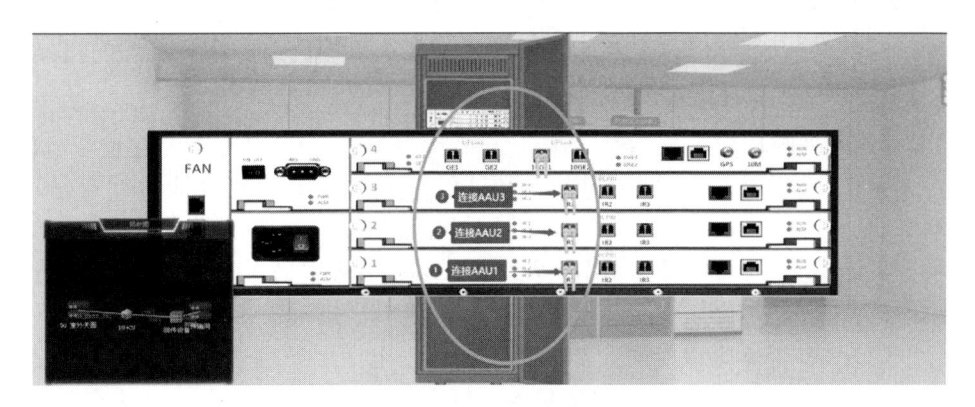

图7　AAU设备连接

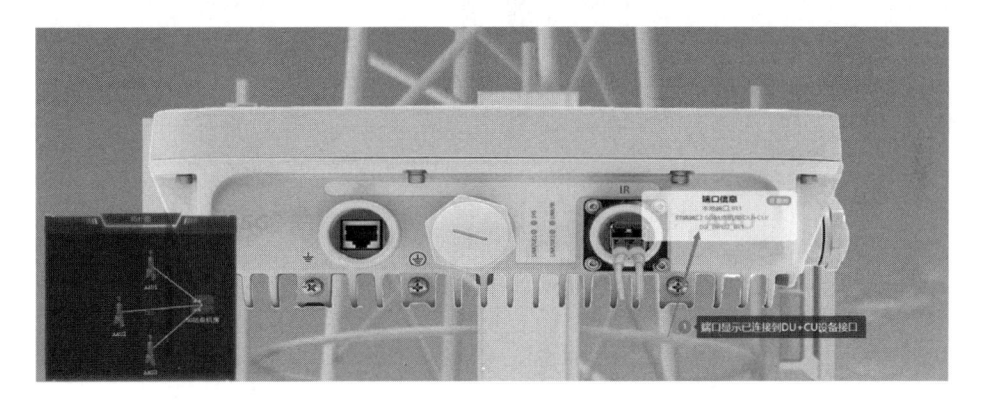

图8　eCPRI（IR）接口互联

图9　基站"回传设备"链路搭建

需要注意的是，该5G站点单小区最大容量为3Gbps，且该站点服务于冬奥场馆，这种场景用户密度较大，很容易满负荷运行。所以在选择接口时，

101

我们需要选择大于9Gbps的接口进行连线，在这里我们需要选择10G的接口（且双方设备接口都需要选择10G）。

【总结反思】

2019年6月6日，工信部向中国电信、中国移动、中国联通、中国广电颁发5G商用牌照，标志着中国正式进入5G商用时代。5G牌照发放三年来，我国累计建成开通5G基站161.5万个，建成全球规模最大的5G网络、全球规模最大的5G共建共享网，覆盖全国所有地市、县城城区和87%的乡镇镇区，建设5G行业虚拟专网5 325个，5G移动电话用户也达到了4.13亿户。5G正在工业、医疗、教育、交通等多个行业领域发挥赋能效应，形成了多个具备商业价值的典型应用场景。在如此短的时间内，在新冠疫情的影响下，中国通信行业持续奋进，创造了共建共享的中国5G最大创新，为世界带来5G规模发展的最佳范式。再次将坚定理想信念、中国精神、工匠精神等融入教学中，激发学生专业学习热情，为我国通信事业发展贡献自己的力量。

# 飞机机械系统：飞机液压系统绕机检查

**教师信息：** 李玮　　**职称：** 讲师　　**学历：** 硕士研究生
**研究方向：** 航空机械
**授课专业：** 飞机机电设备维修
**课程类别：** 理实一体
**课程性质：** 职业技术技能课

## 第一部分　设计思路

### 一、本次设计的课程思政目标

"飞机机械系统"是高职飞机机电维修专业的核心课程，其中液压系统是关系飞行安全的重要系统。以民航飞机维修工作中航线维护和飞机定检初、中级岗位典型工作任务为载体，按照难度由浅入深、频率由高到低的逻辑关系，将"飞机液压系统检测与维护"的课程内容重构为 8 个任务单元，实现"岗课赛照"高度融通。本设计选自任务 1 "飞机液压系统绕机检查"（图1）。

**图1　"飞机液压系统"教学项目设计**

依据飞机维修人员岗位能力素质要求，分层次、系统化设计课程思政。以文字、图片、视频、动画的形式，建立"事故库、事件库、人物库、标准库、时政库"五类立体思政资源库。在任务1的教学过程中，始终贯穿"存敬畏心、行规范事、成工匠才"的思政主线，着重培养学生重安全、守规章的民航作风与精益求精的工匠精神（图2）。

图2 "飞机液压系统绕机检查"课程思政设计

## 二、课程思政教学设计内容

**1. 课前：课程思政引入**

通过学习通平台发布《空中浩劫》相关影片并布置学习任务，引导学生找出与液压系统失效相关的空难案例，帮助学生树立"存敬畏心"的职业精神。

**2. 课中：课程思政贯穿授课过程**

通过查询飞机维修 AMM 手册与维修工卡，引导学生严格按照规章、手册及工卡要求进行飞机维修每一步工作，做到"看一项、做一项、签一项"，树立"行规范事"的职业精神；通过机务劳模故事，引导学生树立"成工匠才"的理想信念。

**3. 课末：课程思政总结反思**

通过观看国产 C919 大飞机在上海浦东机场顺利完成液压系统与刹车功能测试的相关新闻，帮助学生树立为中国航空梦努力奋斗的伟大信念。

整个过程贯穿"严谨、专业、诚信"的机务维修作风,以及"敬畏生命、敬畏规章、敬畏职责"的民航精神。

# 第二部分 案例描述

## 飞机液压系统绕机检查

【思政导入】

一、课前

针对学生不喜欢阅读文字、喜欢观看视频的特点,课前通过学习通平台发布千斤顶等视频,引导学生利用工作手册活页式教材自主学习液压系统工作原理;发布《空中浩劫》相关纪录片并布置学习任务,让学生找出与液压系统失效相关的空难案例,并做好课前分享的准备。

【思政贯穿】

二、课中

**1. 明确任务**

组织学生代表上台分享《空中浩劫》纪录片中跟液压系统失效相关的空难案例,理解液压系统对于飞行安全的重要性;通过活页式教材中的工卡,明确任务内容:按照规章、手册与工卡要求,规范完成飞机液压系统的绕机检查。

思政点:通过学生自主进行事故分享,调动学生学习积极性,理解液压系统作为飞机"肌肉"的重要性,引导学生深刻认识到,航空从业者承担着人民生命重托,要谨记"民航三敬畏"——敬畏生命、敬畏规章、敬畏职责。

**2. 查询资料**

组织学生以小组为单位查询飞机维修手册与活页式教材,找出飞机液压系统执行元件、动力元件、控制元件、辅助元件四类主要元件,能够说明各元件的名称与功用,画出飞机液压系统组成框图(图3);结合实训室中的航空实物部件,在飞机实景仿真平台中找到相应位置。

思政点:通过规范查询飞机维修 AMM 手册的学习,引导学生严格按照规章及手册要求进行每一步工作,树立"行规范事"的职业精神。

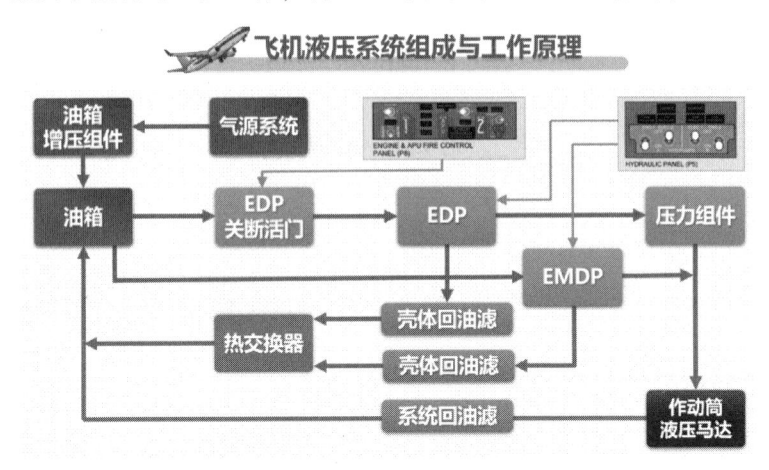

图 3  飞机液压系统组成

### 3. 汇报展示

学习通发布测试题,检验学生对飞机液压系统典型部件名称、功用、位置的掌握情况,根据答题数据分析出未完全掌握的典型部件;各组学生派代表上台找出这些典型航空部件的实物,汇报它的名称与功用,并在飞机实景仿真平台上找到该类液压部件所在的位置;引导学生梳理三套液压系统的组成与工作原理图(图4)。

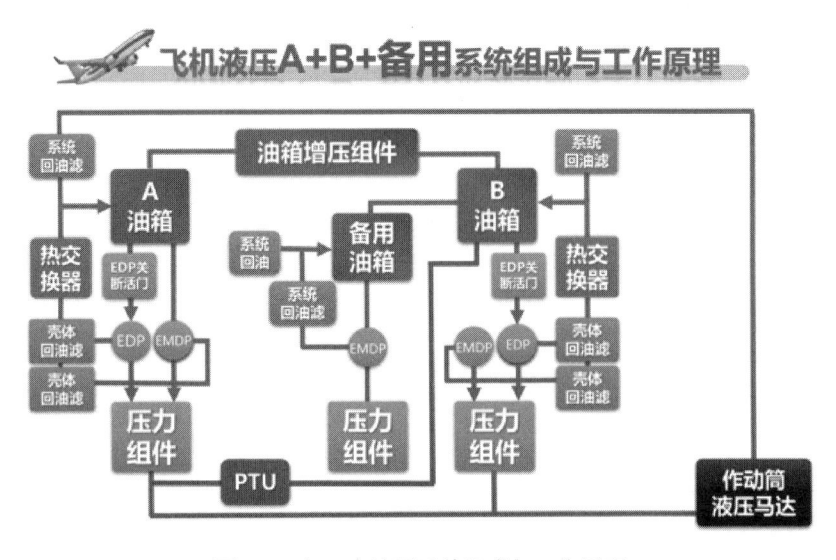

图 4  飞机三套液压系统组成与工作原理

思政点：通过汇报展示与专题讨论引导学生认识到，要实现航空业极其严格的安全要求，不仅需要飞机设计师精巧设计的、拥有三重安全冗余的液压系统，更与飞机的机务维修工作密不可分，帮助学生树立"敬畏职责"的民航精神。

**4. 观摩示范**

教师引导学生分组查找飞机过站检查工卡中与液压系统检查相关的项目，并查询飞机维修手册，找到液压系统放行标准；教师利用飞机全景仿真平台进行飞机液压系统绕机检查的示范操作（图5）。

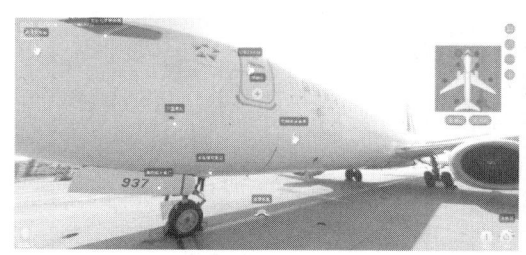

**图5　飞机全景仿真平台**

思政点：通过标准示范操作引导学生认识到，绕机检查作为液压系统维护的初级项目，虽然看似简单，但却是影响飞机放行的重要工作，要严格按照民航规章、手册与工卡进行操作。引入课程思政资源库"人物库"中全国劳模王海的事迹，学习他在珠海保税区摩天宇航空发动机维修有限公司15年的机务维修一线工作中，保持着"维修零差错"的优秀纪录，培养学生学习劳模精神，树立劳动精神。

**5. 操作训练**

引导学生分组按照工卡要求（图6），通过仿真平台完成飞机液压系统的绕机检查训练。通过仿真平台，解决了飞机轮舱空间有限，不方便整班学生反复训练的痛点。

思政点：引导学生严格按照规章、手册及工卡要求进行每一步工作，做到"看一项、做一项、签一项"，树立"严谨、专业、诚信"的机务维修作风。

**6. 总结评价**

引导学生利用思维导图对本节课知识点和技能点进行总结，发布学习通互动闯关活动，综合课前预习、课中汇报、操作训练以及互动闯关成绩，输出最终成绩并进行点评。布置课后观看国产大飞机C919在上海浦东机场完成液压系统与刹车功能测试的案例，完成拓展学习报告的任务。

思政点：通过国产大飞机的案例，帮助学生树立热爱祖国的核心价值观以及航空强国情怀。

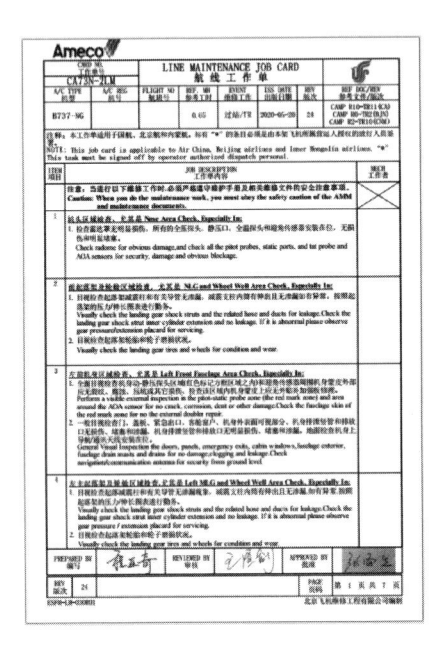

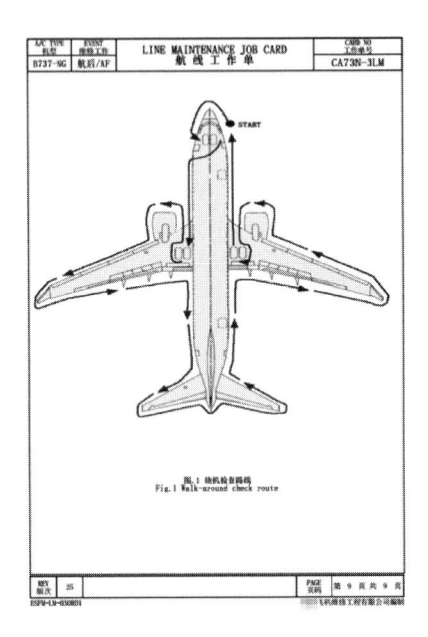

图 6　绕机检查工卡

【总结反思】

本课程的亮点有：系统地设计了"存敬畏心、行规范事、成工匠才"三个层次的课程思政主线；民航精神、机务维修作风贯穿始终；课程思政由教师被动输入转变为学生主动输出。

不足与努力方向：课程思政资源库的内容需要进一步积累与完善，实现随时动态更新；需要努力提高专业水平、个人修养与个人魅力，让学生能够"亲其师而信其道"，让课程思政真正入耳入心。

# 飞机维护：机组氧气系统维护——氧气瓶拆装

**教师信息：** 马超　**职称：** 讲师　**学历：** 硕士研究生
**研究方向：** 机械工程
**授课专业：** 飞机机电设备维修
**课程类别：** 理实一体
**课程性质：** 专业模块化课

## 第一部分　设计思路

一、本次设计的课程思政目标

本次课的思政目标侧重于社会主义核心价值观的引领，树立职业精神、工匠精神，提升职业道德，厚植爱国情怀。

二、课程思政教学设计内容

**1. 课前：课程思政引入**

（1）观看《中国机长》片段。

（2）事故带来的影响之一：缺氧。由于事故发生时处于万米高空，机组人员和旅客都带上了氧气面罩。

（3）提出问题：在日常飞行过程中，我们怎么保障氧气系统的使用安全？

通过复习"飞机机械系统2"这门课的飞机氧气系统内容，结合飞机维护手册的内容，引入本次课的主题内容：机组氧气系统的维护——氧气瓶的拆装。

**2. 课中：课程思政贯穿授课过程**

课程思政层次递进，通过实际案例、拆装过程，从树立职业精神到培养职业道德、筑牢工匠精神、培养民航敬畏精神，从理想信念教育到厚植爱国情怀融入课程思政教育。

**3. 课末：课程思政总结反思**

教师引导学生自主总结本次课重点内容，播放空难视频，由该空难案例引出机组氧气系统其他部件维护的课后作业。

# 第二部分 案例描述

## 机组氧气系统维护——氧气瓶拆装

**【思政导入】**

教师引言：2018年5月14日6时27分，从重庆飞往拉萨的川航3U8633航班在重庆江北机场正常起飞（给学生播放视频），载有包括机长刘传健在内的9名机组人员和119名乘客。飞机抵达青藏高原东南边缘，飞行高度9 800米。此时，驾驶舱的风挡玻璃突然爆裂。近万米高空，驾驶舱破了一个大洞，将迅速导致两个致命后果：一是低温，二是驾驶舱内缺氧。

教师提出问题（在播放视频的同时）：在紧急情况下，机组和旅客戴的是什么？氧气从哪来？机组和旅客的氧气系统有什么不同？

学生观察现象，讨论回答问题：在客舱释压的情况下，机组和旅客要迅速戴好氧气面罩；机组氧气面罩里的氧气来源于氧气瓶，旅客氧气面罩里的氧气来自氧气发生器（化学制氧）。

教师引入讲授内容：教师讲述氧气系统的重要性、氧气面罩放下的条件（两种方式：人工和自动）、氧气的来源，为什么机组和旅客氧气系统不一样。

思政点：通过播放视频，引导学生深刻认识到航空从业者承担着人民生命重托，增强职业责任感、自豪感，培养民航敬畏精神，保持敬畏心。

**【思政贯穿】**

一、机组氧气系统

教师讲述：教师复习氧气系统知识，教育学生体会到氧气的重要性，敬畏机组和旅客的生命，培养民航敬畏精神。

教师讲授，学生学习：介绍机组氧气系统的部件组成和工作原理（氧气面罩、氧气瓶、分配管路、氧气指示系统），引导学生认识到，每个人既是独立的个体，有自己的特长，又融于集体，在集体中各司其职，发挥自己的作用。

思政点：以 AMECO 机务师傅由于粗心大意导致氧气瓶释压而没有检查到的实际案例为素材。

## 二、机组氧气系统部件识别

教师布置任务：学生通过机组氧气系统原理进行部件识别和功能描述。

学生完成任务：通过查看机组氧气系统原理图（图1），对照仿真软件进行部件的识别，并描述每个部件的功能。将结果写在纸上，拍照上传学习通。

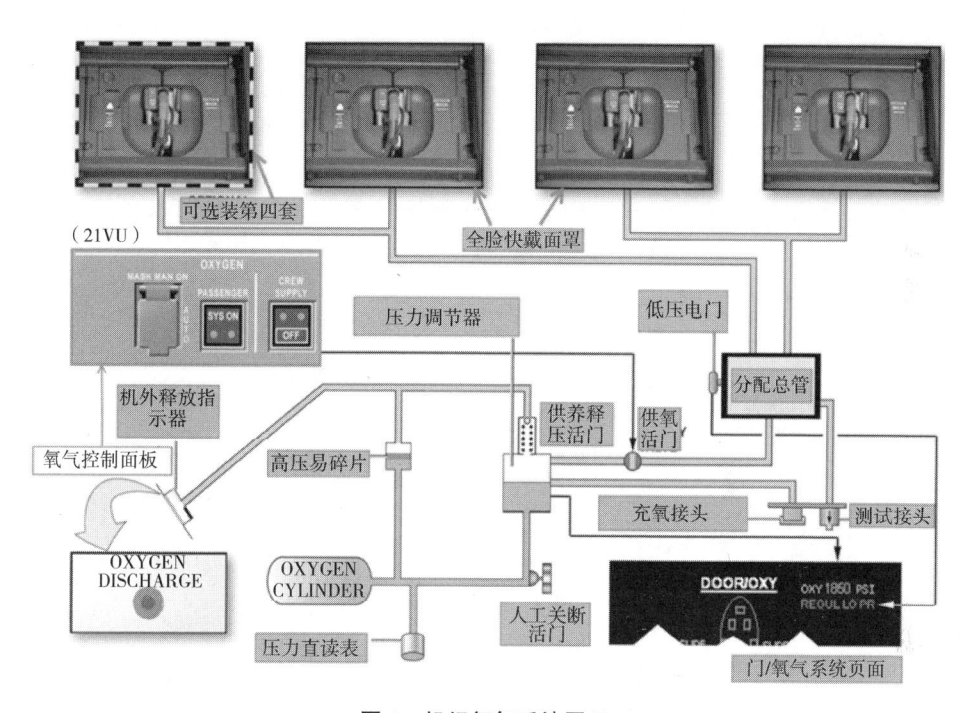

图 1　机组氧气系统原理

教师教授（边讲解边提问，与学生互动）：教师对学生查找出来的机组氧气系统的部件进行点评和提问，并对大家对各个部件的功能描述进行点评。增加学生对机组氧气系统各部件的感性认知，引导学生认识到以后工作过程，开阔视野，并锻炼学生自主学习的能力。

教师进行总结：总结学生在查找各部件过程中出现的问题，并带领学生查找、识别机组氧气系统的部件，并对部件功能进行描述。在此过程中，讲述学习的方法，引导学生认识学习是一个漫长的过程，要"活到老，学到老"。

思政点：以伟人的话"活到老，学到老"讲述学习是一个漫长的过程。

## 三、氧气瓶拆装

教师讲授：教师对氧气瓶的原理和拆装进行实战讲解（图2、图3、图4），在此过程中，把氧气瓶拆装的操作要领、注意事项、工卡签署、手册查询、工具使用等方面的内容进行详细的讲授。增加学生对动手操作的兴趣，并引导学生在完成工作时，一定要按章办事，注意安全，工卡要"看一项、做一项、签一项"，要做手册员工。

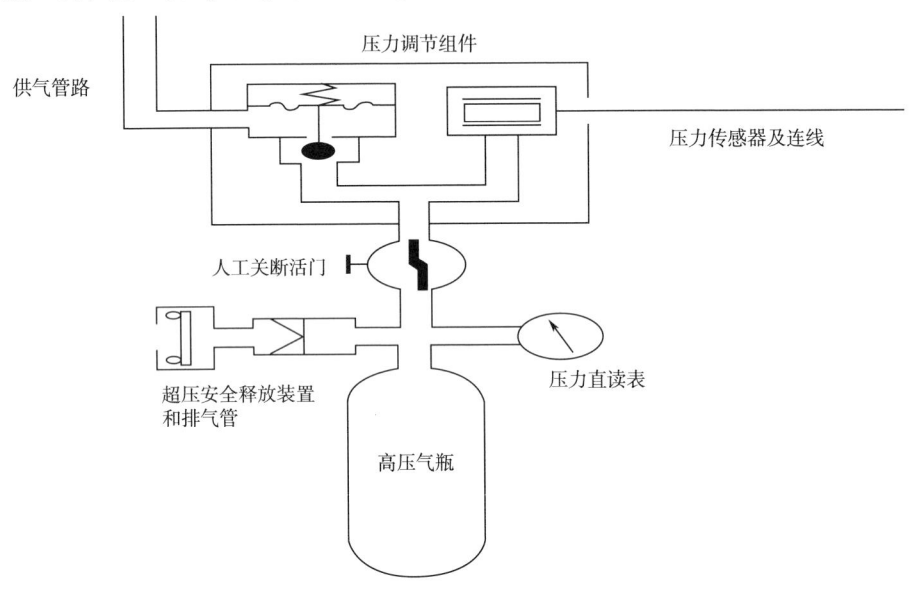

**图2 氧气瓶原理**

**图3 氧气瓶所在位置**

737-600/700/800/900
AIRCRAFT MAINTENANCE MANUAL

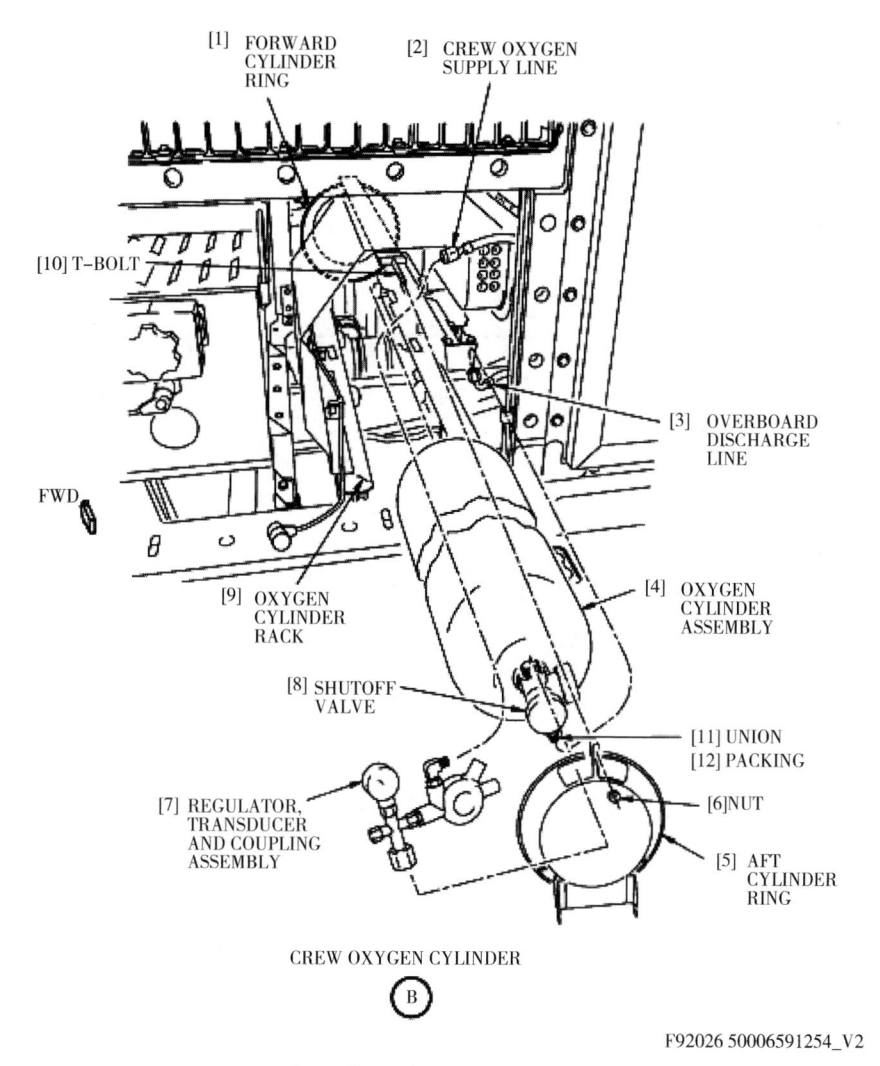

[1] FORWARD CYLINDER RING
[2] CREW OXYGEN SUPPLY LINE
[10] T-BOLT
[3] OVERBOARD DISCHARGE LINE
FWD
[9] OXYGEN CYLINDER RACK
[4] OXYGEN CYLINDER ASSEMBLY
[8] SHUTOFF VALVE
[11] UNION
[12] PACKING
[7] REGULATOR, TRANSDUCER AND COUPLING ASSEMBLY
[6] NUT
[5] AFT CYLINDER RING

CREW OXYGEN CYLINDER
B

F92026 50006591254_V2
Oxygen System Servicing
Figure 301(Sheet 2 of 2)/12-15-21-990-801-001

**图 4　氧气瓶组件**

教师布置任务：学生分 3 人一组，下发工卡，根据工卡要求共同完成氧气瓶拆装的工作。培养学生团队协作意识，增加班级的凝聚力，培养解决问题的能力。

学生完成任务：学生3人一组，根据先看工卡，再查手册，后干活的流程进行氧气瓶的拆装。培养学生在团队中分工合作、团队组织、解决问题的能力。

学生思考讨论和总结：学生对氧气瓶拆装的过程进行小组点评和总结。通过小组合作完成任务，培养团队合作意识和竞争意识，培养分析和解决工程实际问题的能力，勇于创新、敬业乐业的工作作风。

【总结反思】

教师：引导学生根据波音机组氧气系统原理图（图5）自主总结本次课重点内容。

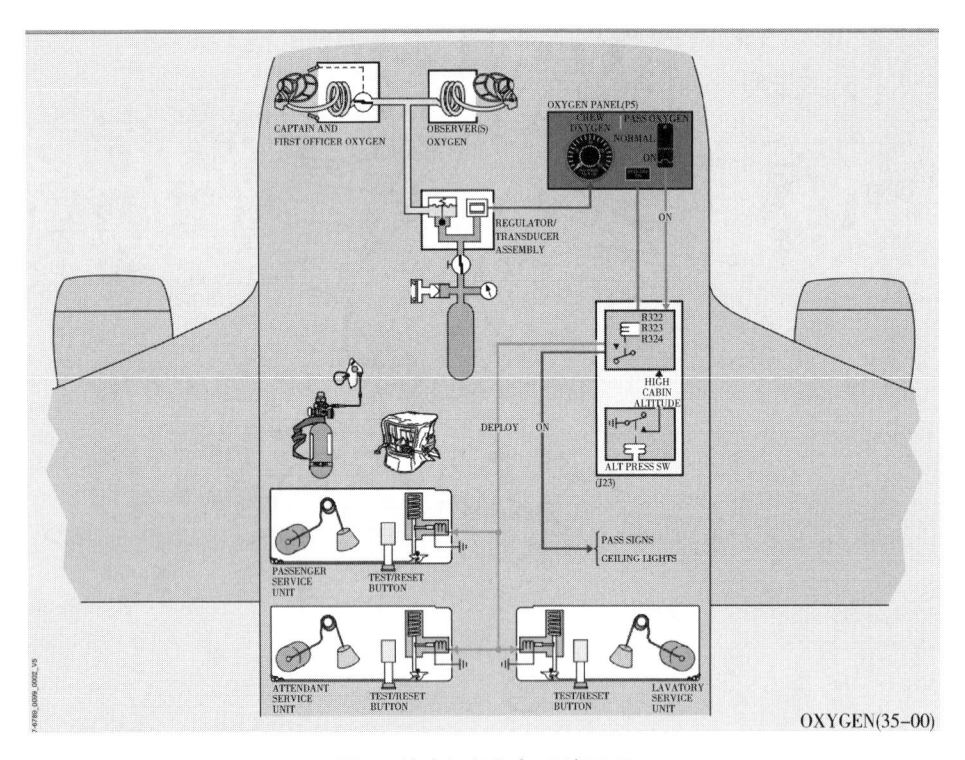

图5 波音机组氧气系统原理

教师布置作业：播放空难视频《驾驶舱氧气面罩泄漏，飞行员吸烟引发爆炸》，再次提醒学生民航机务工作的特殊的使命、责任和敬畏。

完成课后作业——机组氧气系统其他部件维护工作（任一部件），完成部件的位置、功能描述、日常维护、拆装过程的注意事项等方面的内容。以照片、视频的形式上传学习通。

思政点：通过视频案例，引导学生一定要按章办事，不要存在侥幸心理，工匠精神、敬畏精神不是说说就能做到的，只有做到干一行要爱一行，从一而终，脚踏实地，才能最大限度地预防灾难事故的发生。

# 民用航空概论：空气动力学基础原理

**教师信息：** 陈楠　**职称：** 讲师　**学历：** 硕士研究生
**研究方向：** 智能控制理论
**授课专业：** 飞机机电设备维修/飞机电子设备维修
**课程类别：** 理论课
**课程性质：** 专业群技术基础课

## 第一部分　设计思路

### 一、本次设计的课程思政目标

习近平总书记强调"安全是民航业的生命线，任何时候任何环节都不能麻痹大意"。民航业对核心岗位人员的思想政治素质和职业素养有着极其严格的要求。本次课选自"民用航空概论"课程，是飞机机电设备维修和飞机电子设备维修专业的专业技术基础课，开课时间为第一学年的第一学期，是专业启蒙和前导课程，对于学生价值观的引导和职业素养的形成至关重要。

本次课的课程思政教学设计侧重于价值观层面和方法论层面，用航空精神坚定中国特色社会主义理想信念，践行报国之志；用科学家故事激发学生航空强国有我的奋斗精神；同时结合力学原理巧妙地渗透人生道理，培养学生的辩证思维能力。

### 二、课程思政教学设计内容

**1. 课前：课程思政引入**

课前在学习通平台上布置预习作业，提出问题："常见的民航客机重量是多少？"学生通过资料搜索，给出答案，培养学生自主学习能力。

通过学习通布置观看风洞案例和人物资源库中钱学森的案例，激发学生家国情怀。

**2. 课中：课程思政贯穿授课过程**

在讲解实现相对性原理的实验设备风洞时，对比国际风洞的发展历程，我国风洞起步晚，直到新中国成立后我国风洞才开始迅猛发展。从而引出中国共产党在我国崛起过程中的决定性作用，引导学生坚持道路自信，坚持新时代中国特色社会主义。

在讲解伯努利方程时，通过静压力能和动能关系的此消彼长，拓展到人生的"能量守恒"，引导学生从哲学的观点认识人的一生也是满足能量守恒定律的，把更多的精力放在有意义的事上，增加生命的厚度，实现人生的价值。

在分析飞机升力的具体案例时，通过小组讨论汇报的形式培养学生理论联系实际的能力和协作学习的能力。

**3. 课后：课程思政总结反思**

课后利用学习通发布课后复习资料和拓展任务。学生首先查阅风洞在其他领域的应用以及分类，之后观察实训基地波音737飞机和多尼尔飞机的机翼形状，制作简易飞机模型的机翼，并进行测试，从而培养学生刻苦钻研、精益求精的工匠精神。

# 第二部分 案例描述

## 空气动力学基础原理

【思政导入】

一、课前导学

**1. 教学内容**

回顾质量守恒定律和能量守恒定律，认识动压和静压，了解风洞。

**2. 教学实施**

在学习通平台布置导学内容：微视频——《大国重器》风洞，微视频——赏析人物传记电影《钱学森》。

布置课前预习任务：列举常见的民航客机的重量，查阅资料谈谈我国目前风洞的发展现状；查阅资料总结钱学森院士有哪些主要成就。

发布在线测试并观察学生完成任务的情况。

**3. 思政设计**

学生通过自学《大国重器》风洞案例，对"国之重器"的内涵有更深入的了解，激发学生的民族自豪感。通过观看人物传记电影《钱学森》，感悟钱学森院士的中华文化的智慧，"计利当计天下利"的爱国情怀、"修身齐家治国平天下"的报国之志，在榜样的带动下，树立航空报国之志。

## 二、新课导入

**1. 教学实施**

学生分小组展示课前任务完成情况，教师针对学生预习情况进行总结分析。之后播放飞机起飞动画，提出问题"如此重量的飞机为什么能飞在空中？"引出本节课内容。

**2. 思政设计**

通过小组展示培养学生团结协作的机务作风，培养职业精神。

【思政贯穿】

## 三、相对运动原理

**1. 教学内容**

（1）相对运动原理。当飞机以某一速度在静止空气中运动时，飞机与空气的相对运动规律和相互作用力，与当飞机固定不动而让空气以同样大小和相反方向的速度流过飞机的情况是等效的。

（2）相对运动原理的应用：风洞。利用相对运动原理，通过人工产生和控制气流，以模拟飞行器或物体周围气体的流动，并可量度气流对物体的作用以及观察物理现象的一种管道状实验设备，是进行空气动力地面实验最常用、最有效的设备。

**2. 教学实施**

教师结合课前的微视频，播放风洞原理动画，介绍风洞结构和运行原理。之后结合课前任务，讨论我国风洞的发展历程，引导学生注意中国风洞迅猛发展的时间点，以及中国共产党在其中所起的作用。最后联系生活实例进一步说明相对运动原理的应用。

**3. 思政设计**

通过静止空气和飞机两个主体的变换过程，引导学生观察问题共性，遇到难题时可以转换角度，运用辩证思维方法理解科学理论。结合课前导学微视频《大国重器》，说明中国风洞处于世界领先水平，这正是中华民族伟大复兴的具体体现。从发展历程上可以看出，新中国成立后我国风洞迅猛发展，中国共产党在我国崛起过程中起到了决定性作用，引导学生要坚定"四个自信"、做到"两个维护"，增强政治认同感。

### 四、连续性方程

**1. 教学内容**

（1）流体运动的基本概念：流体、流场、流线、流线谱、流管、流量。

（2）连续性方程（重点）：

$$\rho_1 A_1 v_1 = \rho_2 A_2 v_2 = \rho_3 A_3 v_3 = \cdots$$

（3）不可压缩流体连续性方程的应用：当低速飞行时，可以把大气看成是不可压缩的流体，即密度 $\rho$ 等于常数，说明流体的流速与流管的横截面积成反比。

**2. 教学实施**

（1）教师首先讲解流体的基本概念。

（2）结合课前任务学生的完成情况，分析引出钱学森院士在流体力学中的开创性贡献。

（3）引导学生绘制思维导图，为后续理论学习奠定基础。

（4）回顾课前有关于质量守恒定律的预习情况，点评学生课前预习情况，分析预习测试中普遍存在的问题。

（5）统一讲解连续性方程，通过动画使原理形象化。

（6）学习通发布随堂测试，根据数据统计分析学情及时调整教学策略。

（7）讲解测试并回答学生疑问。

**3. 思政设计**

通过流体运动基本概念的讲解以及课前任务学生完成的情况，引出钱学森院士是我国近代力学事业的奠基人之一。他为祖国的繁荣富强竭尽全力，从不在乎个人得失。立足未来就业岗位，激发学生航空强国有我的社会责任感和使命担当，厚植家国情怀。通过实例分析，培养学生理论联系实际的能力和系统思维能力，养成科学思维能力。

### 五、伯努利方程

**1. 教学内容**

（1）伯努利方程的来源：瑞士物理学家伯努利提出的，是理想流体作稳定流动时的基本方程。

（2）伯努利方程的表述：理想流体在重力场中作稳定流动时，能量守恒定律在流动液体中的表现形式。

（3）伯努利方程的推导（重点）：

$$p+\frac{1}{2}\rho v^2 = p_0$$

（4）综合案例应用分析：奥林匹克号和霍克号撞船事件、无屏蔽门的地铁站台设置警戒线、"如此重量的飞机为什么能飞在空中？"

**2. 教学实施**

（1）教师在学习通发布案例资源。

（2）教师组织小组探究，运用连续方程和伯努利方程的原理分析现象的本质，并给出结论。

（3）点评小组分享，补充纠正。

（4）实验验证，通过教具展示低速气流流动时连续方程和伯努利方程的现象（图1）。

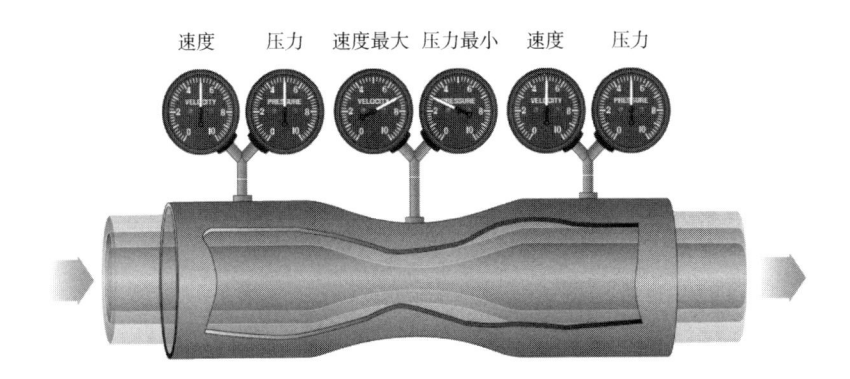

**图 1　伯努利实验验证**

**3. 思政设计**

通过分组讨论学习，培养学生团结协作的职业素养；通过案例分析，提升学生理论联系实际和系统思维解决问题的能力，通过静压力能和动能关系的此消彼长，拓展到人生的"能量守恒"，引导学生从哲学的观点认识人的一生也是满足能量守恒定律的，要把更多的精力放在有意义的事上，增加生命的厚度，实现人生的价值。通过分析撞船事件和警戒线，引导学生敬畏规章、遵守规则的职业精神。

## 六、总结与评价

**1. 教学内容**

学习评价和布置作业。

**2. 教学实施**

（1）知识点总结。

（2）组织评价，根据本次教学目标、教学过程，进行教师、学生之间的立体评价。学生采取线上评价方式，教师结合实施过程和分享情况进行评价。强调公平公正、实事求是。

（3）教师通过学习通课前测试数据、学生自评数据和教师评价数据进行数据分析和对比，记录学生学习档案，分析本节课增值效果。

（4）环境整理，引导学生依据6S要求完成教室环境整理。

**3. 思政设计**

通过互评，培育学生树立公平、公正的评价意识，实事求是的职业精神；通过环境整理，让学生树立劳动精神和职业精神。

## 七、课后拓展

**1. 拓展任务**

（1）风洞在其他领域的应用以及分类。

（2）观察实训基地波音737飞机和多尼尔飞机的机翼形状，制作简易飞机模型的机翼，并进行测试。

**2. 思政设计**

通过仔细观察波音737飞机和多尼尔飞机机翼，并在模型机翼设计和制作过程中不断改进，培养学生刻苦钻研、精益求精的工匠精神。

**【总结反思】**

通过本次课的教学，学生能够运用相对运动原理解释风洞实验，能够运用连续方程和伯努利方程解释飞机升力产生的原理，自主学习和团队协作的能力有所提升。本节课育人元素丰富，课程的温度、厚度、情感通过课程思政得到了很好的表达，对职业精神的理解更加深入，政治认同感有所增强，达到了预期教学目标。在今后的教学过程中，需进一步积累思政资源并系统分层。通过课程思政的不断深化，让学生在学习各种知识的过程中潜移默化地接受思想洗礼和情感陶冶，在同向同行、如盐入味的过程中增强思想政治教育的实效。

# 通风与空调工程：用鸿业软件精析赛时空调负荷

**教师信息：** 刘婷婷　**职称：** 教授　**学历：** 硕士研究生
**研究方向：** 暖通空调
**授课专业：** 供热通风与空调工程技术
**课程类别：** 理实一体化课程
**课程性质：** 职业技术技能课程

## 第一部分　设计思路

### 一、本次设计的课程思政目标

为后冬奥时代大力发展冰雪运动，打造"最快的冰、智慧的馆"，"通风与空调工程"课程依据新修订的《中华人民共和国职业教育法》，落实《高等学校课程思政建设指导纲要》，挖掘"北京冬奥精神（胸怀大局、自信开放、迎难而上、追求卓越、共创未来）"育人元素，结合人才培养方案、课程标准、企业标准、职业技能证书要求构建"一主线二主体三类型四精神五意识"课程思政育人模式（图1）。坚持一条"立德树人"育人主线，采用校企双元育人，针对"SCI"［S——书证融通型（Skill）、C——专业复合型（Comprehensive）、I——创新实践型（Innovative）］三种类型人才特点，贯穿弘扬劳动精神、工匠精神、劳模精神、奥运精神四种精神、培育安全意识、规范意识、责任意识、低碳意识、健康意识五种意识，进行课程思政系统化设计，培育具有高度责任心、乐于奉献、能够维护国家形象的空调运维人才。

**1. 规范意识**

在使用鸿业软件分析场馆负荷时，必须养成遵循相关规范查取参数、贯彻执行标准规范的规范意识和行为。

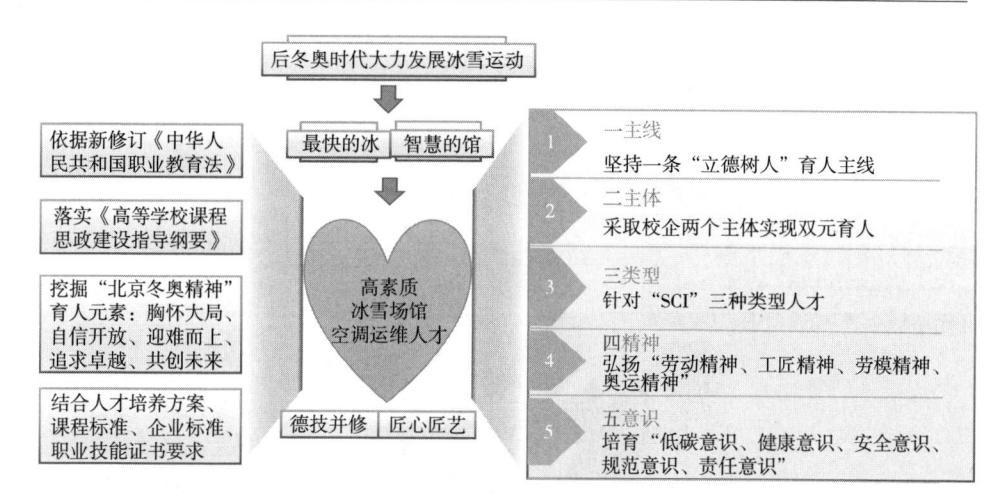

**图1　"一主线二主体三类型四精神五意识"课程思政育人模式**

**2. 工匠精神**

在分析冬奥场馆比赛大厅空调负荷时，必须养成精益求精的工匠精神。

**3. 低碳意识**

分析负荷时，培育学生节约能源、低碳生活的社会公德和良好品质，树立低碳意识。

## 二、课程思政教学设计内容

**1. 课前：课程思政引入**

布置课前小组任务：低碳故事。

以小组为单位，课前准备低碳生活小故事或者小视频，主题为"减少空调负荷节能小妙招"。

通过"减少空调负荷节能小妙招"故事分享，要求兼技术与美学于一体，培育学生作品的质感与美感，同时培养学生关注节能、低碳生活。

**2. 课中：课程思政贯穿授课过程**

（1）采用任务驱动法教学，实施负荷分析的任务时，通过国家规范《民用建筑供暖通风与空气调节设计规范》（GB 50736—2012）的贯彻，强调国家规范执行的重要性，帮助学生树立规范意识。

（2）将工匠精神落地为强调"专注"二字，引导学生在根据规范查取参数时做到专注；通过行业软件的实战训练时每一个数据的精确查取，培养学生解决问题的关注度；为决策方案提出创造性建议，培育精益求精的工匠精神。

（3）充分运用本门课程的"践悟查析四类六型"课程思政资源库（图2）里有关规范意识和工匠精神的思政教学资源规范型 C11 和人物型 W24，浸润式育人。

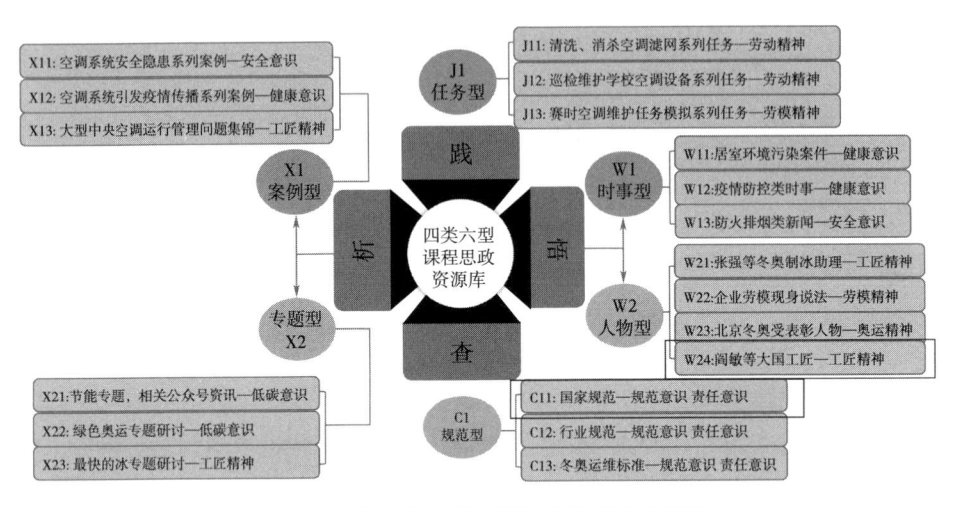

```
X11: 空调系统安全隐患系列案例—安全意识
X12: 空调系统引发疫情传播系列案例—健康意识
X13: 大型中央空调运行管理问题集锦—工匠精神
        X1 案例型

X21: 节能专题，相关公众号资讯—低碳意识
X22: 绿色奥运专题研讨—低碳意识
X23: 最快的冰专题研讨—工匠精神
        专题型 X2

J11: 清洗、消杀空调滤网系列任务—劳动精神
J12: 巡检维护学校空调设备系列任务—劳动精神
J13: 赛时空调维护任务模拟系列任务—劳模精神
        J1 任务型

W11: 居室环境污染案件—健康意识
W12: 疫情防控类时事—健康意识
W13: 防火排烟类新闻—安全意识
        W1 时事型

W21: 张强等冬奥制冰助理—工匠精神
W22: 企业劳模现身说法—劳模精神
W23: 北京冬奥受表彰人物—奥运精神
W24: 阎敏等大国工匠—工匠精神
        W2 人物型

C11: 国家规范—规范意识 责任意识
C12: 行业规范—规范意识 责任意识
C13: 冬奥运维标准—规范意识 责任意识
        C1 规范型

中心：四类六型课程思政资源库
践 悟 查 析
```

**图2 "践悟查析四类六型"课程思政资源库**

### 3. 课后：课程思政总结反思

（1）思政教育浸润式渗透全过程，思政点落实到学生人格的塑造，对生命价值的尊重。比如，本次课工匠精神主要解读为强调"专注"，这样的思政教育不空洞，学生易于接受，易于实践。

（2）充分运用"践悟查析四类六型"课程思政资源库以及信息化教学资源。本次课主要运用的思政教学资源有：人物型 W24：大国工匠阎敏——工匠精神；规范型 C11、C12：国家规范、行业规范——规范意识。

（3）通过空调运维综合评价体系，从空调运维知识、能力、素质（工匠精神、规范意识）三个维度进行评价，落实评价点，并向学生展示评价标准，特别强调增值评价，以此作为学生评价引导，促进学生精益求精的工匠精神、贯彻国家标准规范的规范意识。典型学生的知识技能和素质得到提升，与班级平均成绩差距缩小。

## 第二部分　案例描述

### 用鸿业软件精析赛时空调负荷

【思政导入】

温故知新：

(1) 在学习通课程平台上推送学习资源及教学视频，包括教学楼 C 栋及冰雪场馆比赛大厅 CAD 图纸。

(2) 在学习通上发布温故和知新的学习任务。

温故任务：

(1) 让学生学习慕课，智慧职教慕课"通风与空调工程"第五部分。

(2) 让学生复习鸿业负荷软件 10.0 操作方法以及冰雪场馆比赛大厅空调设备的类型和作用。

知新任务：

(1) 让学生识读图纸，对比分析探究冰雪场馆比赛大厅空调负荷与教学楼空调负荷的异同，各有哪些组成部分及影响因素。

(2) 让学生准备主题为"减少空调负荷节能小妙招"小故事或者小视频。

设计意图：

(1) 通过智慧职教平台的慕课资源，打破时空限制，学生可以反复学习，培养学生自主学习能力，帮助教师及时调整教学策略。

(2) 通过让学生课前温故知新，在复习旧知识的基础上识读图纸，对比分析探究冰雪场馆比赛大厅空调负荷与教学楼空调负荷的异同，为课程实施打下基础。

(3) 通过"减少空调负荷节能小妙招"故事分享，要求兼技术与美学于一体，培育学生作品的质感与美感，同时培养学生关注节能、低碳生活。

一、明需求

**1. 课前学习成果检测**

挑选出 2 个优秀作品，请学生以小组为单位，分享课前准备的小故事或者小视频,主题为"减少空调负荷节能小妙招"。

设计意图:通过设置"减少空调负荷小妙招"故事分享,培育学生节约能源、低碳生活的社会公德和良好品质,树立低碳意识。

**2. 播放视频**

播放抖音小视频"一起走进智慧冰立方,感受'水冰转换'的奥秘——张艺兴探索揭秘冰雪场馆"。

**3. 引导学生明确需求**

当看到"水冰转换"时,学生有什么感受和想法?引导学生思考冰雪场馆比赛大厅由于其空调需求的特殊性导致空调负荷的特殊性,引入本次课题:精析冰雪场馆比赛大厅赛时空调负荷。

设计意图:通过视频播放,激发学生对冰雪场馆的热爱,产生强烈的职业荣誉感和自豪感,培育学生热爱专业的职业素养。

【思政贯穿】

二、熟原理

**1. 组织头脑风暴分析任务**

以所在教室为例,采用头脑风暴法,组织学生积极思考,分析冰面空调负荷的组成与教室空调负荷的异同,将关键词上传学习通。

**2. 点评分析**

展示学习通上头脑风暴的跟帖和弹幕内容,并给出点评和分析。

**3. 播放空调负荷微课**

播放自制微课"空调负荷",详细讲解空调负荷的组成部分。

设计意图:通过头脑风暴的跟帖讨论,引导学生积极思考、主动探究如何减少空调负荷,实现低碳节能;通过自制"空调负荷"微课,详细讲解重点知识,并能让学生在后续任务实施的时候反复观看反复学习,实现高效课堂。

三、精方法

**1. 推送微课**

推送"鸿业软件负荷分析"自制微课以及操作步骤文档。

**2. 贯彻暖通规范**

引导学生在中国匠工网找到《民用建筑供暖通风与空气调节设计规范》(GB 50736—2012)。交代学生,鸿业负荷软件的默认参数来自本规范。(思政教学资源 C11)。

**3. 推送 CAD 图纸**

通过学习通课程平台推送所在教学楼的 CAD 图纸，并进行简要介绍。

**4. 软件操作示范**

使用鸿业软件负荷 10.0 进行教室空调负荷分析及计算书导出的操作示范，引导学生学会使用鸿业负荷软件精准快速解决问题。

**5. 巡视指导**

巡视指导每个小组在《民用建筑供暖通风与空气调节设计规范》（GB 50736—2012）中正确查取所需的参数，查取参数时要兼顾节能要求。（思政教学资源 C11）

设计意图：

（1）通过国家规范的贯彻，培养学生的规范意识，同时将工匠精神落地为强调"专注"二字，引导学生在根据规范查取参数时做到专注，真正践行工匠精神。

（2）通过自制"鸿业软件负荷分析"微课，详细讲解重点知识，并让学生在后续任务实施的时候反复观看反复学习，实现高效课堂，培养学生合理利用学习资源，高效学习，突破知识难点。

（3）通过班组实践环节，提高班组合作能力，以及学生自我认识能力，承担相应的组内任务。培养学生团结协作，责任担当精神。

## 四、快决策

**1. 讲解如何确定冰面区空调负荷**

以 CDS 工作手册式活页教材为指引，组织查阅《实用供热空调设计手册》下册，查找冰面区冷负荷概算指标，讲解如何确定冰雪场馆冰面区空调负荷。（思政教学资源 C11）

**2. 示范确定负荷方案书**

示范操作运用鸿业负荷软件 10.0 导出冰面区负荷计算书作为观众区负荷，按照指标法确定冰面区负荷，确定负荷方案。

**3. 巡视指导**

巡视每组实施任务情况，指导每个小组完成各自的空调负荷分析设计任务。指导小组讨论，按照规范（思政教学资源 C11）确定一致的设计参数，包括气象参数查取以及建筑物参数的取值，根据空调运维综合评价体系指标进行点评和评价。点评各班组负荷方案，指导正确制定比赛大厅空调负荷方案书。

**4. 贯标教育**

强调确定观众区负荷时贯彻执行《民用建筑供暖通风与空气调节设计规范》（GB 50736—2012），冰面区贯彻执行《实用供热空调设计手册》的重要性。（思政教学资源 C11）

设计意图：

（1）通过行业软件的实战训练，做到每一个数据的精确查取，引导学生解决问题的关注度，为快速决策方案提出创造性建议，培育精益求精的工匠精神。

（2）通过小组合作，因材施教，任务分配到个人，培育学生高度的自觉性、责任心、团结互助的品质。

（3）通过强调执行国家规范的重要性，帮助学生树立规范意识。

（4）小组活动中，重点关注学生履行岗位职责的情况，强化责任意识。

（5）在学习通课程平台上推送鸿业负荷软件 10.0 的操作方法，小组内派专人根据微课的学习，指导组员正确、迅速完成任务，化解难点。

五、准操作

**1. 播放视频**

大国工匠阎敏，导弹"咽喉主刀师"，其精湛的加工技艺，得益于他不懈追求技艺的提升，彰显精益求精的工匠精神（图3）。（思政教学资源 W24）

图 3　大国工匠阎敏事迹视频

**2. 焓湿图小软件动态演示**

讲解送风状态及送风量的确定方法和步骤，使用焓湿图小软件实现。

**3. 组织小组实施任务**

（1）每个小组在完成各自任务中的负荷计算之后，选定送风温差，按步骤确定送风状态点和所需要的送风量。

（2）在虚拟仿真冰雪场馆环控实训平台上设置情境，让学生输入根据负荷确定的送风量和送风参数，仔细观察系统的效果。

设计意图：

（1）鼓励学生向大国工匠学习，从眼前事做起，保持认真严谨的态度，精准操作，在不断的练习中培育精益求精的工匠精神。

（2）通过焓湿图小软件，动态显示空气参数变化，快速确定送风状态点和送风量，解决重点内容。

（3）强调任务的连贯性，一错俱错，送风量的确定是在负荷计算的基础上实现的，培育学生精益求精的工匠精神。

（4）通过在虚拟仿真冰雪场馆环控实训平台上设置情境，模拟真实工作操作环境，引导学生运用所学技能准确进行参数操作。

## 六、课后巩固拓展

利用学习通课程平台发布课后拓展任务，上传学校体育馆的 CAD 图纸、学习资料和资源链接。布置拓展任务：

（1）分小组使用鸿业负荷软件 10.0 完成课后任务：分析学校体育馆的空调冷负荷、热负荷、湿负荷，导出计算书上传学习通。

（2）在学习通课程平台上设立主题讨论，引导分享学习感悟。

（3）在微信学习群及时进行在线指导。

设计意图：

（1）通过课后拓展任务的完成，培育学生专注的工匠精神，同时训练"举一反三"的知识迁移能力；并教育学生应具备良好的社会公德和职业道德，设计负荷时应注意节能减排、低碳设计。

（2）通过学习通课程平台提交作业，并在主题讨论区和微信群进行交流，解决学生的问题，拉近师生的距离。

【总结反思】

（1）反思优化：①学生小组内总结。②教师总结。

（2）评价任务：①学生小组内评价。②教师根据空调运维综合评价体系指标进行点评和评价。对本次课程各组表现进行总体评价，并根据学习通上传的学习成果进行点评解析，评选先进小组。

（3）环境整理：教师引导学生各组依据6S要求完成设备整理，值日生完成实训室环境整理。

小组内分享总结，增强了学生专业交流的能力，在总结的过程中，强化了知识点的理解，小组的黏合度得到了提高。通过自评的方式引导学生对课程中自身的表现进行回顾反省，培育学生擅于发现自身问题，勇于面对自身问题的品质。通过班组互评提升学生在团队中价值的认可度，培育学生树立公平、公正的态度，提升团队运行效率。通过学习通课程平台以及虚拟仿真平台的自动评价功能在线评分，及时对学生成绩及问题进行分析反馈点评，提高评价的效率，强化学生专业技术规范意识，培育工匠精神。通过设备整理和环境整理让学生树立劳动精神和良好的职业素质。

# 自动化生产线安装与调试：分拣单元工件的识别与定位

**教师信息：**马冬宝　**职称：**副教授　**学历：**硕士研究生
**研究方向：**机电一体化技术
**授课专业：**机电一体化技术
**课程类别：**理实一体化类课程
**课程性质：**专业核心课

## 第一部分　设计思路

### 一、本次设计的课程思政建设目标

结合学情分析和本次课教学重点自动化生产线分拣单元工件识别和定位，教学难点脉冲个数理论值计算方法，以及实践操作依据的套件定位数据测试标准等教学内容，设计"遵测试标准、守安全规范、精益求精定位准"为本次课的课程思政建设目标。

### 二、课程思政教学设计内容

**1. 课前：课程思政引入**

借助中国大学 MOOC 平台，学生在课前自学（微人物）夏立：一丝一毫提升"中国精度"。通过大国工匠夏立的事迹，用榜样的力量感染学生树立正确的世界观、人生观和价值观，用一丝一毫提升"中国精度"榜样精神为本次课的课程思政建设目标——精益求精的工匠精神进行铺垫和引领。

**2. 课中：课程思政贯穿授课过程**

课中以任务为主线，在明任务、析任务、做任务、评任务等环节融入课程思政教育资源和思政元素（图1），培养学生"遵测试标准、守安全规范、精益求精定位准"，达成本次课程思政建设目标。

**3. 课末：课程思政总结反思**

通过开展第二课堂将知识延伸，找出保证将工件准确推到料槽中的方法，学习机器视觉新技术，培养学生再攀科学高峰，勇于创新的精神。

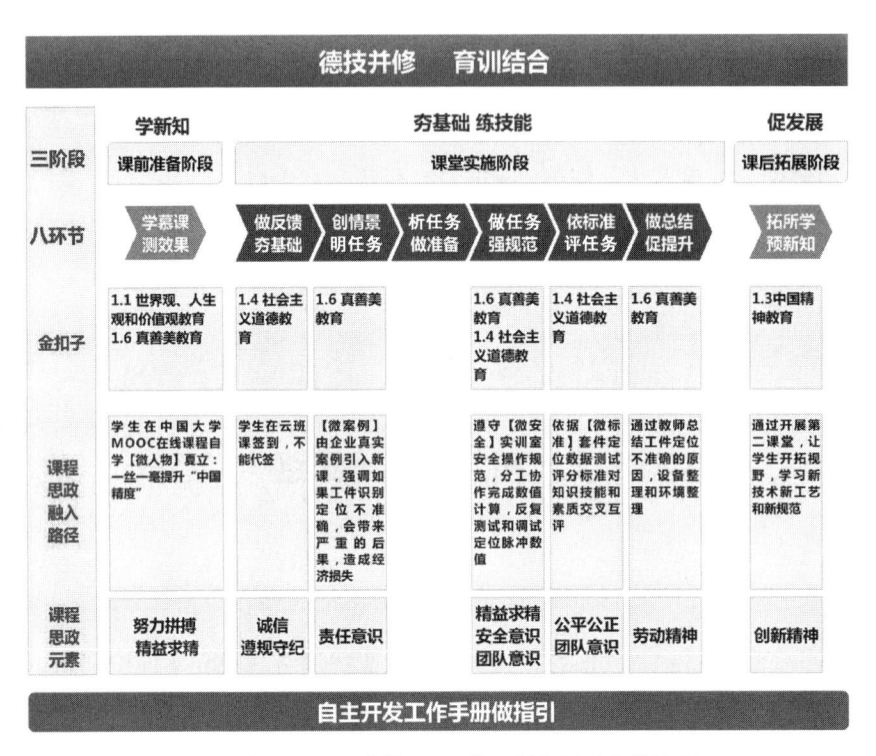

| 三阶段 | 学新知<br>课前准备阶段 | 夯基础 练技能<br>课堂实施阶段 | | | | | 促发展<br>课后拓展阶段 |
|---|---|---|---|---|---|---|---|
| 八环节 | 学慕课<br>测效果 | 做反馈<br>夯基础 | 创情景<br>明任务<br>做准备 | 析任务<br>强规范 | 做任务<br>评任务 | 依标准<br>促提升<br>做总结 | 拓所学<br>预新知 |
| 金扣子 | 1.1 世界观、人生观和价值观教育<br>1.6 真善美教育 | 1.4 社会主义道德教育 | 1.6 真善美教育 | 1.6 真善美教育<br>1.4 社会主义道德教育 | 1.4 社会主义道德教育 | 1.6 真善美教育 | 1.3 中国精神教育 |
| 课程思政融入路径 | 学生在中国大学MOOC在线课程自学【微人物】夏立：一丝一毫提升"中国精度" | 学生在云班课签到，不能代签 | 【微案例】由企业真实案例引入新课，强调如果工件识别定位不准确，会带来严重的后果，造成经济损失 | 遵守【微安全】实训室安全操作规范，分工合作完成数值计算，反复测试和调试定位脉冲数值 | 依据【微标准】套件定位数据测试评分标准对知识技能和素质交叉互评 | 通过教师总结工件定位不准确的原因，设备整理和环境整理 | 通过开展第二课堂，让学生开拓视野，学习新技术新工艺和新规范 |
| 课程思政元素 | 努力拼搏<br>精益求精 | 诚信<br>遵规守纪 | 责任意识 | 精益求精<br>安全意识<br>团队意识 | 公平公正<br>团队意识 | 劳动精神 | 创新精神 |

**德技并修　育训结合**

**自主开发工作手册做指引**

图1　本项目"三阶段+八环节"课程思政实施流程

# 第二部分　案例描述

## 分拣单元工件的识别与定位

【思政导入】

一、课前准备阶段

**学慕课 测效果：**

(1) 学生登录中国大学 MOOC 学习《3.1 传感器技术在 YL335B 自动化

生产线中的应用》视频，并完成在线作业和在线测试。

（2）学生查看测试结果，测试结果不理想可进行再次测试。

（3）有疑问的学生在中国大学 MOOC 讨论区中与教师交流。

（4）学生线上自主学习（微人物）夏立：一丝一毫提升"中国精度"（图2）。

图 2　夏立：一丝一毫提升"中国精度"

课程思政目标：课程思政导入采取学生自我教育方式。通过线上自学大国工匠夏立的事迹，用榜样的力量引导学生树立正确的世界观、人生观和价值观，激发学生为理想而努力拼搏的斗志！夏立为了提升精度，坚持不懈进行一丝一毫的探索，这种工作态度也为本次课的课程思政建设核心目标——精益求精的工匠精神进行了铺垫和引领。

知识素质综合考核评价：根据在线学习平台统计数据，对学生学习传感器使用方法视频时长、讨论区回答问题的活跃度、绘图作业进行知识和素质的综合评分。

【思政贯穿】

二、课堂实施阶段

**做反馈　夯基础：**

学生通过云班课签到，教师对课前学生线上自学内容及上一个项目中存在的问题进行点评分析。

课程思政目标：签到守时，不能代签，让学生树立诚信意识，养成准时守纪的良好习惯。

素质考核评价：将学生出勤情况纳入课程 $N+2$ 评价体系。

**创情境　明任务：**

（1）（微案例）企业真实案例引入本次课教学任务：通过某企业啤酒灌装生产线定位不准确引起的严重后果引出本次课内容，提出编码器定位的重要性（图3）。

**图3　某企业啤酒灌装生产线定位不准确引起的严重后果**

课程思政目标：观看企业真实案例，强调如果工件识别定位不准确，会带来严重的后果，造成经济损失，培养学生强烈的职业责任意识，引入本次课内容。

（2）学习小组查看活页式项目任务书，明确本节课任务。

**析任务　做准备：**

教师根据学生课前预习情况，引导学生分组讨论如何利用入料口光纤式接近开关、检测平台上光纤式接近开关和电感式接近开关组合实现两种壳和三种芯件的识别方法。

**做任务　强规范：**

步骤1：学生分组团结协作，根据传感器特性和传感器的安装位置，在分拣单元进行传感器的调整，小组讨论提出利用传感器识别两种壳和三种芯件的方案。

步骤2：交互式验证。学生完成B、C、D、E、F五个位置的脉冲个数理论值计算，并利用交互式动画进行验证（图4）。

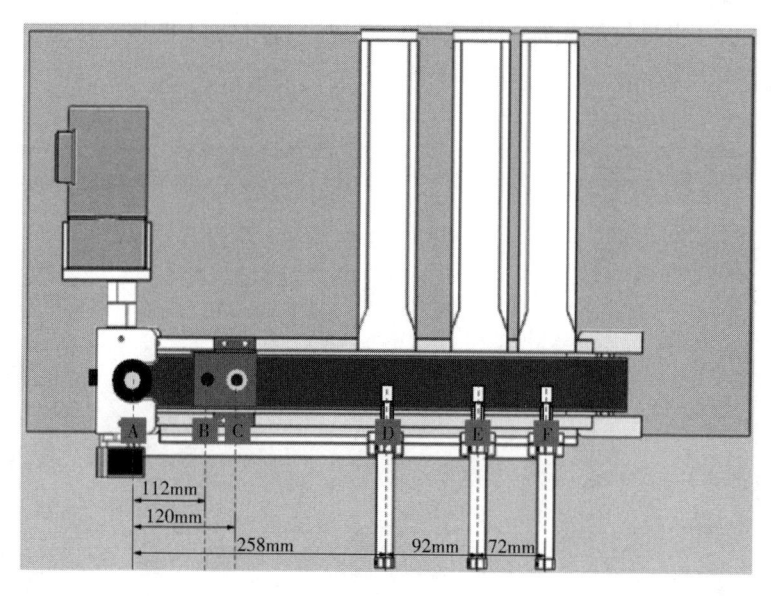

**图 4　工件识别与定位交互动画**

步骤 3：组织展示。教师组织各组代表展示本组的套件壳和芯识别的方法并进行总结。

步骤 4：实践操作脉冲数测试。学生根据任务要求分组完成工件在分拣单元上的定位测试。

小组明确分工，根据任务书协作完成，实践操作中遇到问题可点开微课视频进行学习。

学生按照（微安全）实训室安全用电和设备操作规范进行操作，注意安全用电。

学生根据调试视频，下载程序，测试计算脉冲值是否能让工件到达 B、C、D、E、F 相应位置，测试实际到达 B、C、D、E、F 位置的脉冲数值并进行记录。

教师通过测试程序调试定位脉冲数值，要求学生多调试，反复操作，培养学生精益求精的工匠精神（图 5）。

课程思政目标：通过小组内分工协作，一起完成传感器识别两种壳和三种芯件的方案和脉冲数理论值计算、方案的验证和汇报，培养学生团队意识。通过实践操作中反复测试、调试定位脉冲数值，培养学生用电安全意识、自动化生产线设备操作规范和精益求精的工匠精神。

**依标准　评任务：**

各学习小组将本组分拣单元定位运行视频上传到慕课堂。教师引导各小组登录 CIS（世界技能大赛评价系统）系统，利用 ipad 平板、依据活页式工作手册上（微标准）套件定位数据测试评分标准进行评分（图 6）。

图 5　学生在精准调试定位脉冲数值

图 6　CIS 评价系统套件定位数据测试评分标准

课程思政目标：学生学习小组之间依据评分标准对知识技能和素质进行互评，培养学生在评分中要公平公正，不作假的美德和团队竞争意识。

知识技能素质综合考核评价：将职业操作标准规范融入 CIS 系统技能评分标准当中，形成知识技能素质综合评价。

**做总结　促提升：**

教师登录 CIS 系统查询成绩并通过分析平台对学生的成绩进行点评，对学生存在的问题通过各组已上传的照片及视频，指正并剖析原因。

教师补充和总结工作定位不准确的原因，再次强调安全意识、责任意识和精益求精的重要性。

教师引导学生依据6S要求完成设备整理，值日生完成实训室环境整理。

课程思政目标：通过教师总结工件定位不准确的原因，再次强调安全意识、责任意识和精益求精的重要性。通过设备整理和环境整理让学生树立劳动精神，培养学生具有良好的职业素养。

### 三、课后拓展

**拓所学　预新知：**

课堂知识延伸：找出保证将工件准确推到料槽中的方法，学习机器视觉新技术。

课程思政目标：通过开展第二课堂，让学生开阔视野，学习新技术、新工艺和新规范，进一步培养学生探索未来，勇攀高峰的创新精神。

**【总结反思】**

对学生的学习表现进行成绩分析。从结果来看，通过本次课的学习，学生掌握了分拣单元的结构及工作过程、编码器的工作原理、定位脉冲数的计算等内容，课上使用分拣单元虚拟仿真平台、编码器原理和结构动画、定位脉冲数计算交互式动画突破了本次课的教学重（难）点，激发了学生学习的兴趣。在课堂的6个教学环节中，学生能够遵守实训室安全用电和设备操作规范，5个小组中有4个小组经过团队协作和努力，在规定时间内按照套件定位数据测试标准反复调试参数，无限接近理论计算值，达成本次课程思政建设目标要求。

在考核评价环节中，学生能够做到公正客观的评价，达到了预期的效果。分拣单元结构学习成绩比装配单元有所提高，5组提高进步最快，3组提高幅度较小，下次课重点提高3组的学习积极性和团队协作能力，并给与3组更多的指导。

通过素质考核评价对线上视频刷课、缺勤，以及学习参与度不高、缺乏团队精神的学生重点关注。

# 安防系统工程：视频监控系统

**教师信息**：刘霞　**职称**：讲师　**学历**：硕士研究生
**研究方向**：楼宇智能化
**授课专业**：智能建筑
**课程类别**：理实一体
**课程性质**：职业技术技能课

## 第一部分　设计思路

### 一、本次设计的课程思政目标

本次课程属于视频监控系统的绪论课，是第一次课，以了解视频监控系统的定义、组成和发展历程、发展方向，激发学生的学习兴趣和学习动力为目标。

本方案在5个教学环节融入课程思政，课程思政点侧重于学生社会主义核心价值观的引领，思政目标是对学生进行社会主义道德教育，引导学生树立正确的世界观、人生观、价值观；对学生进行理想信念教育，引导学生厚植爱国主义情怀，弘扬以爱国主义为核心的民族精神；对学生进行职业素养教育，培养学生的规范意识、工匠精神等职业素养。

### 二、课程思政教学设计内容

**1. 课前：课程思政引入**

布置作业：查阅资料，中国古代和现代，人们分别采取哪些措施对自己的生活环境进行安全防范？对比这些措施并思考背后的历史原因。

思政点：古今对比，可以发现正是共产党带领中国人民结束战争，过上了幸福安康的生活。我们珍惜现在的和平，也以中国为傲，并愿意为国家的繁荣昌盛贡献自己的一份力量。让学生树立爱国主义精神，奋发图强，实现中国梦。

**2. 课中：课程思政贯穿授课过程**

（1）视频监控系统的应用。

教学活动：引导学生举例说明视频监控系统的应用场景及效果，播放正能量的监控视频，如抗击新冠疫情过程中医护人员及其他工作人员的辛苦服务和救治等。

思政点：在监控系统的记录下，可以看到全国人民众志成城，抗击疫情。在这场疫情中，展现出中国特色社会主义制度的巨大优势。让学生坚定中国社会主义的道路自信和制度自信，树立民族自豪精神，从自身做起，为防疫贡献自己的力量。

（2）视频监控系统的定义和组成。

教学活动：教师以国家标准 GB 50395—2007《视频安防监控系统工程设计规范》中的视频监控系统定义进行讲解和扩展，并对按规范施工和不按规范施工进行对比。

思政点：标准化水平已成为各国各地区核心竞争力的基本要素。在视频监控系统的工程设计、施工时，要以国家标准为设计规范，让学生养成查阅专业技术规范的习惯，培养规范意识、工匠精神等职业素养。

（3）视频监控系统的发展过程。

教学活动：介绍特洛伊咖啡壶事件，让学生了解数字网络视频监控系统的起源。播放中国平安城市建设的视频，让学生了解中国数字网络视频监控系统的发展及现状。

思政点：通过特洛伊咖啡壶事件，让学生培养团结合作意识、不断创新的意识。

思政点：中国的网络视频监控虽然起步晚，但发展迅速，中国的企业海康威视已发展为中国乃至全球视频监控领域巨头，让学生增强民族自豪感，培养爱国主义精神，奋发向上，实现中国梦。

（4）视频监控系统的发展方向。

教学活动：以小组为单位，进行讨论总结，教师进行引导。

思政点：通过以小组为单位的手段，让学生学习团结协作完成任务。未来视频监控系统会与其他安防技术联动和集成实现更全面的安防，培养学生的团结协作意识。

**3. 课末：课程思政总结反思**

学生在完成课堂作业的过程中，会进一步增强民族自豪感和爱国主义精神，培养团结协作意识、规范意识和工匠精神。学生通过课后反思回顾，根据课堂所学所思，记录收获及体会，进一步巩固课堂上所取得的课程思政效果。

# 第二部分　案例描述

## 视频监控系统

【思政导入】

作业：查阅资料，中国古代和现代，人们分别采取了哪些措施对自己的生活环境进行安全防范？对比这些措施并思考背后的历史原因。

学生展示自己的作业，教师引导讨论。

中国古人有着很强的安全意识，也用自己的智慧采取了一定的安全防范措施，如徽州民居的马头墙、两层外门、窗户又小又高等建筑设计。但古代多采取物理防范，防范效果有限。

现代人们采用探测器、监控、指纹识别等手段，保护自己的生命财产安全。防范效果更好。

经过技术的发展和历史的变革，现在人们采用更先进的防范技术，防范效果更好，应用更广泛、更方便。

思政点：在古代，当时社会动荡不安，受生活条件及科学技术的限制，更多地采用物理防范方法，防范能力有限。在中国共产党的领导下，中国人民结束了动荡的内外战争，国家处于相对稳定的内、外部环境中，人们的生活水平显著提高、科学技术快速发展，我国的安全防范也向着更先进、更全面、更智能的方向发展。和平才会发展，作为青年学生，我们珍惜现在的和平环境，以中华民族为傲，更应奋发图强，为国家的繁荣发展贡献自己的力量，实现中国梦。

【思政贯穿】

提出问题：视频监控是安全防范的一种方式，也是应用非常广泛的一种方式，我们生活中见过哪些视频监控的应用场所呢？

一、视频监控系统的应用

小组讨论生活中见过哪些视频监控。学生展示现代人们利用视频监控系统进行安全防范的一些例子，教师可进行补充，播放正能量的监控视频，如抗击新冠疫情过程中医护人员的监控视频以及医生远程会诊的视频，让学生了解视频监控系统广泛应用的场景及视频监控系统带来的直观的防范作用。

思政点：正是视频监控系统的记录，我们看到了疫情防控中最美的感人画面。疫情无情，人有情。在抗击疫情的过程中，党中央以人民的生命安全为重，不惜一切，保护人民的生命安全。医护人员秉承"医者仁心、大医精诚"神圣使命，坚守在抗疫一线。无数的工作人员不顾自身安危，奔走在志愿服务的路上，虽然辛苦但无怨无悔。在这场疫情中，展现出中国特色社会主义制度的巨大优势。作为青年学生，虽然我们不能冲在抗击疫情的第一线，但要坚定中国社会主义的道路自信和制度自信，从自身做起，为防疫贡献自己的力量，以中国为傲。

## 二、视频监控系统的定义和组成

提出问题：通过刚才医生远程会诊的视频，我们可以看到医院的视频监控系统对医生和病人的安全、病人的治疗都起着很重要的作用。大家知道视频监控系统是怎么设计安装以实现这种效果的吗？

教师以国家标准 GB 50395—2007《视频安防监控系统工程设计规范》中的内容进行讲解，并配以实际设备、布线、显示的图片，如图 1 所示，让学生直观掌握视频监控系统的定义和组成。

图 1 视频监控系统的布线

提出问题：通过讲解，我们知道一套视频监控系统所包含的设备比较多，线路比较复杂。图 1 是两张视频监控系统机房的图片，看了这两张图，大家有什么感受？

引导大家讨论。

左边图片完成了设备的接线，但是线比较杂乱，线路出现故障时，查找麻烦，检修耗时。右边图片对各种类型的线进行分类整理，美观，遇到问题时容易查找，更容易检修。另外当多人合作时，右边图片的优点更突出。

思政点：视频监控系统传输部分线的种类多，数量庞大，在实际的工程中我们要以规范为准，以工匠精神严格要求自己，培养自己的职业素养。

拿破仑最引以为傲的不是他的赫赫战功，而是他主导制定的《法国民法典》，秦始皇的伟大成就也不在于修筑了万里长城，而是统一了中国的度量衡。标准化水平已成为各国各地区核心竞争力的基本要素。一个企业，乃至一个国家，要在激烈的国际竞争中立于不败之地。在视频监控系统的工程设计、施工及验收时，要以国家标准为准，我们要养成查阅专业技术规范的习惯，培养规范意识。

### 三、数字网络视频监控系统

提出问题：通过远程会诊的视频，我们可以看到医生可以远距离查看病人的情况，非常直观和清晰，同时沟通时画面声音质量也非常好。这与有些监控画面模糊，画面滞后有很大区别，大家知道原因吗？

引导大家讨论，网络视频监控系统迅速发展，比模拟视频监控系统更清晰、安全性更高、传输质量更好。

播放特洛伊咖啡壶事件的相关视频，让学生了解数字网络视频监控系统的起源，并讨论对这一件事情的看法。

思政点：剑桥大学的科学家从解决自己身边的小事做起，部门的同事之间团结协作，不断创新，不断改进，才有了特洛伊咖啡壶事件，由此开启了数字网络视频监控系统的新时代。在我们的学习、生活以及将来的工作中，不能好高骛远，要脚踏实地，不断创新，与人团结合作，取得成绩。

虽然数字网络视频监控系统起源在剑桥，但随后中国的网络视频监控系统也迅速发展起来，并很快崛起。播放中国智慧城市的视频，让学生了解中国数字网络视频监控系统的发展及现状，引导学生讨论自己的感受，可以看到在技术强有力支持下的城市的快速发展以及对人们平安的守护，让人震撼。

中国的网络视频监控起步虽晚，但发展迅速，现在大部分的城市都建立了智慧城市管理系统，而视频监控系统在其中起了很重要的作用。视频监控系统的设备大都采用中国企业海康威视的产品，该公司成立于2001年，通过不断地技术创新、产品创新、业务创新,发展为中国乃至全球视频监控领域巨头,其产品和解决方案应用在155个国家和地区,在G20杭州峰会、北京奥运会、上海世博会、APEC会议、英国伦敦邱园、德国科隆东亚艺术博物馆等重大项目中发挥了重要作用。中国的视频技术已走在世界前列,海康威视是民族的骄傲,这其中也离不开国家大力发展科技的一系列措施。作为青年学生,我们要乘着科技发展的东风,把报国之心、强国之志和爱国之情化为动力,奋发向上,为中国科技发展贡献自己的力量。

### 四、视频监控系统的发展方向

提出问题:技术还在不断发展,视频监控系统未来肯定会更好,我们学生作为专业人才,作为祖国的未来,可以思考一下未来视频监控系统会是什么样的呢?

以小组为单位,进行讨论总结,教师进行引导。未来的视频监控系统向开放性、智能化、高清化、民用化、无线化方向发展。

思政点:视频监控系统也有局限性,未来的视频监控系统会与其他安防系统联动集成,实现更全面的安防。我们小组成员之间共同合作,才有更好的成绩。一人难挑千斤担,众人能移万座山。翻开历史长卷,是一部由团结协作所描绘的辉煌巨制:秦始皇举全国之力修筑万里长城抵御外敌成就中华奇迹工程;王景携十万民众治理黄河,安澜八百年惠及沿岸民众百姓;中华儿女众志成城战水灾斗地震展现时代合作风采,在任何时代,人类的发展始终是合唱。我们要团结协作,增强合力。

### 五、布置作业

作业:以小组为单位,网上查阅资料,校园实地考察并拍照,画出校园视频监控系统的拓扑图,列出设备的中国生产企业,总结设备选择、安装的依据。对本次课进行总结和反思,记录收获和体会。

思政点:小组合作完成,培养团结协作意识。查找设备的中国生产企业,让学生树立爱校、爱国主义精神,奋发图强,实现中国梦。现场拍照校园的视频监控设备照片,增强学生的规范意识、工匠精神。

【总结反思】

通过这节课的学习,学生掌握了视频监控系统的定义和组成、发展过程、发展方向及应用,达成了学习目标。通过介绍视频监控技术在中国的发展历程及中国的民族企业,增强了学生的民族自豪感和爱国主义精神,坚定了社会主义制度的自信，激发了学生奋发图强、建设祖国、实现中国梦的信心。通过国家规范及咖啡壶事件的学习，培养了学生的团结协作意识、规范意识和工匠精神。本次课达成了课程思政目标。要在以后的课程中，继续贯穿课程思政的教育。

# 建筑设备监控系统工程：定风量空调系统的监控

**教师信息：** 林梦圆　**职称：** 副教授　**学历：** 本科
**研究方向：** 建筑智能化
**授课专业：** 建筑智能化工程技术
**课程类别：** 理实一体化课程
**课程性质：** 专业模块化课

## 第一部分　设计思路

### 一、本次设计的课程思政目标

本课程的思政设计侧重于价值观层面，注重学生社会主义核心价值观引领，主要包括社会主义道德教育（社会公德、职业道德、个人品德）、中国特色社会主义法律教育、真善美教育（职业精神、工匠精神、劳动教育）等方面的思政目标；培养"爱党爱国、德技并修、勇于创新"的高素质复合型人才，培养理想信念坚定，德、智、体、美、劳全面发展，具有良好的人文素养、职业道德和劳模精神、工匠精神、奥运精神、规范意识、工程意识、创新意识、环保意识，较强可持续发展的能力，从事智能建筑设计、编程与调试、精准控制、建筑节能等领域的高端技术复合型人才。

思政目标整体设计如图 1 所示。

### 二、课程思政教学设计内容

**1. 课前：课程思政引入**

（1）课前在学习通平台观看一个关于雾霾天气新闻的视频，培养学生具有环保意识，走可持续发展的道路；通过定风量空调空气的处理，提高室内空气品质，保持良好的生活、学习环境，生命至上、人民至上的价值观。

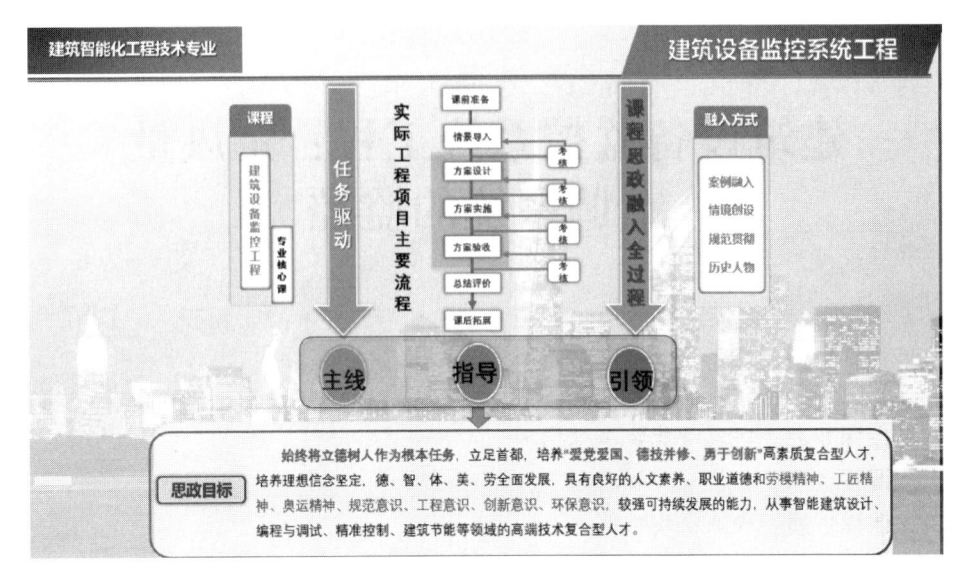

**图 1  课程思政目标整体设计**

（2）课前在学习通平台预习《建筑设备监控系统工程技术规范》《智能建筑设计标准》国家标准与规范中的"定风量空调系统"有关的内容，通过对标准的预习，培养学生具有贯标意识，做事要遵纪守法，并进行中国特色社会主义法律教育，培养学生的自我学习能力。

**2. 课中：课程思政贯穿授课过程**

（1）根据甲方需求，按照《建筑设备监控系统工程技术规范》《智能建筑设计标准》等国家标准与规范进行方案设计，培养学生要遵守国家标准与规范，要遵纪守法，全面依法治国。

（2）通过分组展开头脑风暴讨论设计方案，培养学生具有团队协作精神及创新精神。

（3）通过对监控原理图的绘制，以及系统点表，培养学生做事要仔细认真，不能出错，要有精益求精的工匠精神。

（4）通过 I/O 端口配置实操训练，培养学生注重安全意识，表扬学生具有知识应用能力、解决问题的能力，以及适用社会的能力。

（5）通过小组展示并互评，学习别人的优点，互相学习，相互欣赏，进行社会主义道德教育（职业道德个人品德）、真善美教育（职业伦理、艺术审美）。

（6）课后通过西门子在线编程软件的案例程序编写，培养学生自我学习的能力与创新能力。

（7）下课前布置消杀活动，培养学生具有爱劳动、爱集体的意识，进行劳动教育。

**3. 课末：课程思政总结反思**

（1）思政目标要与专业教育有机融合，落到实处。本次课的社会主义道德教育（社会公德、职业道德、个人品德）、中国特色社会主义法律教育、真善美教育（职业精神、工匠精神、劳动教育）等方面思政目标，有机地融入教学的各个环节，融入要自然、悄然渗透。

（2）运用不同的教学方法以及多样化的教学手段，助力课程思政的实施，收到很好的专业教学效果与思政效果。充分利用学习通平台，通过视频、抖音等信息化教学手段，增强思政点的吸引力、感染力，激发学生学习兴趣，提高学习效率。

# 第二部分　案例描述

## 定风量空调系统的监控

【思政导入】

学生提前在学习通平台中预习观看一个关于雾霾天气新闻报道的视频（图2），抽查学生课前"学习量"自主学习效果。

**图2　央视报道北京雾霾天气**

教师讲解：

（1）看过视频后有什么感受？需要将室外空气引入公共房间进行净化处理，若采用中央空调机组的处理方式，应该怎么来处理？

（2）通过该视频进行讨论，需要将室外空气引入公共房间进行净化处理，若采用中央空调机组的处理方式，应该怎么设计空调系统的监控？要解决净化空气的问题，需要对定风量空调系统进行监控。

（2）新冠疫情期间，上课请同学们戴好口罩，做好防护，保护好自己也是保护他人，是一种对国家有责任担当的体现，也是一种具有社会公德的体现；经常开窗通风，其实就是将室外新风量空调"引入"室内，保持室内空气洁净度，提升空气质量。要解决净化空气的质量问题，需要学习定风量空调系统的监控设计方案，大家要养成环保意识，走可持续发展的道路，树立"以人民为中心"的价值观。

【思政贯穿】

本次课教学任务是空调定风量空调系统的监控方案设计，任务流程如下：根据甲方需求及国家标准与规范学习→分组展开头脑风暴讨论设计方案→完成监控原理图的绘制→完成系统点表配置→I/O端口配置实操→小组展示并互评方案→教师点评→课后拓展，思政元素贯穿每一个教学环节。

## 一、根据甲方需求+国家标准与规范分析

课程思政元素：同学们通过在学习通平台自学《建筑设备监控系统工程技术规范》《智能建筑设计标准》等国家标准与规范，大家有什么收获呢？我们做项目设计需要遵守国家标准与规范，没有规矩不成方圆，所以我们要遵纪守法，全面依法治国，同时，我们也需要尊重甲方需求，树立以人为本的理念，国家标准与规范如图3所示。

## 二、分组展开头脑风暴讨论设计方案

### 1. 回风温度监控

回风通道的温度传感器实测回风温度，通过控制加热器（或表冷器）上的调节阀的开度调节热水（或冷水）流量，使回风温度控制在设定的范围内。

### 2. 回风湿度监控

由回风通道的湿度传感器实测回风通道的湿度信号，通过控制冷水阀（或蒸汽阀）的开度调节表冷器冷却水流量（或蒸汽流量），使回风湿度保持一定。

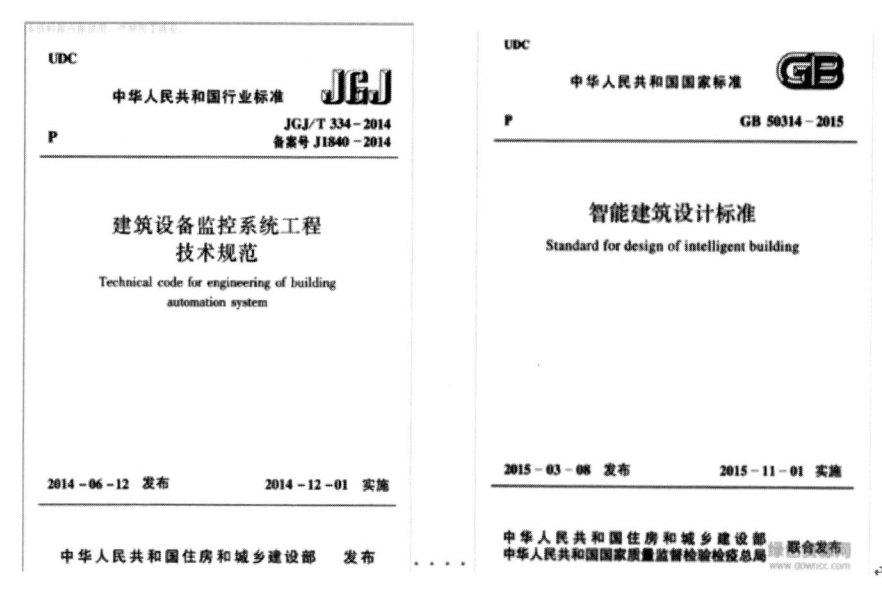

图 3　国家标准与规范

**3. 定风量空调/回风比例监控**

根据定风量空调通道中的温度、湿度传感器以及回风通道中的温度、湿度传感器实测出的定风量空调温度及湿度，以及回风温度及湿度，调节定风量空调电动风门和回风电动风门的开度，使定风量空调/回风比例控制在预定值。在不同的气象条件下，应选择不同的定风量空调/回风比例，以减少系统能耗。

**4. 排烟系统监控**

当发生火灾时，定风量空调、回风系统立即停止工作，启动排烟系统。

讨论完毕后完成下面监控功能内容设计，定风量空调监控功能内容设计如表 1 所示。

表 1　定风量空调监控功能内容设计

| 序号 | 监控内容 | 监控功能（学生填写） |
| --- | --- | --- |
| 1 | 定风量空调门控制 | |
| 2 | 过滤网堵塞报警 | |
| 3 | 防冻保护 | |
| 4 | 送风温度自动检测 | |
| 5 | 送风温度自动调节 | |

续表

| 序号 | 监控内容 | 监控功能（学生填写） |
|---|---|---|
| 6 | 送风湿度自动检测 | |
| 7 | 送风湿度自动调节 | |
| 8 | 风机两端压差 | |
| 9 | 机组预设时启停控制 | |
| 10 | 工作时间统计 | |

课程思政元素：通过刚才头脑风暴的表现，每组表现不错，大家具有很强的团队协作精神，每组在填写监控功能的时候，大家想象力丰富，具有创新精神，有些组具有很强的节能环保意识，大家要树立可持续发展的理念。

### 三、完成监控原理图的绘制

课程思政元素：大家画图的时候要仔细认真，不能出错，要有精益求精的工匠精神，这也是真善美的一种体现（职业精神、工匠精神）。监控原理图的绘制如图4所示。

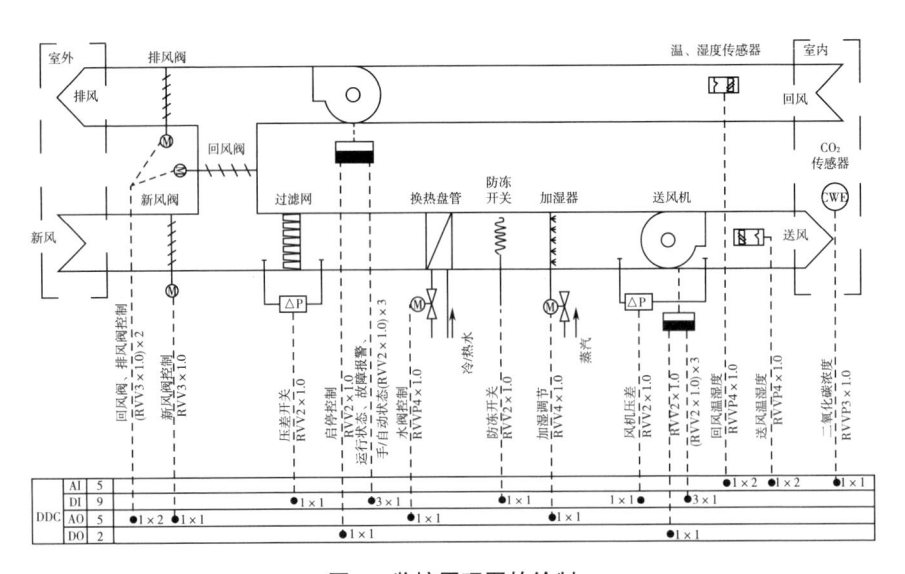

**图4 监控原理图的绘制**

## 四、完成系统点表配置

课程思政元素：大家点表的时候要仔细认真，不能出错，要有精益求精的工匠精神，这也是真善美的一种体现（职业精神、工匠精神）。监控点位表的统计如表 2 所示。

**表 2　定风量空调机组监控点位设计统计**

| 序号 | 监控设备名称 | 设备说明 ||||  自控设备数量 | 现场接口设备 |
|---|---|---|---|---|---|---|---|
| | | 输入 || 输出 || | |
| | | DI | AI | DO | AO | | |
| 1 | | | | | | | |
| 2 | | | | | | | |
| …… | | | | | | | |
| | 小计 | | | | | | |

## 五、I/O 端口配置实操

课程思政元素：大家在做端口连接以及通道初始化的时候不能出错，若出错就会造成很严重的后果，会烧坏设备甚至着火，所以大家务必要养成安全意识。培养学生具有知识应用能力、解决问题的能力，以及适用社会的能力。I/O 端口配置如表 3 所示，通道初始化如图 5 所示。

**表 3　I/O 端口配置**

| 图例 | 名称 | 信号类型 | 信号量程 | AD 现场设备 | RWG 接线端 |
|---|---|---|---|---|---|
| | 送风温度 | AI-NI1000 | −50~150C | QAM2120 | RWG1-X1 |
| | 风机压差开关 | DI | 常开 | QBM81 | RWG1-X2 |
| | 过滤压差开关 | DI | 常开 | QBM81 | RWG1-X3 |
| | 防冻保护开关 | DI | 常开 | QAF81.3 | RWC1-X4 |
| | 送风机手自动 | DI | 常开 | | RWG1-X5 |
| | 送风机运行状态 | DI | 常开 | | RWG1-X6 |
| | 送风机故障报警 | DI | 常开 | | RWG1-X7 |
| | 机组开关 | DI | 常开 | | RWG1-X8 |
| | 水阀输出 | AO-0~10V | 0~100% | SKD60+VVI47.25 | RWG1-X9 |

续表

| 图例 | 名称 | 信号类型 | 信号量程 | AD 现场设备 | RWG 接线端 |
|---|---|---|---|---|---|
|  | 新风阀输出 | DO | 常开 | GLB131.1E | RWC1-X10 |
|  | 送风机启停 | DO | 常开 |  | RWG1-X11 |
|  | 故障报警输出 | DO | 常开 |  | RWG1-X12 |

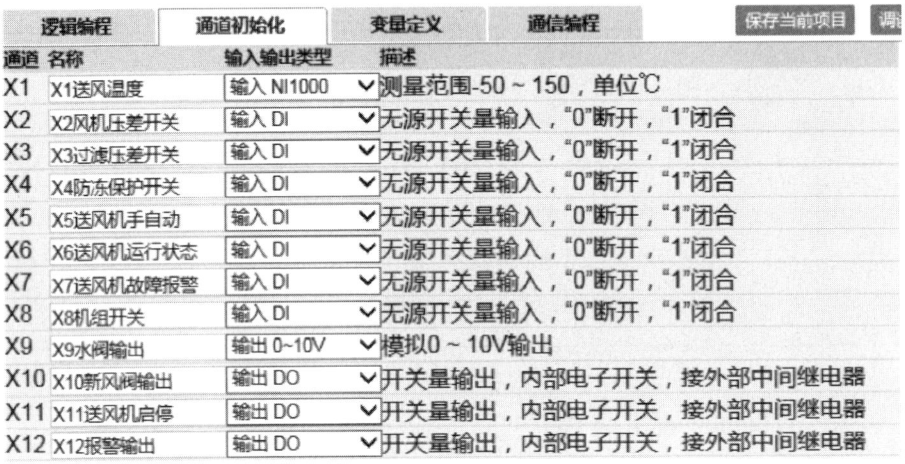

图 5　通道初始化

### 六、小组展示并互评方案

课程思政元素：通过小组自评，每组展示自己最好的方案，充分体现了自信的表现，同学们学会了正确认识自我。通过小组互评，每组都能鉴别别人的方案，分析不足，同时也能学习别人的优点，互相学习，相互欣赏，这是社会主义道德（职业道德、个人品德）与真善美教育（职业伦理、艺术审美）的体现。

### 七、教师点评

课程思政元素：通过最佳、最优方案的分析，表扬学生的优点，同时，指出不足方案的问题所在，培养具有辩证思维及批判性思维的能力。

### 八、布置课后作业

课程思政元素：请同学们课后利用西门子在线编程软件，利用手机或电脑在宿舍或家里进行在线编程训练，大家要具有自我学习的能力与创新能力，大胆尝试，要有开拓进取的能力、战略思维能力及敢于实践的精神，编程逻辑图如图6所示。

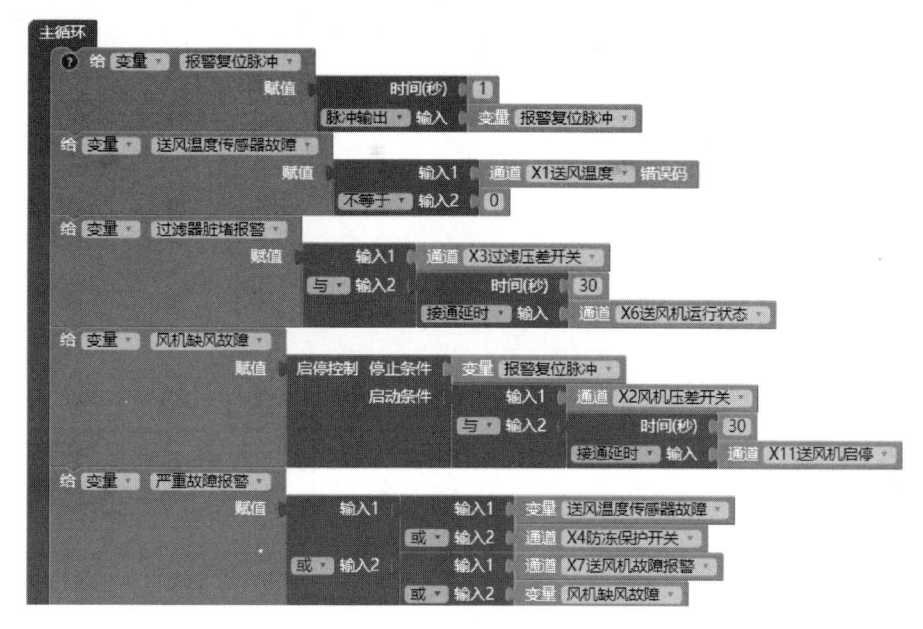

图6 编程逻辑图

## 九、下课前布置消杀活动

课程思政元素：下课时组织学生整理桌椅，做好室内卫生，保持室内整洁干净，并进行消杀处理，保持良好的室内学习环境，培养学生具有爱劳动、爱集体的意识。

【总结反思】

（1）思政目标落实情况：通过定风量空调系统的监控方案设计的教学活动，挖掘课程思政元素，将课程思政元素融入教学活动各个环节，并且收到润物细无声的效果，学生对社会主义核心价值观有了更深的认知，主要包括社会主义道德教育（社会公德、职业道德、个人品德）、中国特色社会主义法律教育、真善美教育（职业精神、工匠精神、劳动教育）等方面，达到了课前设定的课程思政目标。

（2）应用学习通平台，采用课前线上预习、课中线上线下混动、课后线上练习的模式，并充分利用现代化的信息手段，充分调动了学生学习的兴趣，将课程思政融入每个教学环节，学生对专业知识与技能掌握得更加牢固，学习目的更加明确，学习更加有动力，学生的能力更加全面，收到了很好的效果。

（3）个别的地方课程思政还没有完全达到理想的效果，今后将进一步调整课程思政教学策略，将课程思政贯彻课程教学的每一个环节，恰到好处地融入课程思政，按照人才培养方案的要求，为社会、为国家培养出更多的德智体美劳全面发展的人才。

# 复杂部件多轴数控加工：
# 航空发动机离心叶轮五轴加工

**教师信息**：刘国良　**职称**：高级工程师　**学历**：硕士研究生
**研究方向**：机械制造技术
**授课专业**：机械制造及自动化
**课程类别**：理实一体化课程
**课程性质**：专业模块化课

## 第一部分　设计思路

### 一、本次设计的课程思政目标

通过"航空发动机离心叶轮五轴加工策略"，培养学生爱国主义精神、提升学生思想政治素质，引导并培育学生的创新精神和创新思维及工匠精神，树立"道路自信与文化自信"；通过教学活动中老师的言传身教培养学生严谨的工作作风和良好的职业道德素质；通过学生在教学活动中的分组协作，培养学生的团队协作精神。课程思政教学目标如图 1 所示。

校企双元组建结构化教师团队，配置校企优质教育资源；探索线上线下、课内课外、校内校外的"任务思政驱动可视化 SZTDV"课程思政教学模式，在基于工作过程的知识传授和能力培养的各教学环节，从爱国、自信、创新和严谨四个维度，将制造强国精神、工匠精神、劳动精神等价值观赋予其中。

### 二、课程思政教学设计内容

**1. 课前：课程思政引入**

"复杂部件多轴数控加工"是机械制造与自动化专业核心课程。授课时落实教育部教学标准，结合人才培养方案职业仓中岗位能力要求，和企业深度合作，以典型工作任务为载体，实施产学研一体化教学模式，融入企业新技术、新工艺和新规范，保证教学内容更新与产业技术升级同步；融入课程思政，立德树人；开发共享式、立体化教学资源等优化模块化课程内容。课程面向的岗位如图2所示。

图1 课程思政教学目标

图2 课程面向的岗位

深入挖掘北汽集团大国工匠张洪超、全国劳模人大代表赵郁等人的优秀事迹，提炼工匠精神、劳动精神、创新精神；分析航空发动机离心叶轮的最新五轴加工技术，提高学生环保意识；探讨航空发动机各种形式叶轮结构及加工等热点问题，增强安全意识和规范意识。基于工作过程，萃取思政元素，进行课程思政设计，完善课程内容。在"航空发动机离心叶轮五轴加工策略"课程教学过程中通过有意识地结合学院最新研究成果、机械领域数控知识的运用贡献等案例，可以增强学生的专业自豪感、民族自信心和爱校荣校情怀。

**2. 课中：课程思政贯穿授课过程**

本节课是该课程中的项目六"航空发动机离心叶轮五轴加工"。引进企业真实的产品和工作过程，对接行业先进制造技术，实施产学研工作一体化。本项目将企业岗位工作情境转化为教学过程，共分解成四个学习任务，分别对应工艺员、程序员、操作技师以及质检员四个职业岗位，让学生在学习技术技能的同时体验相关职业岗位工作过程。项目实施思政流程如图3所示。

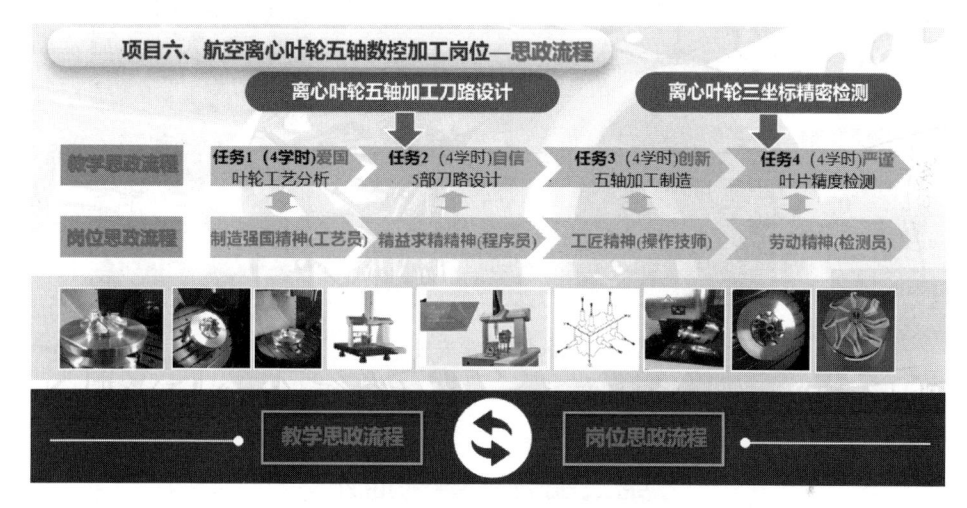

图3 项目教学思政与岗位思政实施流程

教师在讲解相关的理论知识时，应注重培养学生的学习兴趣，培养自信心，使学生具有抗挫折的能力；同时在进行数控多轴加工机床操作与编程动手能力培训时，注重通过小组合作探究，培养学生团结协作的工作作风。组织和安排学习、实践任务时充分发挥学生主动性，培养学生独立分析问题、解决问题的能力和创新能力。同时要求学生理解"航空发动机离心叶轮五轴加工策略"课程思政的实际内涵和现实意义，向学生传递正确的价值观，培养学生严谨认真的学习态度和敢于创新，及时复杂精密机械加工制造的探究精神。

**3. 课末：课程思政总结反思**

利用学习通上自主开发的"复杂部件多轴数控加工"在线课程，把线上线下混合式教学模式做实做细。以任务书为引领，任务指导书为支撑，任务驱动为主线，自主探究与小组合作相结合，打造线上线下学知识、练技能、促发展的线上线下混合式教学。课前依据任务书、教学资源完成相关学习任务，采用线上自主学习为主；课中采用线上线下混合式教学，学生进行交流展示，教师进行答疑解惑，实现翻转课堂效果；课后实施双平行教学项目，对知识进行巩固、提升，如图 4 所示。

图 4　教学安排

# 第二部分　案例描述

## 航空发动机离心叶轮五轴加工

【思政导入】

本节课是该课程中的项目六，引进企业真实的产品和工作过程，对接行业先进制造技术，实施产学研工作一体化。本项目将企业岗位工作情境转化为教学过程，共分解成四个学习任务，分别对应工艺员、程序员、操作技师以及质检员四个职业岗位，让学生在学习技术技能的同时体验相关职业岗位工作过程。项目实施流程如图 5 所示。

图 5　项目教学思政与岗位思政实施流程

【思政贯穿】

什么是爱国主义精神？

爱国主义指个人或集体对祖国的一种积极和支持的态度，集中表现为民族自尊心和民族自信心，为保卫祖国和争取祖国的独立富强而献身的奋斗精神。爱国主义不仅体现在政治、法律、道德、艺术、宗教等各种意识形态和整个上层建筑之中，而且渗透在社会生活各个方面，成为影响民族和国家命运的重要因素。在学习本课程前我们要加强爱国主义教育，加强民族自豪感。

一、课程导入

**1. 情境**

介绍我国高端数控多轴加工机床的发展情况，说明中国改革开放四十年的经济增长与"四个自信"的树立。

某车间计划用 DMU60 mono block 五轴联动加工航空发动机离心叶轮，根据工作安排，"产品工艺科"需要上交"数控多轴加工刀路策略"文件并汇报，以备车间选用最合理方案。

**2. 任务**

任务见表1。

**表 1　任务书**

| 任务书 |||
|---|---|---|
| 任务：学习航空发动机叶轮制造技术，完成叶轮刀路设置及学习工作单 |||
| 上交材料 | 格式 | 要求 |
| 1. 航空发动机叶轮加工策略 | Powermill 项目文件夹 | 完成仿真验证，刀路分粗精加工，每人交一份 |
| 2. 学习工作单 | .DOC | 写出加工策略的创新点，每人交一份 |

## 二、教学过程

学习工作单引领整个教学过程。在每个学习任务和活动中，都有对应的学习工作单要求学习者完成，实现教学过程的任务驱动和学习过程的可视化。本项目教学实施流程如图 6 所示，学习工作单思政元素引领、"任务思政驱动可视化" SZTDV 教学模式——整合重构。

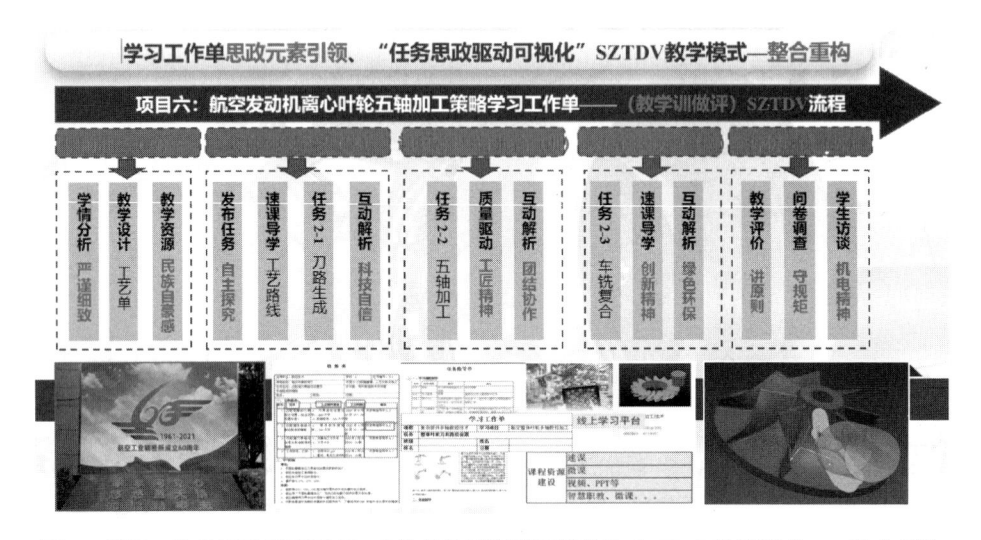

图 6　学习工作单思政元素引领、"任务思政驱动可视化" SZTDV 教学模式——整合重构

**1. 发放学习工作单**

在第 1 节课下课前完成并交齐，占本次课总评成绩的 20%。图 7 为学习工作单。

**2. 观看航空发动机相关视频**

思考航空发动机制造的关键技术有哪几方面，提问、归纳、总结学习内容（板书）：

| 学习工作单 | | | |
|---|---|---|---|
| 课程 | 多轴加工技术 | 学习项目 | 航空发动机叶轮多轴数控加工 |
| 任务 | 学习航空发动机叶轮制造技术，完成叶轮刀路设置及学习工作单 | | |
| 班级 | | 姓名 | |
| 组名 | | 日期 | |
| 组长 | | 组员 | |

1、填空：

（1）＿＿＿＿＿＿已成为一个国家科技水平、军事实力和综合国力的重要标志之一。

（2）风扇、压气机和涡轮采用整体叶盘结构，使发动机重量减轻＿＿＿＿，效率提高＿＿＿＿，零件数量减少＿＿＿＿以上。

**图7　学习工作单**

（1）说明航空发动机核心部件——航空叶轮、叶片；

（2）航空叶轮结构、特点及分类；

（3）航空叶轮数控多轴加工的难点。

**3. 伙伴拼图法学习——航空叶轮多轴数控加工策略相关知识**

（1）发放学习卡——航空叶轮加工相关知识。提炼关键词——航空整体叶轮、离心叶轮。知识传递（所有同学起立，同桌相互向对方介绍、解释关键词）。关键词展示（每桌选出一个写出的关键词，贴至黑板，并向全班解释）。图8为航空发动机叶轮。

**图8　航空发动机叶轮**

课下学习课题：多轴加工技术、五轴联动加工优点等知识点。积极拓展和延伸第二课堂，多渠道多形式搭建教师与学生交流平台，加强大学生思想政治教育工作。

（2）教师总结。

整体叶轮结构如图9所示。工艺特点是材料难加工，切除率大，形状与结构复杂，加工精度高。

图 9　整体叶轮结构

叶轮分类如图 10、图 11、图 12 所示。

叶轮数控加工方法如图 13、图 14 所示。

创新的本质是突破，即突破旧的思维定势、旧的常规戒律。创新活动的核心是"新"，它或者是产品的结构、性能和外部特征的变革；或者是造型设计、内容的表现形式和手段的创造；或者是内容的丰富和完善；或者是对旧有的一切所进行的替代、覆盖。我们要勇于创新，只有创新才能突破，只有突破才能取胜。在本节后面知识的学习过程中，要加强创新过程的实践与应用。

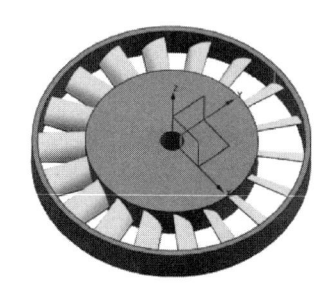

（a）开式整体叶轮　　　　（b）闭式整体叶轮

图 10　按结构叶轮分类

（a）轴流式叶轮　　　　（b）离心式叶轮

图 11　按气流的运行方式叶轮分类

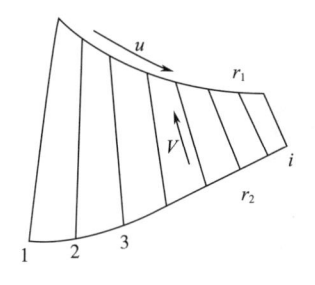

（a）可展直纹面　　　　　　　　　　（b）非可展直纹面

图 12　按曲面成型原理叶轮分类

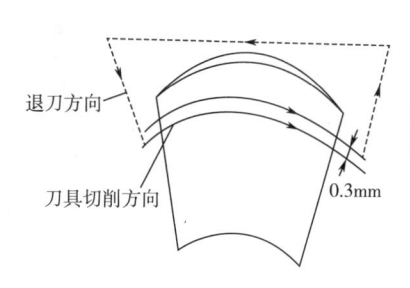

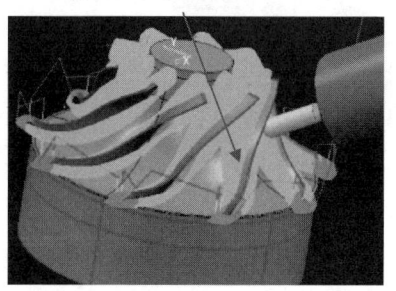

图 13　点铣法

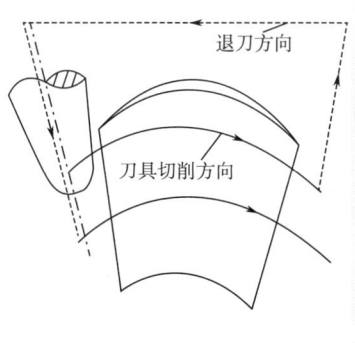

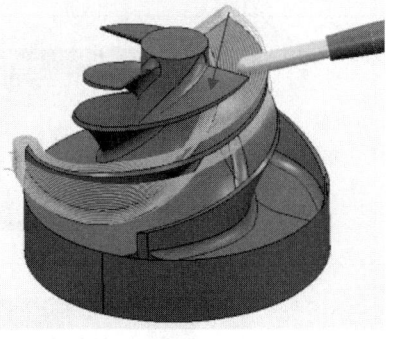

图 14　侧铣法

## 4. 航空叶轮数控加工流程

（1）讨论航空叶轮数控加工策略。

（2）介绍航空叶轮加工工艺流程，见图15。

模型（已完成） → 刀具路径设置 → 生成数控程序

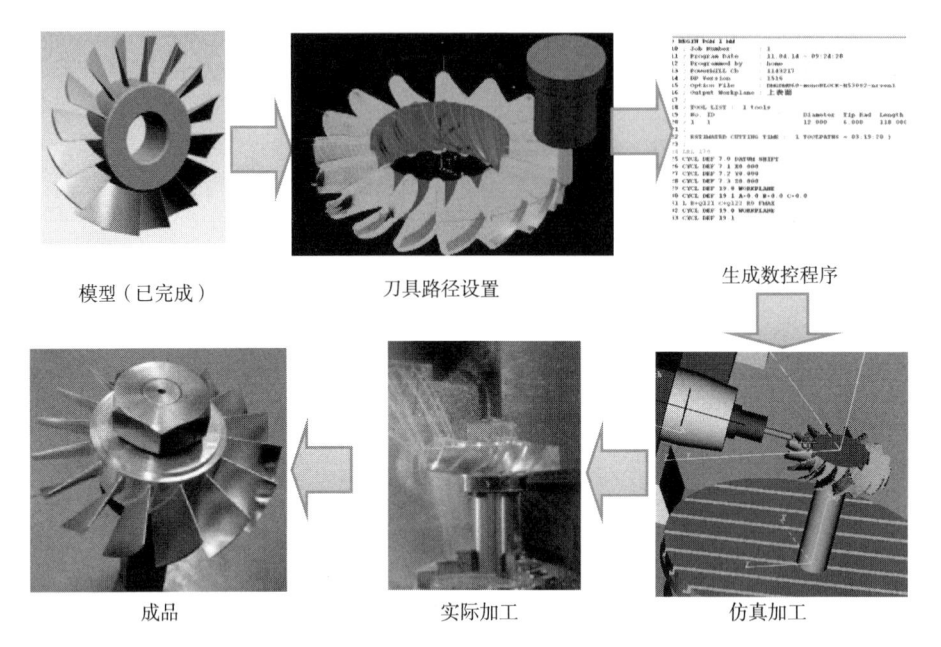

成品 ← 实际加工 ← 仿真加工

图15　航空叶轮加工工艺流程

（3）叶轮加工工艺工及装夹见表2、图16。

表2　叶轮加工工艺

| 序号 | 加工内容 | 图示 | 刀具 | 备注 |
| --- | --- | --- | --- | --- |
| 1 | 叶盘区域粗加工 |  | Ø12球头刀1 | 叶盘开粗 |
| 2 | 叶片精加工 |  | Ø12球头刀2 | 精加工1 |

164

续表

| 序号 | 加工内容 | 图示 | 刀具 | 备注 |
|---|---|---|---|---|
| 3 | 轮毂精加工 |  | Ø10 锥度端铣刀 | 精加工 2 |

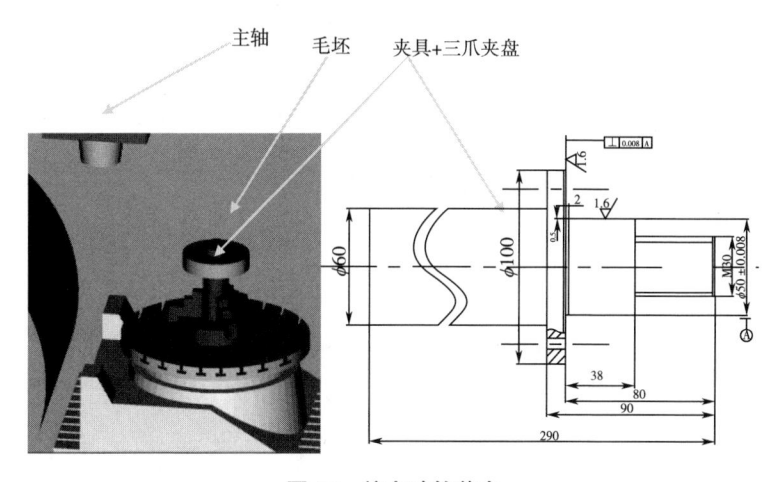

图 16 航空叶轮装夹

(4) 航空叶轮刀路设置方法及策略。

第一，构建辅助曲面，见图 17。在 CAD/CAM 软件中创建辅助曲面，然后在 powermill 软件"层和组合"中输入辅助曲面。

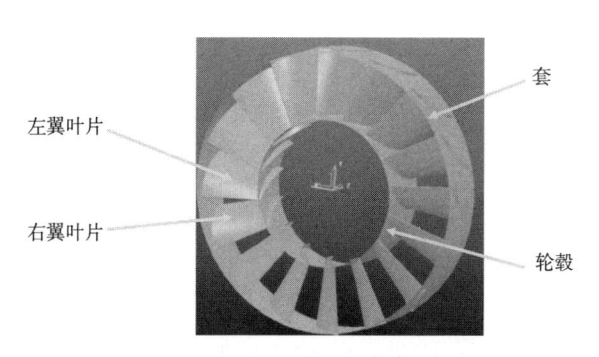

图 17 构建辅助曲面

第二，创建毛坯及加工坐标系。

第三，主要参数设置——"叶盘区域清除"加工策略。

第四，注意事项：

①锥柄刀（图18），刀路设置时的锥度>实际锥度（避免因安装误差等原因造成的过切）。

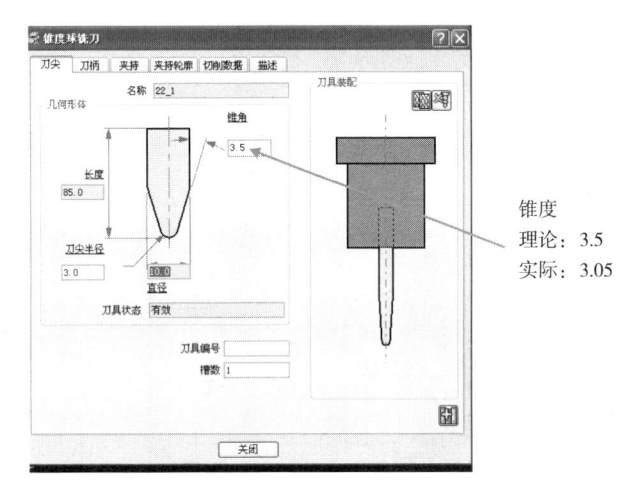

图18 锥柄刀

②设置忽略（图19）。在设置刀路时需将图素"套"设置为加工忽略。

图19 "套"设置为加工忽略

课后开展数控多轴加工专业活动，要求学生进行校内实践与校外实践。

积极探索和改进复杂部件多轴数控加工思政内涵的实践教学，对学生进行爱国主义、集体主义教育。将校内实践与校外实践相结合，用社会调查、志愿服务、公益活动等多种方式开展，取得了较大成效。

三、加工

刀具、毛坯准备；对刀，程序传输。

四、小结

（1）观看叶轮整个制造过程——视频（该刀路策略可行）。

（2）本次课主要介绍了整体叶轮的结构及分类；同时介绍了整体叶轮的数控加工法，完成整体叶轮刀具路径设置，给大家提供一种整体叶轮加工策略。

"工匠精神"是一种职业精神，它是职业道德、职业能力、职业品质的体现，是从业者的一种职业价值取向和行为表现。在新的时代弘扬和践行"工匠精神"，须深入把握其基本内涵、当代价值与培育途径。在五轴加工机床的手动操作过程中要加强"工匠精神"的培育。

五、作业

根据课上讲的叶轮刀具路径设置思路，完成如图20叶轮2刀具路径设置。

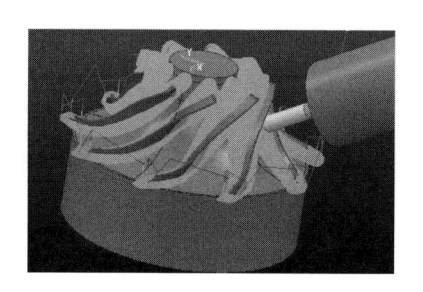

图20　叶轮2

新形势下，教师将大学生的思想政治教育深入融入"航空发动机离心叶轮五轴加工策略"的课堂教学，将坚持以社会主义核心价值观相关德育元素为"触点"和"融点"，不断拓宽思政教育的广度和维度，充分发挥课堂教学中的拨动心弦教育和润物细无声的环境熏陶作用。因此，顺势而为地在"复杂部件多轴数控加工"加工方法和机床基础知识教授中开展思政教育势在必行。

**【总结反思】**

通过本节"航空发动机离心叶轮五轴加工策略"的学习，我们首先要注重培养学生爱国主义精神、提升学生思想政治素质，同时引导并培育学生的创新精神和创新思维，在复杂部件的加工过程中培养学生的"工匠精神"，树立道路自信与文化自信。

# 智能产线运行与维护：
# 装配单元机器视觉工件识别

**教师信息：** 周海君　　**职称：** 副教授　　**学历：** 硕士
**研究方向：** 自动化控制
**授课专业：** 机电一体化技术
**课程类别：** 理实一体化课程
**课程性质：** 专业模块化课

## 第一部分　设计思路

一、本次设计的课程思政目标

根据机电一体化技术专业人才培养方案中的培养学生工匠精神和职业素养的要求，以及平时学生表现出的使命感和荣誉感不够强等现状，针对本项目装配单元设计与调试中任务 1（机器视觉进行工件识别）对新技术、新工艺、新规范等要求，设计本次的课程思政目标：通过观看《大国工匠——钳工技师顾秋亮》的事迹视频，引导学生体会当代大学生的使命感和荣誉感，知道"为什么学？"通过引导学生根据工作手册完成机器视觉传感器安装和参数设置，培养学生精益求精、严谨求实的工匠精神和创新精神，知道"怎么学？"树立做大国工匠的远大理想，知道"学成谁？"

二、课程思政教学设计内容

**1. 课前：课程思政引入**

课堂采用认知、部署、计划、实施、验收、拓展六步法展开教学。首先，课前认知环节，学生在学习通中观看机器视觉传感器在油泵无刷电机组装智能产线和其他工业生产现场的应用视频，以小组形式查阅资料，了解当前我国机器视觉传感器的发展状况，激发学生学习热情和"为国而学、为民而学"

的爱国精神；通过学习工作手册中机器视觉参数，了解参数设置方法，完成自学测试。一方面，从专业层面了解机器视觉传感器的参数设置和使用方法，为课中分享做好准备；另一方面，培养学生团结协作、精益求真的求学态度。

**2. 课中：课程思政贯穿授课过程**

课中完成部署、计划、实施、验收四个环节，融入工匠精神和创新精神。在部署环节，根据学生自学汇报情况，以全国五一劳动奖章获得者、大国工匠——七〇二所钳工技师顾秋亮的事迹，引导学生体会何为当代大学生的使命？在计划环节，通过对机器视觉传感器安装示范和工作原理分析，融入规范操作、岗位要求、安全教育和标准作业教育；在实施环节，学生班组完成机器视觉传感器安装和参数设置，培养学生敬业专注、精益求精的工匠精神；在验收环节，学生汇报成果，提出在任务实施中出现的问题和疑问，教师给予评价分析并展示教学团队自主开发的自动测试平台，提高学生善于发现问题、解决问题的能力，培养创新精神。

**3. 课末：课程思政总结反思**

总结：通过本次课思政教育与专业教育的有机融合，有效提升了学生自主学习、规范操作、团队协作和沟通交流能力，增强了职业自信、一丝不苟、精益求精的工匠精神（图1），达到了预期思政目标。

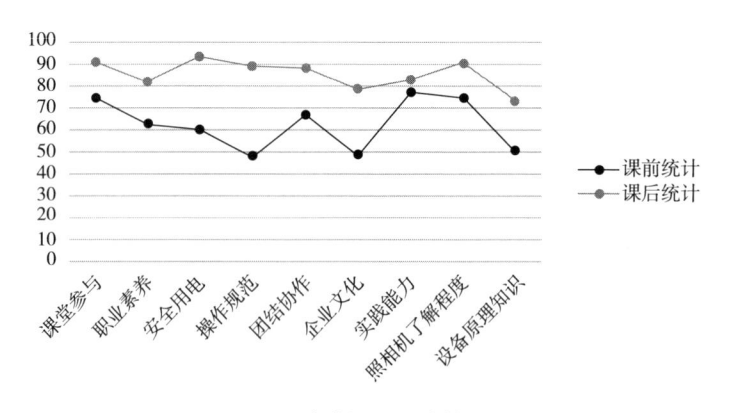

图1 本次课程思政效果

反思：

（1）课程思政教学目标应教学内容而生、因学生特点而定。本次课教学内容为机器视觉在智能产线中的应用，机器视觉属于新技术、精密仪器，需要融入工匠精神；教学团队开发的自主测试平台很好地解决了企业和教学中的问题，说明需要融入创新精神；同时，结合学生平时表现出的使命感和荣誉感不够，需要引导学生体会何为使命感和荣誉感，达到本次教学专业教育和思政教育目标。

（2）本次课程思政设计采用"三结合"模式，即线上线下相结合、课上课下相结合、校内校外相结合，有效实现专业教育和思政教育的"三性融合"，即内容科学性、方法时效性和思政渗透性。

# 第二部分　案例描述

## 装配单元机器视觉工件识别

【思政导入】

一、课前签到

教学活动：学习通发起签到，提醒将手机调至静音或勿扰模式。思政点融入"世界观、人生观和价值观教育"。要求学生签到守时，不能代签，树立诚信意识，养成按时出勤，提前做好上课准备的良好职业习惯。

【思政贯穿】

二、部署环节

教学活动：学生以小组为单位进行自学成果展示，教师进行点评，在鼓励和提出希望的同时，播放"托"起蛟龙号载人潜水器的大国工匠——顾秋亮视频（图2）。深海载人潜水器有十几万个零部件，组装起来的最大难度就是密封性，精密度要求达到了"丝"级；而在中国载人潜水器的组装中，能实现这个精密度的只有钳工顾秋亮，也因为有着这样的绝活儿，顾秋亮被人称为"顾两丝"。

引导思考：是什么让顾秋亮在钳工岗位能坚持40余年？

讨论思考：一把锉刀一握就是40余年，一头黑发一晃已满是白霜。年过花甲的顾秋亮仍坚守在科研生产第一线，继续为我国的载人深潜事业默默奉献……正是因为他怀揣崇高的使命感和荣誉感。我们当代大学生要思考我们的使命。

继续追问：顾秋亮怎么做到"丝"级精度？

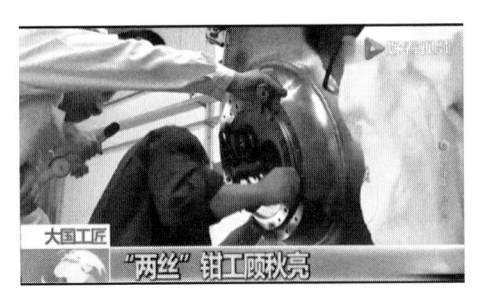

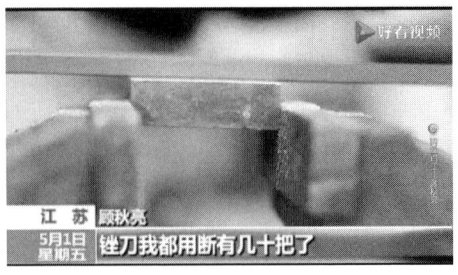

图 2　大国工匠顾秋亮

讨论总结：平时刻苦训练必不可少。自参加工作后，顾秋亮磨断了几十把锉刀，练就了扎实的基本功。同时，工作中的顾秋亮素来爱琢磨善钻研，像一颗铆足了劲的"螺丝钉"，但凡碰到棘手活儿，就算绞尽脑汁也要解决，永不放弃、精益求精的工匠精神也是达到"丝"级精度的秘诀。这正是我们今天机器视觉参数正确设置的法宝，让我们一起来开始吧。

三、计划环节

教学活动：机器视觉传感器硬件安装、工作过程分析和参数设置示范（图3）。思政点融入规范操作、岗位要求、安全教育和标准作业教育内容。

图 3　参数设置示范

四、实施环节

教学活动：在工作手册引导下，学生完成机器视觉传感器参数设置流程图的绘制，并进行参数设置（图4）。思政点融入真善美教育：要求学生绘制流程图，严格遵守电气制图国家规范，培养学生职业精神；参数设置要求严格按照流程图步骤进行，培养学生精益求精的工匠精神。

图 4　绘制流程图并进行参数设置

## 五、验收环节

教学活动：学生汇报交流成果，并根据工作手册上的专业技术规范标准进行自评和互评，教师团队对学生进行实时评价，并接受学生对教师的评价，及时填写评价表。思政点融入"世界观、人生观和价值观"教育：立体化评价体系，逐步引导学生树立公平公正、实事求是的评价意识，建立"成绩都是奋斗出来的！"价值观。

## 六、任务总结

教学活动：针对学生在汇报交流中提出的疑问和思考，教师给予鼓励和引导，并展示校企合作教学团队自主研发的自动测试平台（图5）。思政点融入"真善美教育"：通过介绍自动测试平台研发的初衷和推广，提高学生善于发现问题、解决问题的能力，提高学生学习的积极性，培养创新精神。

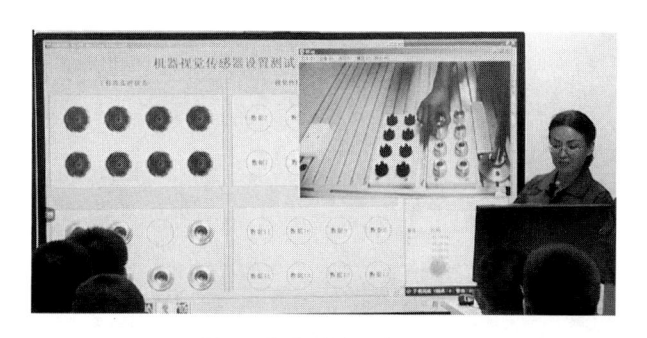

图 5　自动测试平台展示

## 七、环境整理

教学活动：教师引导学生依据 5S 要求完成设备整理，学生按值日生表自觉完成实训室环境整理（图6）。思政点融入"真善美教育"：通过环境整理，培养学生自觉的劳动习惯和良好的职业素养。

图6 设备和环境整理

**【总结反思】**

（1）立德树人是教育的根本任务。在机电一体化技术专业人才培养，需要始终坚持"先成人，再成才"的教育方针。现代职业教育的高质量发展要求我们努力培养更多高素质技术技能人才、能工巧匠、大国工匠，为党育人、为国育才。

（2）教育者必先育己。教师是实施教育的主体，是课堂的引导者，必先思想示范，方可行为示范。加大课程思政理论培训、集体备课研讨、挖掘思政元素，形成专业、专业群课程思政建设体系势在必行。

（3）优秀的思政教育，需要施教者真爱学生。潜移默化、盐溶于水的教育是需要教师心中有爱、眼中有光、言中有温、动中有亮，通过教师的温暖和光亮实现思政的润物细无声。

# 数字电子技术：中规模组合逻辑电路实践

**教师信息：** 邱钊鹏　　**职称：** 高级实验师　　**学历：** 硕士研究生
**研究方向：** 自动控制技术
**授课专业：** 机电一体化
**课程类别：** 理实一体化课程
**课程性质：** 专业基础课

## 第一部分　设计思路

### 一、本次设计的课程思政目标

筑工匠精神：芯片技术是当前国际竞争的热点和核心，芯片由基本的门电路构成，学好数电逻辑电路的分析与设计，并能实操验证（主线）。播种道德感：芯片制作品质第一，不能有瑕疵，培养责任感和使命感。播种荣誉感：我国芯片技术快步前进，培养社会主义道路自信、民族自豪感。

### 二、课程思政教学设计内容

**1. 课前：课程思政引入**

提出大学生成才的部分目标是爱国、爱岗、敬业、团结协作和大国工匠等。要求学生在课程学习过程中，积极体会并践行爱国、爱岗、敬业、团结协作和大国工匠等具体内涵，达到具备基本的爱国情操，爱岗、敬业、团结协作精神，技艺精湛的技能，提升思想政治素质的要求。

**2. 课中：课程思政贯穿授课过程**

在教师讲解专业基础课程内容及要求的过程中，通过穿插讲解当前时政热点，结合专业课程的具体案例实践演练，让学生清楚意识到具备爱国情操，爱岗、敬业、团结协作精神和专业技能的重要性，注重培养学生的爱国精神和专业技能。

**3. 课末：课程思政总结反思**

要求学生课后反思回顾，根据课堂所学所思，记录收获及体会，进一步思考如何具备爱国的朴素情操，爱岗、敬业、团结协作精神和过硬的专业技能，并在今后的学习生活中努力践行爱国、爱岗、敬业、团结协作和大国工匠等具体内涵，进一步提高自己的爱国精神和专业技能。

# 第二部分　案例描述

## 中规模组合逻辑电路实践

【思政导入】

2018年12月1日，孟晚舟在加拿大温哥华被捕，美国向加拿大要求引渡她，加拿大法院定于2018年12月7日就此事举行保释听证会。2018年12月11日，加拿大法院做出裁决，批准华为公司首席财务官孟晚舟的保释申请。9月25日晚，在党和人民亲切关怀和坚定支持下，孟晚舟在结束被加拿大方面近3年的非法拘押后，乘坐中国政府包机抵达深圳宝安国际机场，顺利回到祖国（链接：https://www.bilibili.com/video/av933206172）。这是中国的一次重大国家行动，是中国人民取得的一个重大胜利。

提问：当看到这条消息时，同学们有什么感受和想法？

评析：孟晚舟案在加拿大庭审过程中，反复出现荒谬事情！当年"银河号"被关闭GPS后漂泊三周，可是，现在的中国已经不是当时的中国了！近年来中国屡屡在国际上展现出中国包容大气的文化底蕴，大国风范；中国也在用实际行动践行着"构建人类命运共同体"的精神。

提问：那么如何破解当前的芯片难题呢？

总结：需要我们从基础做起，培养人才，大家都是其中一员，国家兴亡匹夫有责。学好数字电子技术打好基础，结合EDA软件，就可以快速发展。

自2022年10月以来，美国联合日本和荷兰，对中国半导体产业的制裁一再升级，在各种先进的制程设备、零部件以及材料三个方面都采取了严重的断供策略。这种打压无法阻止我国芯片技术的发展（图1）。

根据中国海关统计，2023年第一季度我国进口芯片同比2022年减少321

亿颗，对进口芯片需求量下跌23%，创下有史以来最高纪录。与此同时，2023年第一季度芯片进口额也大幅降低了，与2022年同期相比下降了26.7%，为286亿美元。按照这个发展趋势，2023年对进口芯片砍单很有可能超过2022年的970亿颗，突破千亿大关。

**图1　刚下线的晶圆**

2023年5月，中科院宣布已经攻克3nm光子芯片技术，将在年内开建第一条生产线。届时，中国将会成为世界上第一个大规模量产光子芯片的国家。中科院光子芯片技术的重大突破主要是在晶体管技术方面。

一、实验要求

（1）复习数据选择器的工作原理；
（2）用数据选择器完成任务。

二、实验目的

（1）掌握中规模集成数据选择器的逻辑功能及使用方法，能熟练识别检测数字芯片，能正确识别芯片引脚。
（2）学会用中规模集成数据选择器构成组合逻辑电路的方法，能熟练查找故障并排除。

三、实验原理

参考八选一数据选择器74LS151工作原理。

四、实验设备与器件

（1）数字试验箱；

（2）集成电路74LS151、74LS00（图2、图3）；
（3）导线若干。

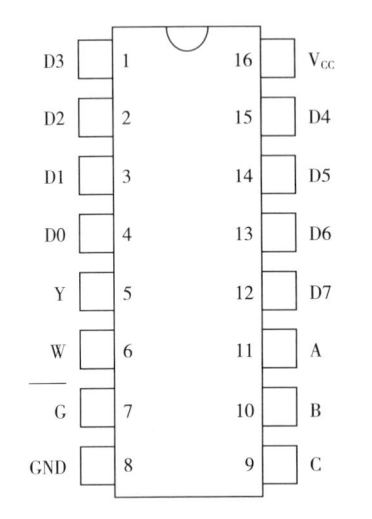

图2 74LS151管脚分布

图3 74LS00管脚分布

## 五、实验内容

任务1. 逻辑电路验证：验证74LS151功能表（表1）。

表1 74LS151功能表

| 使能端 | 输入数据 | 输入地址 | | | 输出 |
|---|---|---|---|---|---|
| $\overline{G}$ | D | C | B | A | Y |
| 1 | X | X | X | X | |
| 0 | $D_0$ | 0 | 0 | 0 | |
| 0 | $D_1$ | 0 | 0 | 1 | |
| 0 | $D_2$ | 0 | 1 | 0 | |
| 0 | $D_3$ | 0 | 1 | 1 | |
| 0 | $D_4$ | 1 | 0 | 0 | |
| 0 | $D_5$ | 1 | 0 | 1 | |
| 0 | $D_6$ | 1 | 1 | 0 | |
| 0 | $D_7$ | 1 | 1 | 1 | |

**【思政贯穿】**

安全意识，团队协作，专业技能培养。根据学生人数和实验设备数量，学生按照 3 人一组进行分组、分工。分别完成数字试验箱、耗材领取，并确认试验箱、耗材是否正常工作等；注意用电安全，人身安全至上，敬畏生命；注意设备安全，避免不必要的损耗；利用网络查找本次实验所需芯片的相关文档，以适应科技公司研发岗位的工作内容。

芯片制作需要高度洁净的空间，不能有瑕疵，品质第一才能成就其成为芯片。同样，我们连接的每一条线都要认真、正确，才能把实验做好。具备一定的责任感和使命感能把事情做得更好。

任务 2. 逻辑电路设计及实现：用 74LS151 设计一个三人表决电路，少数服从多数。

工匠精神、礼仪道德。通过实验操作，培养学生规范、细致、一丝不苟的工匠精神；领取及使用有限数量的工具时，要遵从顺序、谦让、共享的基本道德礼仪。

什么是工匠精神呢？工匠精神包括高超的技艺和精湛的技能，严谨细致、专注负责的工作态度，精雕细琢、精益求精的工作理念，以及对职业的认同感、责任感。思政教育的核心应落脚于学生人格的塑造，对生命价值的尊重。在工匠精神解读中，教师引导学生"专注、专业"，即使简单的接线也能体现出专业性，也就是在当代快速变化的社会，我们能否一辈子只研究专注于一件事情，比如专门研究数字电路设计，国家会大力支持。

任务 3. 逻辑电路设计及实现（选做题，基础较好或者完成前两个任务较快的学生可以选做）。

某设备有开关 A、B、C，要求：只有开关 A 接通的条件下，开关 B 才能接通；开关 C 只有在开关 B 接通的条件下才能接通。违反这一规程，则发出报警信号。设计一个由 74LS151 实现这一功能的电路。

六、实验报告

（1）写出设计的详细过程，画出接线图，并进行逻辑功能测试；

（2）总结实验收获、体会及数据选择器的特点，并说明地址变量对数据选择器有何作用；

（3）整理实验记录，并对结果进行分析。

通过实验总结，善始善终，培养学生规范、细致、一丝不苟的工匠精神。

七、课后6S

整理所用设备及耗材，物归原处，做好6S后离开教室。

培养学生规范、细致、一丝不苟的工匠精神；做好6S利己利人。

【总结反思】

把学生培养成大国工匠是我们职业院校教育教学的目标。实现这一目标，正是从现实学习生活和实践中一步一步积累起来的，从基础知识开始，不断地接受正面的爱国事例影响，不断地学习新知识、新方法和新技能；不断地接受规范化的管理理念和方法，最终成为爱国、爱岗、敬业、团结协作和技艺精湛的大国工匠。

# 高等教学：数列的极限

**教师信息：** 闫琳静、俞玫  **职称：** 副教授、讲师  **学历：** 硕士研究生
**研究方向：** 应用数学
**授课专业：** 20贯通药品、20贯通机电
**课程类别：** 理论课
**课程性质：** 公共基础课

## 第一部分 设计思路

一、本次设计的课程思政目标

本次设计的思政目标侧重于探索感性和理性结合的契合点，融学科教育和思政育人于一体。

（1）通过引导学生讲述数学家的故事（刘徽），达成两个契合：一是故事中的割圆术蕴含了最早的极限思想，体现了感性认识和理性思维的契合；二是刘徽持之以恒的研究精神成就了圆周率计算结果的世界领先地位，体现了中华优秀传统文化的传承与当今大国工匠振兴祖国的精神契合。

（2）通过给学生讲述北京冬奥会最美"冰雪花"的故事，引出数学上的"科赫雪花曲线"，将中国美学与数学美学融为一体，培养学生"懂中国，爱中国，为中国"的家国情怀。

（3）遵循学生学习成长的规律，以"全动式"任务分配及"合作式"任务探究模式激发学生的学习内动力，增强学习体验感和知识获得感，并提升合作学习能力。

二、课程思政教学设计内容

**1. 课前：课程思政引入**

分组任务提纲：①查阅资料，了解刘徽的"割圆术"，体会其中体现的数

学思想；②查阅资料，讲述刘徽的故事；③拓展阅读，了解我国古代数学著作《九章算术》。

分组任务要求：①以小组为单位提交作品，呈现方式可以是小论文、微视频、PPT等多种形式；②组长统筹，分工明确，并根据各自完成任务情况完成组内生生互评。

**2. 课中：课程思政贯穿授课过程**

在课中导入环节，对课前任务进行展示、分享和点评，充分体现学生的主体性，同时引导学生共同关注我国古代数学文化的闪光点，了解刘徽的"割圆术"在人类历史上所做出的贡献——首次将极限和无穷小分割引入数学证明，以及这其中蕴含的哲学原理：量变是事物发生变化的前提和准备条件，质变是事物变化的必然和结果。当事物的量变积累到一定的基础、达到事物变化的度时就一定发生质变。而数列的极限就是一种研究变量变化趋势的数学方法，极限思想则生动地诠释了马克思这一科学原理。

在课中理论探究环节，注重对"穷竭法"与"割圆术"所对应的数学模型的抽象和分析，从数学角度，用数学语言描述和刻画"数列的极限"这一基本概念，完成从现象到本质的升华。

在课中拓展应用环节，为学生讲述最美"冰雪花"的故事，诠释中国对于"和而不同，美美与共"的理解，展现中国文化自信。并发布项目学习任务单，引导学生对科赫雪花的面积数列及周长数列进行探究，用数学的方式证明科赫雪花面积有限，周长无限的结论，体会它与最美"冰雪花"内涵的完美契合。引导学生读懂中国精神，感触中国文化的博大精深，激发爱国情。

**3. 课末：课程思政总结反思**

本节课遵循以学生为主体的教育理念，学生的学习兴趣和学习主动性都明显增强。教学内容设计方面，注重优秀传统文化与时政热点案例的结合，注重中国精神与中国文化的融通。教学实施通过师生共同讲好"中国故事"展开，在进行学科教育的同时达成润物细无声的育人效果。

# 第二部分 案例描述

## 数列的极限

【思政导入】

一、课程引入

**1. 课前任务汇报展示**

（1）请同学们讲述刘徽与他的割圆术的故事。

（2）教师延伸解读：讲好中国故事，学习科学精神，研究科学理论，传承中华文化。

**2. 提出问题，引发思考**

体会割圆术与穷竭法中的极限思想，如何用数学语言进行刻画呢？

【思政贯穿】

二、探究新知

探究 1：透过割圆术，直观体会极限思想。

割圆术："割之弥细，所失弥少，割之又割，以至于不可割，则与圆周合体而无所失矣。"——刘徽

正六边形的面积 $A_1$；

正十二边形的面积 $A_2$；

……

正 $6 \times 2^{n-1}$ 形的面积 $A_n$；

$A_1, A_2, A_3, \cdots, A_n, \cdots \to S$。

见图 1。

探究 2：透过"穷竭法"的数学模型，把握"数列极限"的数学描述。

截杖问题："一尺之棰，日截其半，万世不竭"。

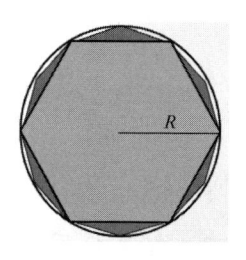

图 1 割圆术思想

第一天截下的杖长为 $X_1=\dfrac{1}{2}$；

第二天截下的杖长总和为 $X_2=\dfrac{1}{2}+\dfrac{1}{2^2}$；

……

第 $n$ 天截下的杖长总和为 $X_n=\dfrac{1}{2}+\dfrac{1}{2^2}+\cdots+\dfrac{1}{2^n}$；

$X_n=1-\dfrac{1}{2^n}\to 1$。

定义：数列的极限

对于数列 $\{x_n\}$，如果当 $n$ 无限增大时，数列的一般项 $x_n$ 无限地接近于某一确定的数值 $a$，则称常数 $a$ 是数列 $\{x_n\}$ 的极限，或称数列 $\{x_n\}$ 收敛于 $a$。记为

$$\lim_{n\to\infty}x_n=a$$

如果数列没有极限，就说数列是发散的。

根据定义，以上数列的极限记作 $\lim\limits_{n\to\infty}\left(1-\dfrac{1}{2^n}\right)=1$。

三、典例分析

判断下面数列是否有极限，如果有，写出它的极限。

$\left\{\dfrac{n}{n+1}\right\}$：$\dfrac{1}{2}$，$\dfrac{2}{3}$，$\dfrac{3}{4}$，…，$\dfrac{n}{n+1}$，…；

$\{2^n\}$：$2$，$4$，$8$，…，$2^n$，…；

$\left\{\dfrac{1}{2^n}\right\}$：$\dfrac{1}{2}$，$\dfrac{1}{4}$，$\dfrac{1}{8}$，…，$\dfrac{1}{2^n}$，…；

$\{(-1)^{n+1}\}$：$1$，$-1$，$1$，…，$(-1)^{n+1}$，…；

$\left\{\dfrac{n+(-1)^{n-1}}{n}\right\}$：$2$，$\dfrac{1}{2}$，$\dfrac{4}{3}$，…，$\dfrac{n+(-1)^{n-1}}{n}$，…。

解：$\lim\limits_{n\to\infty}\dfrac{n}{n+1}=1$，$\lim\limits_{n\to\infty}\dfrac{1}{2^n}=0$，$\lim\limits_{n\to\infty}\dfrac{n+(-1)^{n-1}}{n}=1$；

而 $\{2^n\}$，$\{(-1)^{n+1}\}$ 是发散的。

四、拓展应用

（1）教师为学生讲述北京冬奥会"最美"冰雪花的故事。

从雪花引导牌的中国结，到众多引导牌聚合而成的大雪花（图2、图3），北京冬奥会向世界传递出"和而不同，美美与共"的中国精神，更展示了中国审美和中国文化，愿中国式浪漫能深植在学生心里，在协同合作中共同进步，一起向未来！

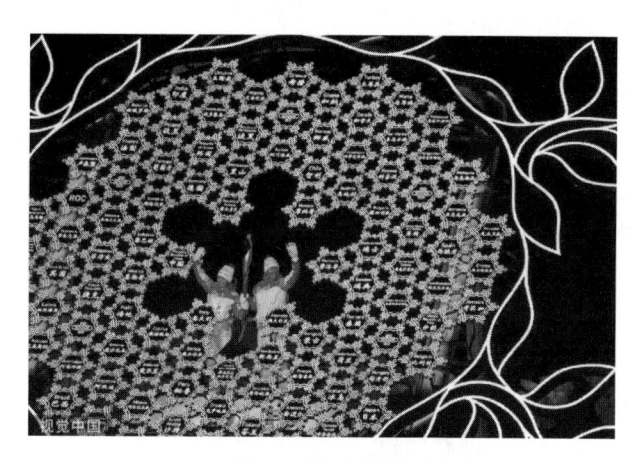

**图 2　火炬大雪花**

**图 3　中国结雪花**

（2）发布项目学习任务书，感受数学中的冰雪花"科赫曲线"之美。

## 五、项目任务：最美"冰雪花"

（1）在2022年北京冬奥会的开幕式中，贯穿始终的冰雪花令大家记忆深刻。请上网继续了解关于冰雪花的设计灵感，读懂它的中国意义。

（2）通过百度百科，了解科赫雪花，分步画出科赫雪花。①画一个边长为12cm的正三角 $K_0$；②将正三角形 $K_0$ 的各边三等分，以中间的一段为边，向形外接上去一个正三角形，得到一个六角星 $K_1$；③在上一步的凹多边形 $K_1$

中，将每边三等分，以中间的一段为边，向形外接上去一个更小的正三角形，得到凹多边形 $K_2$；④不断重复以上过程，产生一系列凹多边形，其中每一个凹多边形记为 $K_n$。

（3）从数的角度刻画科赫雪花的特征，寻找其迭代规律。①凹多边形 $K_n$ 的边数记为 $a_n$，边长为 $b_n$，周长为 $L_n$，将数据填入"信息收集表"；②求 $a_n$，$b_n$ 与 $L_n$ 的表达式；③记 $S_n$ 为凹多边形 $K_n$ 所围成图形的面积，将数据填入"信息收集表"；④求 $S_n$ 的表达式；⑤分析数列 $\{a_n\}$，$\{b_n\}$，$\{L_n\}$，$\{S_n\}$ 的性质。

（4）通过百度百科，了解分形几何的相关知识。

（5）寻找生活中的分形几何的实例及图片。

## 六、课后思考

布置思考题：查阅定点测速的原理，试说明它的准确度，理论上该如何获得精确的定点速度？引导学生深度理解极限的概念，并学以致用，同时为函数的极限及导数的概念做好铺垫。

**【总结反思】**

本节课将学生活动作为主要载体，学生的学习体验感大幅提升，思政育人有了新的高度。首先，从学生分享的资料中挖掘案例、直观分析、数学抽象，生成本节的主要概念——"数列的极限"，完整呈现了概念的认知过程。然后，小组合作进行拓展应用，将"中国美"和"数学美"融为一体，读懂中国精神，积蓄中国力量。整篇设计遵循学科教育和思政育人的自然衔接，以实现润物细无声的育人效果。

# 高等数学：曲线的凹凸性及拐点

教师信息：于雪梅　职称：讲师　学历：硕士研究生
研究方向：基础数学
授课专业：国际金融专业
课程类别：理论课
课程性质：公共基础课

## 第一部分　设计思路

**一、本次设计的课程思政目标**

进一步落实习近平总书记抓住青少年价值观形成和确定的关键时期，引导青少年扣好人生第一粒"扣子"的要求，侧重于价值观层面，注重学生社会主义核心价值观引领，主要内容包括：世界观、人生观和价值观教育；理想信念教育（中国梦）；中国精神教育（中华优秀传统文化与美德教育）；社会主义道德教育（社会公德、职业道德、家庭美德、个人品德）；真善美教育（科学精神、职业精神、工匠精神）。

**二、课程思政教学设计内容**

**1. 课前：课程思政引入**

（1）用数学读文学。北宋文学家苏轼的"横看成岭侧成峰，远近高低各不同。不识庐山真面目，只缘身在此山中"用数学语言翻译，数形结合后画出来的图形，就像庐山的山岭一样连绵起伏，极大值在山顶取得，极小值则出现在山谷，有增有减，凹凸不平。人生就像连绵不断的曲面，起起落落是必经之路，是成长的需要，跌入低谷不气馁，甘于平淡不放任，伫立高峰不张扬，这才叫宽阔胸襟。要学会用运动的观点看待问题，低谷与顶峰只是我们人生路上的一个转折点。

（2）用数学谋发展。引入冬奥会滑雪场地的设计，与曲线的凹凸弯曲问题相联系，观察图像特点的同时强调建设者在建造过程中精益求精，追求卓越的大国工匠精神，学习他们爱岗敬业的职业精神，精益求精的品质和创新精神；真善美教育的同时让学生感受到无论是国家发展、科技进步还是生活点滴无处不数学。

**2. 课中：课程思政贯穿授课过程**

要学会用运动的观点发展的眼光看待问题，低谷与顶峰只是我们人生路上的一个转折点。要认识事物的真相与全貌，必须超越狭小的范围，摆脱主观成见，更不能以一次成败论英雄。

在讲解曲线的拐点时引导学生认识到人生有低谷，只要努力找到拐点，就一定有得意时。一块山石，只有凹凸的纹理才显出它受过的磨砺沧桑，那上面的每一点的凹凸不平都是岁月风霜铭于其上的印痕。所以有凹凸的人生和有凹凸的山石一样，是最成熟完美的。

案例应用结合专业特点，分析凹凸性中蕴含的经济规律边际效用递减率，分析中美两国 GDP 曲线图，展示改革开放后社会主义建设新时期发展成果，梳理理想信念，为实现伟大的中国梦努力奋斗。

**3. 课末：课程思政总结反思**

利用曲线凹凸与拐点概念，对感兴趣的问题，如股票、气候、民生消费等，在互联网+大数据资源库中，查找相应的数据曲线，对发展态势进行简单的分析解读。培养通过分析真实数据与曲线，解读真实经济背景，善于处理数据、寻找规律，强调慎重对待工作中的数据，科学严谨，具有社会公德、职业道德。提高数学素养的同时，培养学生严谨的科学态度和精益求精的职业精神；追求自我成功的同时为国家经济发展、科技振兴创造价值。

# 第二部分　案例描述

## 曲线的凹凸性及拐点

**【思政导入】**

理想信念教育（中国梦），中国精神教育，真善美教育；具体体现在科学精神、工匠精神。

## 一、案例引入

**1. 探析文学作品中的数学元素**

北宋文学家苏轼的"横看成岭侧成峰,远近高低各不同。不识庐山真面目,只缘身在此山中",将高低起伏山峰轮廓抽象成平面数学曲线图像,曲线图像高低不同,数学语言如何形容描述?复习函数的单调性定义,体会数形结合,曲线图形之美,培养透过现象看本质的辩证思维能力,文学素养与数学素养并育(图1、图2)。

图 1 山峰平面图

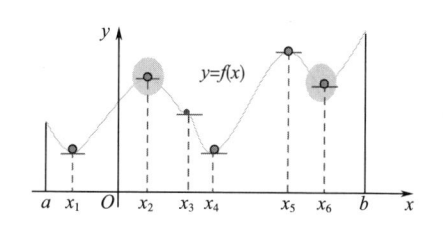

图 2 数学曲线图

**2. 北京冬奥会跳台滑雪场地图**

2022 年北京冬奥会跳台滑雪比赛在张家口赛区的国家跳台滑雪中心进行,跳台滑雪场地的建造显现我国大国工匠风采,如图 3 所示,跳台由助滑道、起跳区、着陆坡、停止区组成,分为标准台和大跳台。将数学曲线凹凸变化显现得淋漓尽致。体会冬奥会跳台滑雪场图形曲线中的数学美,引导归纳:曲线图中的数学知识,引出曲线凹凸特点。鼓励学生学习设计者、建设者在

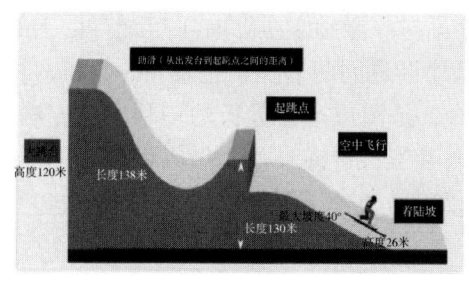

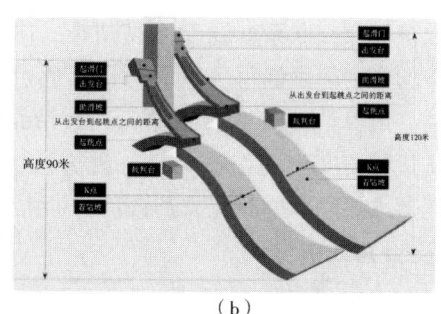

(a)                    (b)

图 3 北京冬奥会跳台滑雪场地图

建造过程中追求卓越的大国工匠精神，学习他们爱岗敬业的职业精神，精益求精的品质和创新精神和奥运精神。

**【思政贯穿】**

世界观、人生观和价值观教育。

## 二、曲线的凹凸定义

设函数 $f(x)$ 在区间 $(a, b)$ 内连续，则 $y=f(x)$ 在区间 $(a, b)$ 内的图形是一连续的曲线弧。①若此曲线弧总位于其任意一点处的切线上方，则称曲线 $y=f(x)$ 在区间 $(a, b)$ 内是（向下）凹的（或凹弧），称区间 $(a, b)$ 为凹区间；②若此曲线弧总位于其任意一点处的切线下方，则称曲线 $y=f(x)$ 在区间 $(a, b)$ 内是（向上）凸的（或凸弧），称区间 $(a, b)$ 为凸区间。

在讲解函数的凹凸定义时引导学生思考人生，一个人在成长过程中必然经历各种坎坷，凹凸不平的人生历程中要勇往直前，不能只看眼前，要用长远的目光看待问题，凹凸变换往往是局部问题，一次成败不能论英雄。

**【思政贯穿】**

真善美教育（科学精神）。

## 三、曲线凹凸的判定定理

设函数 $f(x)$ 在区间 $(a, b)$ 上连续，且具有二阶导数。

（1）如果在区间 $(a, b)$ 内，$f''(x)>0$，则曲线在区间 $(a, b)$ 内是凹的；

（2）如果在区间 $(a, b)$ 内，$f''(x)<0$，则曲线在区间 $(a, b)$ 内是凸的。

通过曲线凹凸特点引导学生观察切线斜率变化情况，和一阶导数二阶导数是否存在联系？题型由易到难，循序渐进，激励学生要有千里之行始于足下的态度，做好每一道练习题。通过循序渐进问题启发学生观察、分析、总结，培养学生归纳总结能力。数形结合，是图像观察分析的一种判断方法，从代数角度验证判断又是一种方法，数学学科严谨科学，做人做事也一样，在追求成功的同时保持严谨科学的求真态度，实事求是。

**【思政贯穿】**

人生观教育。

## 四、拐点的定义与判定

曲线凹凸的分界点称为曲线的拐点。判定时要根据 $f''(x)$ 在点 $x_0$ 的左右邻域是否异号来确定。

通过观察图像特点总结拐点的特点，感受严谨的数学逻辑思维。在讲解曲线拐点时引导学生认识到人生有低谷，只要努力找到拐点，就一定有得意时。在成长成才过程中要不畏艰难勇往直前。

**【思政贯穿】**

价值观教育，社会主义道德教育。

## 五、曲线的渐近线

曲线 $y=f(x)$ 上的一点沿着曲线趋于无穷远时，如果该点与某一直线的距离趋于零，则称此直线为曲线的渐近线。曲线的渐近线可分为水平渐近线、铅直渐近线和斜渐近线三种。

回顾极限思想，通过渐近线图像特点告诫学生注意生活中的警戒线，绝对不能触碰警戒线，要遵纪守法；在校学生要时刻遵守校规，严于律己。

**【思政贯穿】**

世界观教育，理想信念教育，社会主义道德教育。

## 六、综合应用

应用1：某款蛋糕的收益函数为 $R(p) = (-p)^3 + 3p^2 + 9p - 1$，$p>0$，试确定其凹凸区间并计算拐点；制作蛋糕的成本函数为 $C(q) = 2\,000 + 10q - 0.03q^2 + 0.000\,1q^3 > 0$，试确定成本函数的凹凸区间并计算拐点。

利用曲线凹凸与拐点的定义，结合专业特点解读某蛋糕房一年内某款面包销量曲线的凹凸及增速变化情况，揭示经济规律——边际效用递减率，引导数据时代曲线背后隐藏的规律，讨论如何用图形直观描述某经济指标。让学生充分体会到经济数据和曲线的背后是鲜活的事实，它关系到国家、企业、个人的兴衰利益，在工作过程中，处理数据，解读曲线一定要科学严谨，慎重对待。

应用2：，分析中美两国 2006—2020 年 GDP 曲线图（图4），2006—2011 年中国 GDP 曲线是凹的，对应的经济加速增长，我们把"中国制造"的标签贴满全世界，曲线显示我们"富起来了"；2011 年出现拐点；2011—2015 年曲线是凸的，对应的经济形式虽然 GDP 在增长但增长速度减缓。应对 2011 后增速减缓问题，2015年两会提出"大众创业，万众创新"，"中国制造"向"中国创造"转型，2015后中国GDP加速增长，我们向"强起来"目标迈进。学生分析美国GDP曲线2020年的极值点，疫情之下，美国经济出现负增长。中国由于疫情得到很好控制，经济没有出现负增长，体现中国制度的优越性。

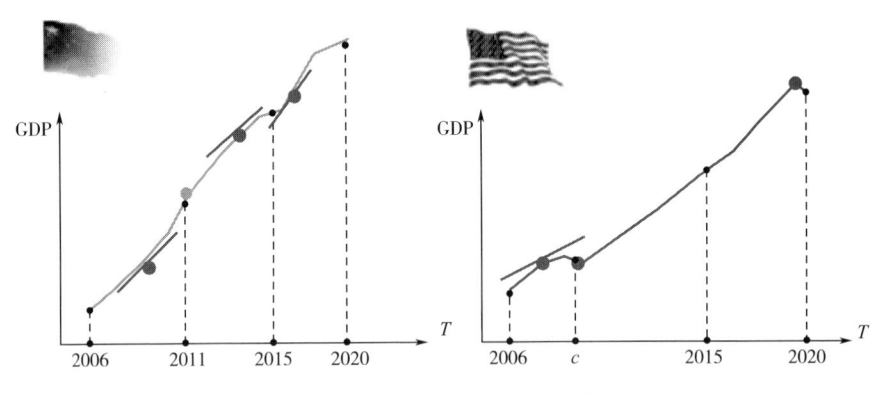

**图4　2006—2020中美两国GDP曲线图**

【总结反思】

凹凸曲线无处不在，无论是国家发展、科技进步还是生活点滴无处不数学。利用曲线凹凸与拐点解读数据，如专业应用中股票、经济、金融问题，对发展态势进行简单的分析解读。在应用过程中要精益求精、有担当有作为整体侧重于价值观层面，注重学生社会主义核心价值观引领，助力学生树立信心为实现中国梦努力奋斗。

# 应用文写作：入党文书写作

**教师信息**：李春竹　**职称**：讲师　**学历**：本科
**研究方向**：汉语言文学、发展与教育心理学
**授课专业**：高职各专业
**课程类别**：理论课
**课程性质**：公共基础课

## 第一部分　设计思路

### 一、本次设计的课程思政目标

入党，是高职学生理想信念、政治信仰发展成熟之路上的关键转折点，撰写入党文书，事关一个人的政治信仰和追求，是一件庄重、严肃的事情。入党文书写作，标志着申请人经过郑重思考，主动向党组织表明自己有入党的志愿和要求并接受党组织的培养和监督。同时，入党文书也是党组织了解申请人的政治信仰和追求，对申请人有针对性地进行教育和考察的有力依据，因此，除了恪守公文写作的格式要求外，入党文书的写作教学与其他公文写作教学有着根本的不同，即：始终将"引导学生认真学习党章，掌握党的基本知识，重点加深对党的性质、党的宗旨、党的奋斗目标和任务、党员的权利和义务的认识和理解"这一主线贯穿教学全过程；始终将"全面理解党章规定的党员标准，按照党员标准来衡量自己的言行，认真对照党员标准找出自己的差距，以庄重、朴实、真诚的语言，撰写入党文书"这一任务作为教学总目标，引导学生写好符合要求、情真意切又个性鲜明的政治信仰成长报告。

### 二、课程思政教学设计内容

**1. 课前：课程思政引入**

（1）情境引入，聚焦问题。请两名学生事前排演"微话剧"《谁动了我的入党申请书》并在课堂上表演。

（2）问题引入，引发思考。教师提出问题：现实生活中，想加入党团组织但不会写、不认真撰写申请书、一抄了之的现象并不少见。你身边有这样的情况吗？请大家说一说。

**2. 课中：课程思政贯穿授课过程**

（1）信息化手段贯穿，突破教学难点。采用观看相关微课视频、学习通线上平台互动讨论方式，突破"入党文书写作背后是信仰的呈现"这一教学难点。

（2）课堂活动贯穿，突破教学重点。通过课堂"微竞赛"，检验学生的入党文书格式、入党文书写作禁忌两大知识点的掌握情况。

**3. 课后：课程思政总结反思**

（1）反思。入党文书写作，对于高职学生来说，是他们政治信仰、社会主义核心价值观认知成长成熟的必经之路。他们中的不少人对于入党文书的写作，不是认知浅薄、照抄照搬，就是循规蹈矩、没有新意。这背后凸显的是有些学生入党动机不纯，入党态度不端正的客观现实。因此这堂课的教学，不仅要教会学生入党文书写作格式要求，更要让他们在精神上获得洗礼，让他们的政治信仰更加坚定、纯洁。对于教学者来说，这也是一场对政治立场和政治高度的检验，如何突破"说教""鸡汤"的刻板印象，让学生"真心喜爱、终身受益"，是最需要课前设计和课后反思的关键点。在本节的课后作业中，设计"微讨论"活动，通过学习通线上学习平台，与学生交流学习心得。

（2）思政效果。通过课程思政活动的设计和融入，活跃了课堂气氛，提高了学生的专注力、执行力，聚焦学生在入党文书写作中出现的实际问题，寓教于乐，让学生在微笑中升华信仰、在实操中掌握技能。

（3）成效。学生反馈，学完本课后，确实在入党文书写作方面有了显著提升。有一名20级军士生反馈，自己在呈交入党文书时从未被返工，而有一位还没有学习这门课的学生，一份入党申请书修改了十余遍还没有达到老师的要求。

# 第二部分　案例描述

## 入党文书写作

**【思政导入】**

同学们，进入高职院校，大家基本上都已年满18周岁。根据《中国共产党章程》的规定，年满18周岁的中华人民共和国公民有权利向党组织提出入党申请。在通常情况下，入党申请人均需采取书面形式，亲自向党组织提出申请、汇报思想。但是在这个过程中，却发生了这样的小插曲。请大家先观看我们班的×××同学等精心编排的微话剧。（情境导入，聚焦问题，教育学生信仰要庄重，更不能造假）

谁动了我的入党申请书（剧本）
第一幕　教室

A（从左侧上，吊儿郎当地）：谁有入党申请书？借我抄一份呗！

B（坐在座位上，无所谓地）：网上有现成的，范文多得是！那个谁，刚写完！你抄抄他的不就得了！老师还认真看啊！

A（得意地）：得嘞！懂了！

第二幕　辅导员办公室

辅导员：小A，你这入党申请书写得不错啊，可是我怎么觉得有点眼熟啊。

A（油滑地）：老师，看您说的，入党申请书这么大的事儿我哪敢不认真呢！字字都是我自己个儿写的！保真！

辅导员：不对吧？我看这里边错别字可不少啊！

A（毫不犹豫地）：那不能够！×××可是学霸！您要说他打游戏不行，错别字绝不可能有！啊不是，我不是这个意思……

辅导员（模仿A语气）：嘿，我看您那，还是踏踏实实回去重写吧！

现实生活中，想加入党团组织但不会写、不认真撰写申请书，一抄了之的现象并不少见。你身边有这样的情况吗？请大家说一说。（问题导入，引导学生探讨发生这类情况的深层次原因）

除去态度问题外，学生总结的写作技巧方面的原因有：①不清楚格式；②写不出新意；③不知如何将学到的党的理论与个人学习生活实际联系起来。结合这些问题，教学进程自然转入本节课教学的主体内容——入党文书写作指导。

【思政贯穿】

一、入党文书是格式严谨的公文

**1. 入党程序所涉及的主要文书**

（1）入党申请书。根据党章规定，入党者必须亲自向党组织提出申请。

申请可分为口头申请和书面申请两种形式。大学生申请入党应当由本人自愿提交书面申请。

（2）思想汇报。要求入党的同志为了使党组织更好地了解自己，接受党组织的教育和监督，要积极主动地向党组织汇报自己的思想、学习和工作情况。原则上，思想汇报每半年至少写一篇，主动上交；特殊情况，如学习党章、党的重要会议精神、党的方针政策等，可专题向党组织汇报自己的学习体会。

（3）入党志愿书。它记载了一名党员入党时的主要情况和党组织的审批过程，是党组织吸收一个同志入党所必须履行的手续，体现了党组织的严密性。所以，要求加入党组织的同志必须严肃认真地填写《入党志愿书》，要根据自己的思想认识及其演变过程，实事求是地把自己对党的认识、态度、入党动机、优缺点及入党后的决心等写清楚。

（4）转正申请书。它是指预备党员在经过一年的预备期后，向党组织提出转为正式党员的申请。主要写自己在预备党员期间的表现，思想政治觉悟是否有了提高，在工作和学习上有什么收获；在预备期间，是否以党员的标准严格要求自己；经过学习后党性是否加强，是否已经具备了一个党员的条件；在工作、学习中还有哪些缺点和弱点需要克服；自己对党组织的态度，要求转正的愿望，准备转正后继续接受组织考验的信心和决心等。

**2. 入党文书的格式**

参见图1。

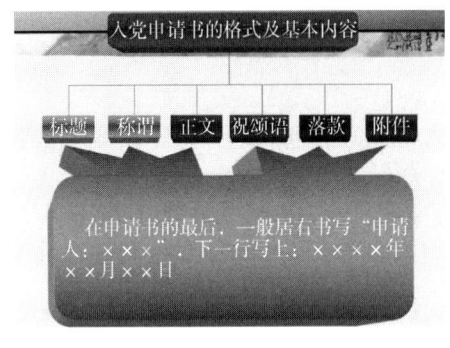

（a）入党申请书格式　　　　　　　　（b）思想汇报格式

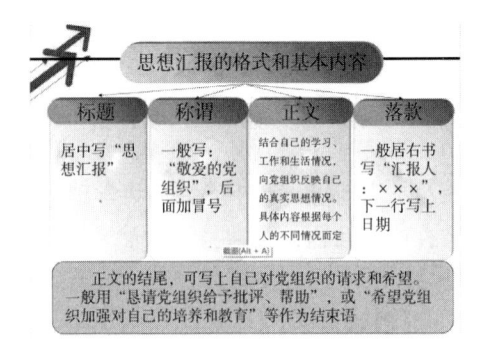

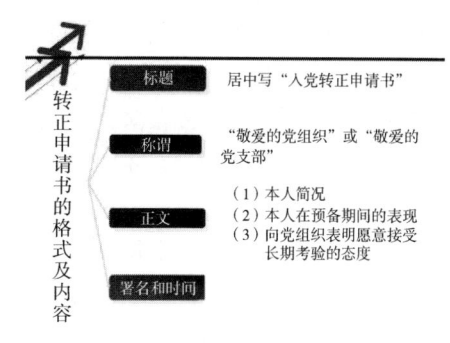

（c）入党志愿书格式　　　　　　　　（d）转正申请书格式

图1　入党文书格式

## 二、入党文书写作准备

**1. 信仰准备、态度准备和认识准备**

每一名企盼入党的同志都应该明确入党目的、端正入党动机，必须严肃思考入党是为了什么，入党以后要干什么。真正从思想上入党，成为这个光荣而又先进的集体当中的一员。下面我们观看两段视频（图2），并在学习通讨论区发表你的看法。

（a）王焯冉的6份入党申请书　　　　（b）习近平总书记的10份入党申请书

图2　入党申请书

（信息化手段贯穿，突破教学难点：采用观看相关微课视频、学习通线上平台互动讨论方式，突破"入党文书写作背后是信仰的呈现"这一教学难点）

**2. 学习材料和生活经历准备**

入党文书写作，要结合自己的学习、工作和生活情况，向党组织反映自己的真实思想情况。如果对党的基本知识、马克思主义的基本理论的学习有所收获，便可以通过思想汇报的形式，将学习体会、思想认识上新的提高及存在的认识不清的问题向党组织说明；如果对党的路线、方针、政策或一个时期的中心任务有什么看法，也可以在思想汇报中表明自己的态度，阐明自己的观点；如果参加了重要的活动或学习了某些重要文章，可以把自己受到的教育写给党组织；如果遇到国内外发生的重要政治事件，则要通过学习提高对事件本质的认识，旗帜鲜明地向党组织表明自己的立场；如果在自己的日常生活中遇到了个人利益同集体利益、国家利益产生矛盾的问题，可以把自己有哪些想法，如何对待和处理的情况向党组织汇报。为了使党组织对自己最近的思想情况有所了解，入党文书要把自己的思想状况，有了哪些进步，存在什么问题以及今后提高的打算写清楚，等等。

### 三、入党申请书的写作禁忌

**1. 忌学习浅薄**

要认真学习党章，掌握党的基本知识，重点加深对党的性质、党的宗旨、党的奋斗目标和任务、党员的权利和义务的认识和理解。

**2. 忌不诚实**

对党忠诚老实，向党组织反映真实情况，入党申请书应由申请入党的人自己撰写。

**3. 忌辞藻华丽**

申请书要写得庄重、朴实，不能夸夸其谈，对于正文部分的内容根据自己的实际情况撰写。

下面请同学们准备好，我们要进行一个课堂抢答竞赛。

（课堂活动贯穿，突破教学重点：通过课堂微竞赛，检验学生的入党文书格式、入党文书写作禁忌两大知识点的掌握情况）

【总结反思】

同学们，党的大门随时为忠诚于党的事业的优秀同志敞开着。党章规定了党的理想信念宗旨，总结了党的优良传统和作风，为党员确立了高标准。每个申请入党的同志都要全面理解党章规定的党员标准，按照党员标准衡量自己的言行，认真对照党员标准找出自己的差距。只要在思想上用党的标准严格要求自己，在本职工作中尽职尽责，持之以恒，做出成绩，就会逐步达到党章规定的标准，就能够早日加入党组织。党组织把入党积极分子的入党文书作为政治审查的重要内容，因此，那些照抄照搬，不用心撰写入党文书的同学要特别注意，政治审查不合格的申请人，绝不会被发展入党。

请同学们在课后完成学习通本节的任务点,并参与线上讨论:通过本节课的学习,你对入党文书的写作有了什么新的认识?请从态度、技巧两个方面发言,不少于100字。

(互动式总结:在本节的课后作业中,设计"微讨论"活动,通过学习通线上学习平台,与学生交流学习心得)

# 语文：庖丁解牛

**教师信息：** 武若克　　**职称：** 讲师　　**学历：** 硕士研究生
**研究方向：** 中国语言文学
**授课专业：** 贯通培养试验项目
**课程类别：** 理论课程
**课程性质：** 公共基础课

## 第一部分　设计思路

### 一、本次设计的课程思政目标

本次课侧重于将《庖丁解牛》与工匠精神相结合，进行价值观层面的积极引导。《中国制造 2025》指出，我国经济发展进入新常态，制造业发展面临新挑战。形成经济增长新动力，塑造国际竞争新优势，重点在制造业，难点在制造业，出路也在制造业。工匠精神的推崇，不仅有助于工匠自我价值的实现和回归，也是"中国制造 2025"实现的关键所在。

《庖丁解牛》出自《庄子·养生主》，讲述的是一名叫庖丁的屠夫，运用其优美、高超的技术，在文惠君面前游刃有余地宰牛的故事。这个故事蕴含着经过反复实践、掌握客观规律之后，做事便能够得心应手、运用自如的道理。故事所体现的古代工匠精神与新时代大国工匠精神一脉相承。本次课旨在通过学习《庖丁解牛》，帮助学生理解庖丁"解牛之道"的三层境界，了解庄子之道的内涵，分析庖丁身上蕴含的工匠精神，并培养学生勇于实践、不断创新、了解规律并运用规律的能力。鼓励学生无论是在如今的学习还是将来走上工作岗位之后，都要坚持不懈地追求高超的技艺和精湛的技能，建立严谨细致、专注负责的工作态度，逐渐形成精雕细琢、精益求精的工作理念。

## 二、课程思政教学设计内容

**1. 课前：课程思政引入**

本次课程的思政目标在于通过"庖丁解牛"的故事，帮助学生领会工匠精神的内涵。课前，教师发布自学任务书，上传央视《大国工匠》系列节目视频，并上传习近平总书记关于弘扬劳模精神和工匠精神的一系列重要论述。引导学生了解庖丁故事梗概，思考工匠精神的内涵是什么，初步了解新时代大国工匠应有的责任与使命担当。

**2. 课中：课程思政贯穿授课过程**

（1）走近庄子，了解中国优秀传统文化。庄子作为道家代表人物，其思想是中华优秀传统文化的重要组成部分。课程中采取游戏竞答方式，引入过往所学，在儒家与道家思想的对比中帮助学生感受中国优秀传统文化的底蕴与内涵。

（2）模拟采访、竞赛探究，理解庖丁的工匠品质。结合课前问卷调查及学习资源查看数据统计，学生对大国工匠事迹充满兴趣，但在学习文言文时往往缺乏兴趣。课程中先是采用模拟采访形式，学生按小组分成编导、记者、庖丁、文惠君、普通厨子等不同身份角色，模拟对庖丁进行新闻采访。在一问一答中引导学生理解庖丁身上存在的精于工、匠于心、品于行的精神。然后小组间采取知识竞赛方式，对庖丁的"解牛之道"展开深层次研讨，理解庖丁是如何领悟工匠之道的，明白这种追求是"道"与"技"的统一。结合近代中国著名记者邹韬奋的名言，引导学生将庖丁的"道"与自身学习实际联系起来进行思考。在采访与竞赛中，将人物形象分析、课文主旨解读与思政价值引导相融合。

（3）以古鉴今，感悟新时代工匠精神。习近平总书记指出，在长期实践中，我们培育形成了执着专注、精益求精、一丝不苟、追求卓越的工匠精神。这种工匠精神是以爱国主义为核心的民族精神和以改革创新为核心的时代精神的生动体现，是鼓舞全党全国各族人民风雨无阻、勇敢前进的强大精神动力。教学中，通过选取新时代大国工匠事迹，引导学生理解从古时庖丁到今日大国工匠一脉传承的工匠精神，理解为什么新时代要传承与发扬工匠精神。在此基础上进行微写作，让学生思考自己应如何做才能树大国匠心、做大国工匠，成为新时代的"庖丁"，从而达到以古鉴今的目的。帮助学生在学习课文的基础上，理解新时代工匠精神。

**3. 课末：课程思政总结反思**

本次课程注重发挥学生的主观能动性，将中国古代文学经典篇目《庖丁解牛》与工匠精神巧妙结合，借助任务驱动、合作探索、自主探究等方法，学生能够在小组合作、讨论竞答、采访对话等过程中充分得到表现机会；将工匠精神贯穿教学全过程进行引导，学生能够深刻理解庖丁身上具备的优秀工匠品质，了解道家"无为"与"游刃有余"的思想；结合党的十九大精神与新时代大国工匠典范案例等时事热点，学生围绕"工匠精神"展开思索探讨，能够在理解庖丁对"道"的追求的同时，充分感受新时代大国工匠所具备的爱岗敬业、精益求精、执着专注等优秀品质，理解中华民族从古至今延绵不断的工匠精神传统；在最后的微写作环节，学生普遍能够认识到，在未来的学习与生活中要积极进取、发光发热、志存高远、脚踏实地，将自我的青春与社会使命相融合，树匠心、铸匠魂，为成为未来的大国工匠而不懈努力。

# 第二部分 案例描述

## 庖丁解牛

【思政导入】

一、视听情境，激发学习兴趣

教师播放视频《大国工匠》，学生观看视频。

背景介绍：在当今时代，国家对于弘扬工匠精神、学习匠人品质非常重视，《大国重器》《大国工匠》《我在故宫修文物》等节目的播出更是引起人们对"工匠精神"的热议。倡导工匠精神、呼唤匠心归来，正在成为全社会的共识。

思考：视频中的大国工匠刘文在采访中说："这就像'庖丁解牛'一样，只有深入了解盾构机，才能掌控它。"那么"庖丁解牛"讲了什么故事？与工匠精神有什么共通之处？带着这些问题，让我们一起走进庄子的寓言世界。

中国自古以来就是一个工艺制造大国，早在春秋战国时期，我国的手工业就已经颇具规模，这些从业的工匠们被称为"百工"，他们共同创造了中国辉煌灿烂的工艺文化。到了今天，随着文明的进步，工匠的技艺也在不断更新发展。本环节选取大国工匠视频，帮助学生初步感受大国工匠风范，并将今天提倡的大国工匠精神与优秀传统文化中的经典篇章相联系，引导学生思考工匠精神的内涵，激发他们对《庖丁解牛》的学习兴趣。

【思政贯穿】

## 二、走近庄子，了解其生平和思想

**1. 庄子与道家思想**

教师出示庄子相关题目，学生以游戏抢答方式进行竞答。对庄子相关知识点进行复习回顾。

教师给出前期所学《论语》相关片段，学生小组讨论，思考儒家思想与道家思想有何区别。

**2.《养生主》**

这是战国时期哲学家、文学家庄周创作的一篇文章，载于《庄子·内篇》。这是一篇谈养生之道的文章。《庖丁解牛》即选于此篇。

习近平总书记指出："中华民族在几千年历史中创造和延续的中华优秀传统文化，是中华民族的根和魂。"传承中华优秀传统文化，坚定文化自信，任重而道远。本环节侧重于在儒家思想与道家思想的对比中帮助学生初步感受中国优秀传统文化的底蕴与内涵。引导学生理解道家的"无为"并非消极之道，而是"不妄为"，关心的是人处于乱世之中如何立身处世而自保。道家主张的是顺应规律的变化生活，由此引入下一环节思考，即人应当如何发现规律并妥善运用规律做事，从而将道家思想与工匠精神相联系。

## 三、合作分析，积累文言知识

**1. 初步阅读**

课前发布小组学习任务书，将课文分成不同部分布置给不同学习小组进行自学。学生以小组为单位，结合工具书进行自主学习，掌握字音词义，并将重要文言知识点总结上传学习通平台。

**2. 互评互议**

学生登录学习通平台，查看其他小组的知识点总结情况，做好自学笔记。并对其他小组的完成情况进行点赞互评。

**3. 课上展示**

课上，各小组分别对本组负责部分课文上台讲解分析。教师在每小组讲解完毕之后进行补充总结，对课文中出现的重点字音、字义以及其他文言知识点进行强调。

本环节重在鼓励学生自主探索，培养学生自主学习能力。课堂坚持以学生为主体，积极引导学生展开小组合作探究，在积累文言基础知识的同时，锻炼学生的语言表达能力，培养团队精神。

### 四、模拟采访，走近工匠庖丁

教师设置采访任务，学生结合导入环节观看的《大国工匠》采访视频，按小组分编导、记者、庖丁、文惠君、普通厨子等不同身份角色，模拟对庖丁进行新闻采访。教师给出采访问题单，各小组可在采访问题单基础上自行增添采访问题。

采访问题1：庖丁解牛的场面如何？

要点：动作——触、倚、履、踦；

声音——砉然向然，奏刀騞然。

采访问题2：庖丁解牛的场面野蛮血腥吗？

要点：莫不中音，合于《桑林》之舞，乃中《经首》之会。

采访问题3：文惠君看了庖丁的表演有什么感受呢？

要点：嘻，善哉！技盖至此乎？

采访问题4：普通厨子解牛是什么样子的？

要点：良庖岁更刀，割也；族庖月更刀，折也。

采访问题5：庖丁对自己的技艺是如何评价的？

要点：臣之所好者，道也，进乎技矣。

庖丁作为一名厨师，却把宰牛这件平凡的小事做得奇妙无穷，这正是工匠精神的体现。本环节注重引导学生初步感受庖丁身上的优秀工匠品质。通过新闻采访方式，引导学生在对话中深入理解庖丁具备的高超技巧与娴熟技艺，感受古代工匠对卓越的不懈追求，并为下一环节分析庖丁的"道"做好准备。本环节中模仿《大国工匠》采访视频进行访谈，进一步锻炼学生语言组织能力、表达能力与团队合作能力。

### 五、竞赛探究，明晰解牛之道

本环节采取小组竞赛形式展开，教师设置环环相扣的思考题，各小组在给定时间内进行思考讨论，并进行抢答发言，教师结合小组作答情况进行评价给分。抢答过程中，其他小组成员可对作答组进行质疑挑战。对于开放性思考问题，则各小组轮流作答，师生共同选出最佳作答组。

**1. 庖丁解牛的技艺经历了几个阶段的变化？**

要点：始臣之解牛，无非牛者（不懂规律）；

三年之后，未尝见全牛也（懂得规律）；

方今之时，以神遇不以目视（运用规律）。

**2. 庖丁是如何达到这一出神入化境界的？**

要点：

（1）始终追求规律，"臣之所好者道也"。不满足于普通厨子的技艺，不断追求更高的境界。

（2）长期的摸索，反复的实践，长期积累经验，了解牛的复杂结构。

（3）谨慎的态度，"每至于族，吾见其难为，怵然为戒，视为止，行为迟，动刀甚微"，从不骄傲大意。

**3. 庖丁总结出的解牛技巧有哪些？**

要点：

（1）以无厚入有间，恢恢乎其于游刃必有余地矣（找到矛盾的关键点）。

（2）怵然为戒，视为止，行为迟。动刀甚微，謋然已解（始终保持着认真和谨慎）。

**4. 解牛之道和"养生"之道有什么联系？**

要点：庄子把牛比喻成复杂的社会，尽管矛盾复杂，斗争激烈，但总有间隙可寻，只要像庖丁那样，"以无厚入有间"，顺应规律，那么人就能在社会中游刃有余了，精神和身体就不会受到伤害。

**5. 庖丁身上，你能看到哪些优秀工匠的品质？**

要点：专心致志、勇于创新、善于观察、勤于实践……

**6. 学生讨论**

近代中国著名记者邹韬奋曾说："天下决无一蹴即成之事，亦未有一学即能之业。"结合庖丁的解牛经验与你的学习体会，请谈谈对这句话的理解。

要点：自由发挥，能联系所学与自身实际谈感受即可。

本环节侧重于引导学生理解庖丁是如何练就工匠精神的。要培养工匠精神，首先要有坚定的目标信念，也就是对"道"的不懈追求。其次要心无旁骛，久久为功，数年如一日地打磨技艺，从而将"技"上升到"道"的层面。最后要善于观察并运用规律，这样才能做到"游刃有余"。在环环相扣的设问思考中，引导学生理解做事不可任意妄为，而应该通过反复实践，逐步掌握事物的内部规律，遵循客观规律去处理错综复杂的问题，这样才能逐步培养出工匠精神。

## 六、以古鉴今，感悟工匠精神

**1. 播放视频《什么是工匠精神》，介绍新时代工匠精神**

党的十九大报告提出"建设知识型、技能型、创新型劳动者大军，弘扬劳模精神和工匠精神，营造劳动光荣的社会风尚和精益求精的敬业风气"。一般认为，工匠精神包括高超的技艺和精湛的技能；严谨细致、专注负责的工作态度；精雕细琢、精益求精的工作理念，以及对职业的认同感、责任感。

**2. 思考讨论庖丁身上体现了哪些工匠精神？**

参考要点：
（1）专注：对"道"的不懈追求。
（2）创新：将"解牛"打造为艺术盛宴。
（3）精益求精：数年如一日的观察与实践。

**3. 引入当代大国工匠案例**

引入"发动机焊接第一人"高凤林、中国兵器工业集团首席焊工卢仁峰、人民币人像雕刻顶尖高手马荣等大国工匠案例（图1），引导学生思考：
（1）当代大国工匠与古代工匠庖丁有哪些共通之处？
（2）在工业化信息化时代，为什么要提倡工匠精神呢？

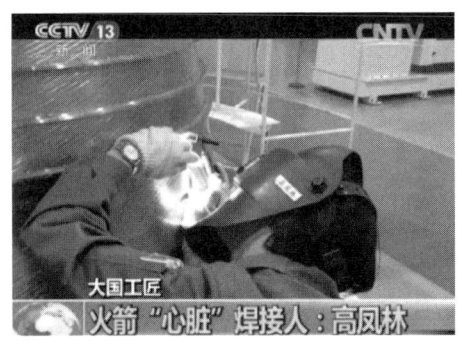

（a）高凤林采访视频　　　　　（b）卢仁峰采访视频

图1　当代大国工匠

要点：这些大国工匠能够匠心筑梦，凭的是传承和钻研，靠的是专注与磨砺。这种热爱本职、脚踏实地，勤勤恳恳、兢兢业业，尽职尽责、精益求精的精神，与庖丁的精神是一脉相承的。

我国正处在从工业大国向工业强国迈进的关键时期，培育和弘扬严谨认真、精益求精、追求完美的工匠精神，对于建设制造强国具有重要意义。而只有对新时代"工匠精神"的基本内涵形成共识，才能树大国匠心、做大国工匠，为推进中国制造的"品质革命"提供源源不断的动力。

**4. 微写作：如何才能成为新时代的"庖丁"**

学生结合学习感悟与生活体验，就如何成为新时代的"庖丁"，如何铸就一颗大国匠心谈理解与体会。写作完成后上传到学习通平台进行分享，师生共同点评。

本环节将庖丁解牛故事、大国工匠精神、杰出工匠案例与学生感悟分析融会贯通，进行工匠精神的升华引领。工匠精神的本质特征在于对本职工作的执着、专注与精益求精的态度和付出。弘扬工匠精神，是从中国制造到中国智造、中国创造的现实需要。为避免思政教育流于呆板说教，本环节结合古代优秀工匠庖丁的工匠品质，选取新时代大国工匠高凤林、卢仁峰、马荣等生动案例，引导学生在讨论中总结得出中华民族从古至今一脉相传的工匠精神，并结合自身学习生活实际，思考如何成为新时代的"庖丁"。

**【总结反思】**

本课程注重将中国古代文学经典篇目《庖丁解牛》与工匠精神巧妙结合，借助任务驱动、合作探索、自主探究等方法，充分发挥学生的主观能动性，深刻理解庖丁身上具备的优秀工匠品质，了解道家"无为"与"游刃有余"的思想。通过引入党的十九大精神、新时代大国工匠典范案例等时事热点，引导学生围绕"工匠精神"展开思索探讨。在理解庖丁对"道"的追求的同时，充分感受新时代大国工匠所具备的爱岗敬业、精益求精、执着专注等优秀品质，理解中华民族从古至今延绵不断的工匠精神传统。鼓励学生在未来的学习与生活中积极进取、发光发热，志存高远、脚踏实地，将自我的青春与社会使命相融合，树匠心、铸匠魂，为成为未来的大国工匠而不懈努力。

# 体育1：蹲踞式起跑及起跑后加速跑

**教师信息：** 董华丽　**职称：** 副教授　**学历：** 本科
**研究方向：** 学校体育
**授课专业：** 体育
**课程类别：** 理实一体
**课程性质：** 公共基础课

## 第一部分　设计思路

### 一、本次设计的课程思政目标

本次课目标是通过让学生回答"奥运三问"提出的问题，观看奥运版"错位时空"视频，向学生讲述中国人的体育梦想和参加奥运会的历程，让学生了解中国奥运第一人——刘长春参加奥运会的故事，到中国举办夏、冬两次奥运会，彰显出国家综合实力的不断增强，国家的强盛，民族的复兴，增强学生的爱国热情，民族自豪感。通过讲述中国田径运动员苏炳添在2020年夏季奥运会100米半决赛跑出9.83秒刷新亚洲纪录，创造黄种人首次闯入奥运会百米决赛的故事，培养学生不惧困难、迎难而上、永不放弃、为国争光的精神。

### 二、课程思政教学设计内容

**1. 课前：课程思政引入**

（1）提问："奥运三问"提出了中国人怎样的奥运梦想？双奥之城何以实现？从奥运梦想到夏、冬两次奥运会的成功举办让学生感受到国家的强盛和综合实力的增强。培养学生的民族自豪感和爱国主义情怀。

（2）队列队形练习，培养学生良好的组织纪律性，服从意识和集体意识。

**2. 课中：课程思政贯穿授课过程**

（1）通过慢跑、徒手操和专门性练习，加强对学生组织纪律性、合作意识和集体意识的培养。

（2）观看"错位时空"视频，向学生讲述中国奥运第一人——刘长春参加奥运会的曲折与艰辛，及中国奥运代表团参加 2020 年东京奥运会取得辉煌成绩背后的原因，让学生知道国家的强盛和国力的强大的重大意义，增强学生的民族自豪感和爱国热情。讲述中国田径运动员苏炳添参加东京奥运会在 100 米半决赛中，跑出 9.83 秒的成绩，成为第一个闯进奥运会男子百米决赛的亚洲人，创造了历史。通过苏炳添故事的讲述，让学生明白，成绩的取得需要不懈的坚持与努力，心怀梦想，永不放弃，才能实现梦想，帮助学生树立正确的人生观和价值观。

**3. 课末：课程思政总结反思**

学习奥运人为追逐梦想，敢于拼搏，永不言弃的体育精神；为国家的强盛感到无比自豪与荣耀，激发学生爱国情怀。

# 第二部分　案例描述

## 蹲踞式起跑及起跑后加速跑

【思政导入】

"奥运三问"提出了中国人怎样的奥运梦想？双奥之城何以实现？从奥运梦想到夏、冬两次奥运会的成功举办让学生感受到国家的强盛和综合实力的增强，培养学生的民族自豪感和爱国主义情怀。

一、开始部分

**1. 常规部分**

队形：全班成四列横队，如图 1。
（1）体委集合整队并报告人数；
（2）师生问好；
（3）宣布本课内容；
（4）检查服装并安排见习生。

图 1　准备队形

**2. 队列练习**
（1）原地三面转法；

（2）行进间齐步走与跑步。

**【思政贯穿】**

在教学过程中，慢跑、徒手操和专门性练习的环节，强化学生的组织纪律性、合作意识和集体意识。

## 二、准备部分

**1. 400 米慢跑**

队形：慢跑时全班成两路纵队。

组织：如图 2。

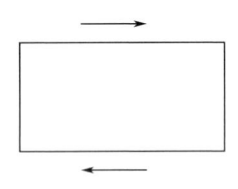

**图 2　慢跑组织**

学生：队列跑。

教师：跟随学生一起跑，并在跑步过程中对学生提出要求。

要求：步伐一致，队伍整齐，队列中保持安静。

思政元素：强化学生的组织纪律性和集体意识。

**2. 双人徒手操**

队形：全班成四列横队体操队形，如图 3。

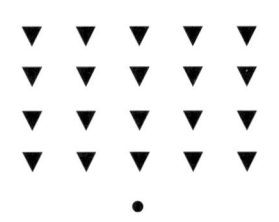

**图 3　徒手操队形**

第一节　上肢运动
第二节　体侧运动
第三节　体转运动
第四节　腹背运动

第五节　正侧压腿
第六节　膝部运动
第七节　踝腕运动

教师：带领学生做双人徒手操，并示范。
学生：在教师的带领两人一组做双人操。
要求：动作有力，双人配合，节奏感强。
思政元素：加强学生合作意识的培养。

**3. 专门性练习**

队形：全班成四列横队体操队形，如图4。
（1）高抬腿跑；
（2）后踢腿跑；
（3）交叉步跑；
（4）加速跑。

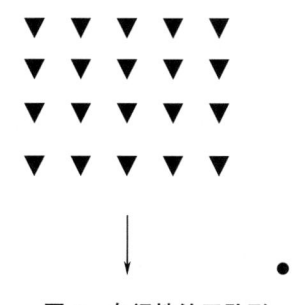

▼ ▼ ▼ ▼ ▼
▼ ▼ ▼ ▼ ▼
▼ ▼ ▼ ▼ ▼
▼ ▼ ▼ ▼ ▼
↓　　　●

**图4　专门性练习队形**

教师：讲解并示范练习内容。
学生：在教师的统一口令下做练习。
要求：动作到位，练习认真。
思政元素：培养学生一切行动听指挥的意识，加强自我意识的培养。

**【思政贯穿】**

观看"错位时空"视频，向学生讲述中国奥运第一人——刘长春，1932年参加奥运会的曲折与艰辛；中国田径运动员苏炳添参加2020夏季奥运会在100米半决赛中，跑出9.83秒的成绩，成为第一个闯进奥运会男子百米决赛的亚洲人，创造了历史。苏炳添能100米跑进9.83秒，充满了曲折和困难，他的身高只有1.72米，100米要比博尔特多跑7步，他只能付出比别人更多的努力才能站到和别人同一起跑线。通过苏炳添故事的讲述，让学生明白，成绩的取得需要不懈的坚持与努力，心怀梦想，永不放弃，才能实现梦想，帮助学生树立正确的人生观和价值观。通过今昔对比，让学生感受国家强盛、民族复兴的重要意义，增强学生的民族自豪感和爱国主义情怀。

### 三、基本部分

**1. 创设情景**

苏炳添由于身高的限制，他跑百米的步幅最多只能达到 2.16 米，相比身高 1.96 米，跑完 100 米需要 42 步的博尔特（百米世界纪录保持者），苏炳添则需要至少 47 步才能到达终点。假设给你一个苏炳添的跑百米的步幅，9.83 秒你能跑多远呢？

方法：将全班同学分成每两人一组，一组同学做原地快速奔跑，一组同学给队友记录步数，教师记时，最后让学生计算出在 9.83 秒的时间里自己能够跑多少米。

思政元素：让学生以体验的方式，感受优异成绩的取得来之不易，胸怀梦想、脚踏实地、不断超越自我才能梦想成真。

**2. 学习短跑**

学习蹲踞式起跑（图 5）技术及起跑后加速跑的技术。

"各就位"　　　　"预备"　　　　"鸣枪"

**图 5　蹲距式起跑及起跑后加速跑**

蹲踞式起跑阶段：

（1）"各就位"：屈体，支撑腿离起跑线一脚半的距离（普通式），后蹬腿跪地，两手成"八"字横向支撑于起跑线后沿，两手间的间隔稍比肩宽，见图 6（a）。

（2）"预备"：臀部抬起，稍高于肩，重心前移，肩稍压过于起跑线，集中注意听跑的信号，见图 6（b）。

（3）"跑"：后蹬腿有力后蹬后，两手迅速离地，积极摆臂，上下肢协调配合"疾跑",上体逐渐抬起,见图6(c)。

(a)　　　　　　(b)　　　　　　(c)

**图6　蹲踞式起跑阶段**

起跑后加速跑阶段:当后腿蹬离起跑器并结束前摆后,便积极下压着地。第一步的着地应尽量靠近身体重心投影点,脚着地后迅速转入后蹬。前腿在蹬离起跑器后,迅速屈膝向前摆动。起跑后的最初几步,两脚沿着两条相距不宽的直线前进,随着跑速的加快,两脚着地点逐渐合拢到假定的一直线两侧。加速跑的距离,一般约为25~30米。

教学重点:后蹬

教学难点:起跑和加速跑的连贯性

(1) 观看蹲踞式起跑图片;
(2) 介绍蹲踞式起跑的两种形式:拉长式和普通式;
(3) 教师讲解并示范普通式蹲踞式起跑技术;
(4) 教师提问:起跑的目的是什么?
(5) 请学生跟随教师一起练习。

学生:

(1) 认真观看图片,仔细听教师讲解;
(2) 回答教师提问;
(3) 带着问题,跟随教师一起练习蹲踞式起跑。

练习步骤:

(1) 教师讲解示范蹲踞式起跑技术,学生跟随教师做模仿练习;
(2) 听口令提示做模仿练习;
(3) 分组听口令做练习:各就位—预备—跑;
(4) 分组纠错练习;
(5) 小组展示。

## 四、结束部分

组织列队(图7)。

（1）集合整队；
（2）放松练习；
（3）小结本课。

▼▼▼▼▼▼
▼▼▼▼▼▼
▼▼▼▼▼▼
▼▼▼▼▼▼
●

图7　结束队形

教师：集合整队，小结本课。

学生：谈本节课感受。通过课上的学习，学生的收获是什么，自己在哪些方面还可以做得更好。

**【总结反思】**

鼓励和表扬在学习过程表现优秀的学生，让学生在平时的学习生活中，发扬中华体育精神，不怕困难，迎难而上，永不言弃，做一个有理想、有抱负的中国人；勉励学生从现在做起，脚踏实地，心怀梦想，做好人生的"起跑"，跑出自己精彩的"9.83秒"；让学生认识到国家繁荣富强的重要意义，激励学生为国家的强盛，不懈努力奋斗。

# 无纸动画：短片故事创作

**教师信息：** 窦巍　**职称：** 副教授　**学历：** 硕士研究生
**研究方向：** 数字艺术设计
**授课专业：** 数字媒体艺术设计
**课程类别：** 理实一体化课程
**课程性质：** 职业技术技能课

## 第一部分　设计思路

一、本次设计的课程思政目标

"无纸动画"课程是数字媒体艺术设计专业的专业必修课。该课程需要学生通过前期、中期、后期的短片创作过程熟悉动画流程，能够对短片作品进行解析与创造，最终以小组方式完成数字短片。课程培养目标是培养文化创意产业人才，要求学生树立正确的人生观、价值观、世界观。本次课程学习故事创作点的确立，分析优秀动画短片创作，并查找真实人物事件，了解史实和当代人文风貌，以史育人，以情动人。在潜移默化的状态下，通过真、善、美的熏陶，培养学生的责任担当意识，以国家命运发展为己任的爱国情操，达到思想道德教育的目的。

二、课程思政教学设计内容

**1. 课前：课程思政引入**

通过《向前冲》短片截图，让学生感受短片创作的题材、故事发生时间段、角色描述、可能出现的创作点，设想短片中的故事和进程，选取短片创作素材。通过不同时代先辈事迹，折射出中国近现代的发展。自古以来，"风萧萧兮，易水寒；壮士一去兮，不复返"是对英雄的解读，而历史发展到今天，英雄的概念更加广阔，大部分英雄人物在突发事件前都是人群中的普通一员。通过查找事迹，了解英雄，宣传英雄。

**2. 课中：课程思政贯穿授课过程**

通过具体案例《向前冲》短片模拟动画短片前期创作，学习短片创作点的确立、优秀短片涵盖的创作要素等知识，使学生能够进行创作素材的整理和选取，实现对故事再创作，为短片创作做准备。根据课堂短片还原，对比自己创作和原片对英雄的展现，体会"英雄"这个沉甸甸的词。在讲述故事的过程中，梳理创作故事主线，塑造角色形象，形成短片作品，去感染更多人。通过观看完整短片，实施艺术审美教育，在创作中尊重英雄、纪念英雄、学习英雄。

**3. 课后：课程思政总结反思**

把学习无纸动画课程变成对学生进行爱国主义及创新教育的一个窗口。教导学生尊重历史，重视深植于人民群众之间的勇于牺牲奉献的高贵品质。同时，激发学生的民族自豪感和自信心，以此教育学生要珍惜目前的好时光，努力成为准职业人。

# 第二部分　案例描述

## 短片故事创作

【思政导入】

短片创作英雄事迹，是因为"英雄"在危险面前冲得上，国家危亡关键时刻顶得住。英雄都从普通人中诞生，在生死关头，他们往往首先想到的是人民群众的生命财产安全，英雄们的壮举体现的是对国家和对人民的无限热爱。这些无私忘我，不辞艰险，不怕牺牲，为人民大众的利益而英勇奋斗的人令人敬佩。

一、情境导入

展示浙江树人大学乔晖老师动画短片作品《向前冲》部分截图（图1）。

提问（1）通过画面感受短片创作的题材、故事发生时间段、角色描述、可能出现的创作点。

评析：通过讨论，培养学生语言表达能力和创新意识。分析故事发生时间、地点、人物、事件。黑白的版画风格，画面色彩处理具有历史感，红色对于我们国家有着特殊的意义，即代表了欢庆喜气的色彩，又是先辈牺牲的鲜血染红的颜色。雨雪的出现往往是烘托情绪氛围的表现方式，或表现环境艰苦，或预示人物内心情绪。路上汽车很少，黄包车是交通工具，行人的衣着有长袍马褂和西装短打，这都有着特定的历史时期和环境。天空乌云压境，气氛压抑。通过截图的分析和感悟，对之后短片还原训练打开思路。

**图1　《向前冲》截图**

提问（2）设想这两幅图在短片的什么位置，根据这几幅图猜想这是关于什么故事（图2）。

**图2　《向前冲》截图**

评析：在创作短片时，取材要注意前后呼应。所有故事发展围绕设定好的主线展开，通过创作短片镜头让观众了解所创作的角色，角色选取真实小人物身上的闪光点进行艺术加工，比编造的故事强得多。在情节创作时，一定要惩恶扬善，用短片去唤醒观众心中的"真、善、美"，树立正确价值观。

思政元素：在创作中故事的发生发展有偶然性和必然性，我们在生活中不缺乏普通人在困境中战胜困境，转头再帮助别人的事迹。中华文明传承至今，是千千万万的普通人用自己的肩膀扛起了责任，普通人中蕴藏着无数英雄。我们自己关键时刻也能成为英雄，这是我们国家发展和遇到困难时的底气。

## 二、任务分析

展示短片《向前冲》的创作清单，分析画面内容。

**1. 创作清单**

（1）角色特征描述，见图3。

图3　角色特征截图

（2）故事的地点，见图4。

图4　故事的地点截图

(3) 在什么情境发生,见图 5。

**图 5　情境截图**

(4) 有什么样的戏剧冲突,见图 6。

**图 6　戏剧冲突截图**

(5) 产生冲突的原因,见图 7。

**图 7　冲突原因截图**

(6) 贯穿主线,见图 8。

分析:观察短片截图画面,注意故事编写创作细节。在自己创作故事时,也要注意给观众传达的细节信息,所有的情感、情节、节奏都是通过故事走

219

向和展示画面传达出来的，一定不要偏离主线创作。

图 8 贯穿主线截图

**2. 确立创作点**

（1）角色：群像背影。
（2）地点：七七事变、抗美援朝、入党宣誓、钢铁洪流。
（3）情境：抗争奋斗。
（4）冲突：向前冲。
（5）原因：国家危难、人民危险。
（6）贯穿线：角色奔跑背影。

创作要来源于生活，我们了解了主题和创作点后，可贴合时代特色选取创作素材。《向前冲》是个群像的短片，关于各时代英雄的故事，短片创作点不好取舍，需要研究相关情节进行选取。故事构成具有一定的时间跨度，需要简洁有力的镜头进行描述，选材要精，每个画面都要明确目的，体现时代的发展和国家的进步。不同时代的事迹有所不同，深入了解的过程往往能刷新原有的认知，学会把已知素材进行共享和串联。

思政元素：分析背后故事的同时，体现民族特点和独特文化的精神内涵。以此教育学生要珍惜前辈开创的美好局面，树立起远大的理想和正确的世界观、人生观、价值观。通过认真学习，掌握专业的技术技能，在国家危难、同胞危险时贡献自己的力量。"国家兴亡，匹夫有责"，我们自己要成为建设者和接班人。

【思政贯穿】

三、任务实施

**1. 通过给定故事，模拟短片前期创作**

学生课上进行实践活动，成立小组，以企业执行的行业标准为依据，进行创作剧本训练。分小组完成短片故事——《向前冲》的还原训练,应用故事已知创作点,并完成故事框架设计。

(1) 创作设计要求:①讨论时间为 20 分钟。②每组 5 人,抽签组合。③低声讨论,注意创意保密。④每组选派一人讲述符合创作清单的故事结构,讲述之前要有角色描述,时间不超过 5 分钟。

(2) 任务流程:①学生抽签分组,组内讨论,限时剧本创作。对给定画面元素,需要体现在故事中。②教师巡视学生实际创作过程,对常见错误加以纠正,相关问题进行解答。③每组汇报。对讨论点进行分析,每组派代表汇报创作清单,阐述初步角度。

回顾短片创作点,讲解故事创作要求。告诉学生第一灵感永远是不好的,故事创作阶段规则——永远要说"不",要勇于创新。注意创作时间,在规定时间内合理否定创意,还是继续创意。小组合力应用创作点头脑风暴,利用镜头、动作等元素构建另外一个世界,可以打破规则,但要有合理性,并在时代道具、背景环境、形象构思、色彩暗示等某一方面取得统一。我们要做有诚意的故事!用"心"做动画!

思政元素:小组创作要分工明确,合理利用时间,感受合作的重要性。作为创作者要为作品负责,故事要有真情实意,要打动人。要有社会责任感和历史责任感,能讲故事,讲好故事!

**2. 鉴赏动画短片,分析故事构成**

观看完整动画片,组织讨论短片优秀元素。通过播放动画短片《向前冲》,帮助学生了解短片的创作背景和艺术特点,讲述短片创作的故事选取与角色创作方式有哪些代表性镜头。

(1) 分析故事构成,见表 1。

表 1 故事构成

| 情节顺序 | 短片创作点 | 场景 | 贯穿线 |
| --- | --- | --- | --- |
| 开篇 | 讲故事 | 奔跑背影 | 人物奔跑 |
| 逃亡 | 卢沟桥事变 | 轰炸机、卢沟桥、战争场面、逃亡背影 | 人物逃命奔跑 |
| 站起来 | 朝鲜战争 | 鸭绿江、雪地伏击 | 人物冲锋奔跑 |
| 向前冲 | 奔跑、入党誓词 | 入党仪式 | 人物冲锋奔跑 |
| 结尾 | 飞机舰艇编队 | 战斗机飞行员敬礼 | 飞机、舰艇 |

(2) 短片优秀元素:①旁白叙述方式(主人公旁白、解说旁白);②分

章节描述（情节强行分段）；③故事节奏剪辑（素材不是越多越好，注意取舍）；④主线贯穿（合情合理）；⑤各故事点衔接（反复出现贯穿线）；⑥色彩运用（黑白为主的短片色彩强调作用）；⑦结尾升华（情节铺设、画面镜头调动、人物表情、音乐）；⑧彩蛋回味（情节的延续，补偿观众情感）；⑨声画配合（音乐、音效前置，慢入慢出）。

以《向前冲》故事为例，分析创作过程，研究短片创作点的构成方式。通过模拟短片前期创作练习，找到创作差距，为自己原创短片素材选取和故事结构创作打下基础。角色动作要有特点，与故事紧紧相扣，在故事发展过程中，可由动作体现情绪变化，影响故事发展。通过色彩和旁白让观众产生联想，达到心理暗示作用。

思政元素：通过解读和创作，讲述不畏艰险，救死扶伤，为人民谋幸福的普通人的事迹，让当今社会更多的先进事迹传播出去，激发学生的爱国情怀。培养学生以国家发展为己任的爱国情操。鼓励学生成为有独特胆识，敢于坚持理想或真理，并自强不息，努力奋斗的人。

四、任务引申

进行自创短片创作素材选择，查找国家建立和发展时期有突出贡献的典型人物和事件。在短片创作中从中国独特的历史文化出发，学习借鉴短片的创作思路和风格，从故事中寻找灵感，探索动画短片创作的新思路。

（1）根据定位确定你要写作的故事点（包括趣味性）。
（2）确立线性与非线性的叙事方式。
（3）确立短片风格（图片形式或手绘场景）。
（4）查找符合短片风格的角色服饰、场景环境、时代背景。
（5）源于现实，高于现实，素材提炼总结。

思政元素：在危难时刻，总会有人挺身而立，这些迎难而上的人都是我们身边的普通人。我们创作作品宣传他们的事迹，往往忘记他们是和我们一样的普通人，只不过在危难时的选择更加高尚，展现出中华儿女的坚定信念与责任感。通过真实人物的事件，以史育人，以情动人，在潜移默化的状态下通过真、善、美的熏陶，培养学生的责任担当意识，将传统美德和社会主义核心价值观融合在一起。

【总结反思】

小组创作中最容易出现的问题：素材过多无法取舍，短片无重点；故事构成空洞，表现欲大于内涵；角色设定抄袭，无原创元素；好高骛远，不考虑实际能力；团队分工不明，任务不平均；组织者能力不足，团队人心涣散；对自己没有信心，应付作业草草收场。

　　本次课通过短片故事创作平凡人的不平凡故事，用普通人的故事呈现出动人事迹。一个好作品的诞生要小组所有人的努力，工作中的配合和协商尤为重要。在工作中正确定位自己，努力配合伙伴，是每个要走入职场的学生的必修课。正确认识个人与集体的关系，通过反思体会案例中体现出来的文化内涵和专业精神。

# 游戏概念设计：中国风建筑单体设计与绘制

**教师信息：** 王睿　**职称：** 讲师　**学历：** 本科
**研究方向：** 动画、游戏美术
**授课专业：** 游戏艺术设计
**课程类别：** 理实一体化课程
**课程性质：** 职业技术技能课程

## 第一部分　设计思路

一、本次设计的课程思政目标

本次课是中国风建筑单体设计与绘制，课程目标是掌握中国古建基本结构的绘制，感受中国古建之美，了解国风单体建筑设计的思路，掌握国风建筑单体设计课后扩展学习和积累的方法，完成国风游戏单体建筑绘制。重点是中国古建的结构，国风单体建筑设计的思路。难点是准确地表现国风游戏单体建筑的透视结构，设计合理、美观。思政目标是注重学生世界观、人生观和价值观教育，中国精神教育，将中华优秀传统文化与美德教育、创新教育、艺术审美、职业精神、工匠精神融入课程，让学生通过赏析国风游戏场景单体建筑的优秀作品，了解国风游戏的兴起和发展，学习古代建筑的基本结构，感受中国古建之美以及设计建造者的工匠精神，对中国古建的博大精深产生敬畏感和自豪感。通过学习国风游戏设计思路方法，建立学生的设计理念，通过介绍学习理论、实践及拓展的路径，建立学生自主学习、终身学习的理念。同时认识到游戏对中国文化传播的国际影响力，建立文化自信，建立传承和发扬中国传统文化的社会责任感，达到热爱祖国、热爱中国传统文化、热爱自己专业的效果。

二、课程思政教学设计内容

**1. 课前：课程思政引入**

通过引入优秀国风游戏场景设计案例，介绍国风游戏的兴起和发展，引发学生对本课程的兴趣和设计绘画的冲动。通过案例游戏用户量数据，认识到国风游戏对内在文化传播的影响力，游戏对外输出也承载着文化输出的功能，建立传承和发扬中国传统文化的社会责任感，这也是职业道德的体现。

设计和绘制国风游戏场景，首先要了解中国古代建筑基本结构以及美学思想，通过对典型古建图片的展示，让学生对中国古建产生兴趣，从内心提升民族自信和民族自豪感。同时渗透国风游戏场景设计的逻辑。

**2. 课中：课程思政贯穿授课过程**

通过学习中国古风游戏场景设计制作的路径，从场景设计角度了解中国传统文化，了解场景设计中涉及中国古建的内容，建立框架，激发对古建学习和研究的兴趣。

通过学习中国古建的基本结构，让学生感受到建筑结构中体现了中国能工巧匠的智慧和美学思想，激发学生对能工巧匠产生崇敬，懂得对专业学习要有严谨的工作态度。

通过讲解设计方法、训练方法、设计过程，在实训项目中，将工匠精神融入设计实践中。

**3. 课末：课程思政总结反思**

要求学生课后反思，根据中国古风建筑的学习训练和拓展的路径，课后有意识地积累设计素材并分类整理（如标志性建筑、民居、牌坊等），不断深入研究中国建筑及工艺、不同时代的特征，以及如何在设计项目中应用，把专业做精，培养工匠精神，以及爱国爱岗品质。

# 第二部分　案例描述

## 中国风建筑单体设计与绘制

【思政导入】

一、优秀国风游戏作品欣赏

推荐两款公认的优秀国风游戏作品《逆水寒》和《剑网3》，展示场景设计图（图1、图2），引发学生对本课程的兴趣和设计绘画的冲动。

图 1　《逆水寒》——汴京

图 2　《剑网 3》——长歌门

**1.《逆水寒》游戏场景**

《逆水寒》中最具代表性的场景要数玩家在游戏初期接触到的汴京与杭州。作品采用真实的人物与建筑比例，还原了当时北宋时期的风土人情。对比其他北宋题材游戏展示的"大而空"场景，添加了大量场景摆件和 NPC 数量的《逆水寒》显得非常热闹，很有"人气"。尤其值得称赞的是《逆水寒》场景中摆放的桌椅之类的道具，大部分都是可以互动的，从中可以看出项目组在游戏制作上面的用心。

**2.《剑网 3》**

长歌门在游戏中坐落于现浙江杭州淳安县，是文人雅士的汇聚之地，而李白就是长歌门的 NPC 之一，千岛湖也因此成为玩家们的打卡之地，带动了文旅行业。长歌门仿佛是一个水上城市，弟子均是文武双全的才子，长歌门的感觉更像是一步一景的园林，精致却不俗气，优雅却不做作。

通过展示用户量数据（《剑网 3》游戏用户 387 万，见图 3），让学生认识到中国古风游戏对国内外文化传播的影响力，建立传承和发扬中国传统文化的社会责任感，这也是职业道德的体现。

**图 3　《剑网 3》游戏用户 387 万**

## 二、国风游戏的兴起和发展

国风游戏的兴起与国学复兴热潮或许有着一定的联系。

1990 年出现的以《轩辕剑》系列和《仙剑》系列为代表的一些单机游戏其实可以说是最早的国风游戏典型之作，产生过巨大的影响。随着国产单机游戏后来的衰落，端游开始兴起。

2010 年很多端游都号称自己是国风游戏，但大多数游戏都是多种文化的混搭，本质上只不过是让人物穿上中国古代服饰，然后做一些中国古代建筑的场景，似乎这样就是国风了。这些游戏中那些中国古代服饰都是仿古的设计而非真正的复古，甚至很多都是在仿古的基础上加入了一些现代化的花花绿绿装饰物，显得不伦不类；中国风格的场景也往往只有其形而不得其神，给人的感觉就是假山假水假世界。这也极大程度地败坏了国风游戏的名声，使得过去很长一段时间里面，一些玩家看到国风二字就嗤之以鼻。

在这股混乱潮流中，也有一些游戏作品突围而出，真正地打造了纯正的国风，这其中最值得一提的就是 2012 年出现的那款赫赫有名的国风端游《九阴真经》，该作影响非常深远，真正将轻功、内功以及各种门派特色展现在一个中式江湖世界中，没有混入西式的那些不伦不类的元素。除此之外，《天下 2》《天下 3》以及后来出现的《剑网 3》《天涯明月刀》《逆水寒》《古剑奇谭 OL》，都可以说是国风端游的精品之作，将国风的特色和神韵都发挥到了极致。正是因为这些精品端游的出现，才使得国风游戏被得以正名。

《黑神话：悟空》和《燕云十六声》2023年即将发售，最显著的一个共同点是，就国风游戏而言，这两个作品不约而同地在文化和历史的厚重感的层面进行了更加深入的探索。

《黑神话：悟空》（图4）为了力求表现历史和文化的那种厚重感，制作公司规避了早期演示视频中一些建筑出现的以倭代华的情况，到全国多个著名寺庙进行实地的细致扫描，力求在游戏中呈现最为纯正的中国传统元素。以该作发布的演示视频看，出现的建筑原型和石刻造像来源于天津蓟州区独乐寺、山西晋城玉皇庙、山西朔州崇福寺、重庆大足石刻、山西隰县小西天等著名古迹。

**图4　《黑神话：悟空》**

《燕云十六声》（图5）在动作系统设计上颇有新意，在最近的首发演示视频中，出现了中国武侠独有的点穴功夫，还有用狮吼功喝退黑熊，以及刀、剑、枪、弓等各种武林绝学，以及轻功，甚至还有隔空取物的功夫，游戏最后成品非常令人期待。

这两款游戏的执着和探索让我们看到了一种勇气和魄力，开发者想要去做一些不一样的东西，希望让中国游戏更加具有国际影响力，让中国文化更好地被世人熟知和了解。

三、国风游戏场景设计的逻辑

设计和绘制国风游戏场景，首先要了解中国古代建筑结构以及美学思想（如"天人合一"）。中国建筑艺术源远流长，不同地域其建筑艺术风格等各有差异，但其传统建筑的组群布局、空间、结构、建筑材料及装饰艺术等方面有着共同的特点，主要有宫殿、坛庙、寺观、佛塔、民居和园林建筑等。展示一些在游戏关卡常见的建筑形式，如城门、牌坊、亭子等，同时结合现实中的相应建筑，让学生对中国古建产生兴趣，从内心提升民族自信和民族自豪感。

同时这些作品渗透国风游戏场景设计的逻辑，写实风格的场景设计的目的是创造真实的世界，让玩家产生身临其境的幻觉，因此设计重点要符合人们对现实的认知，似曾相识但又有设计。运用八二原则（80%源于真实建筑，20%源于设计），创造可信的、合理的中国风场景。

图5　《燕云十六声》

【思政贯穿】

四、中国古风游戏场景设计制作的学习路径

**1. 素材储备**

（1）从时间维度入手：不同时代建筑的特点、图片素材。

（2）从代表性建筑入手：城门、宫殿、牌坊、亭子、民居等（体现不同的地域特色）。

（3）细节处理：门、窗、柱子、雕花、不同的木质工艺等。

思政点：从场景设计角度了解中国传统文化，了解场景设计中涉及中国古建的内容，建立框架，激发对古建学习的兴趣。

**2. 古建基本结构**

了解基本常见结构和名称，避免绘制中出现常识性错误。

思政点：激发学生对能工巧匠产生崇敬，对专业学习要有严谨的工作态度。

**3. 绘制训练方法**

包括设计方法、训练方法、设计过程。

思政点：将工匠精神融入设计实践。

## 五、建筑结构解析（重点）

建筑结构中体现了中国能工巧匠的智慧和美学思想，让学生对这些能工巧匠产生崇敬感，通过学习古建结构，了解绘制时应注意的问题，懂得要有严谨的专业态度。

**1. 屋顶的结构**

（1）顶的种类，见图6。

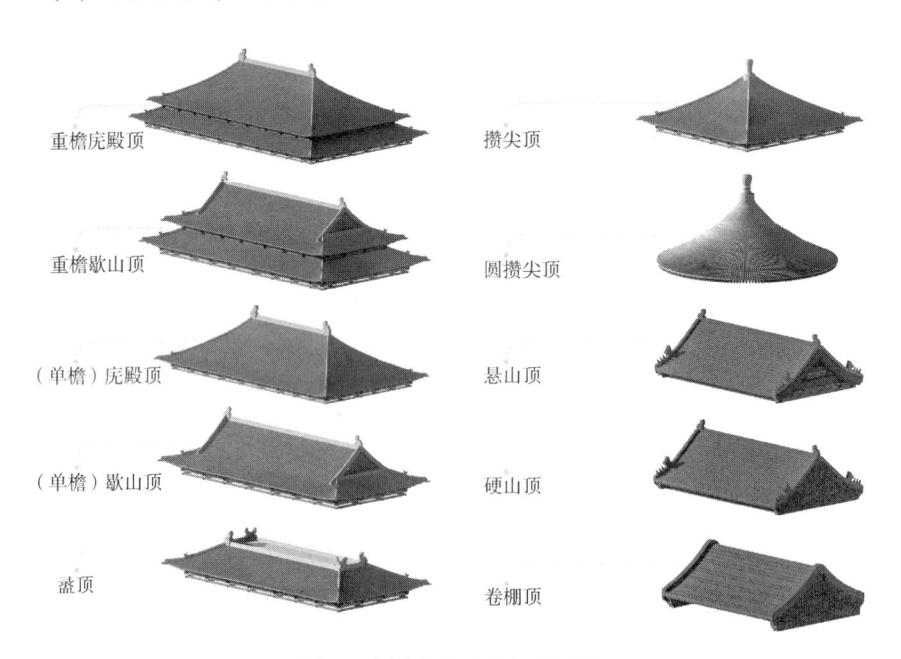

图6 中国古代建筑各式屋顶

（2）基本术语。

以歇山顶为例，术语有正脊、垂脊、戗脊、山花、博风板、悬鱼（垂鱼）、吻兽（图7）等。

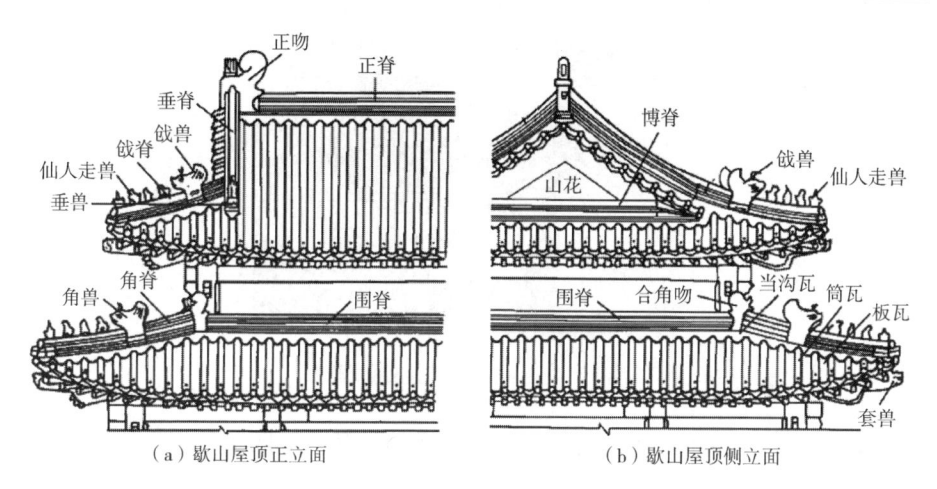

（a）歇山屋顶正立面　　　　　　　　　（b）歇山屋顶侧立面

**图 7　歇山顶结构**

（3）对房顶结构体块的理解和画法，见图 8。

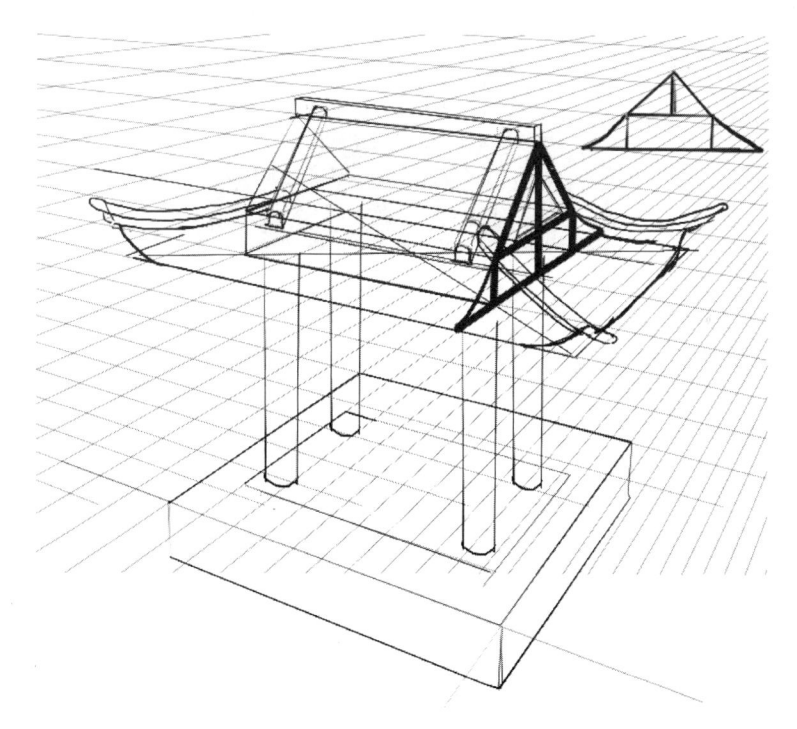

**图 8　歇山顶的画法**

（4）绘制需要注意的问题。

第一，吻兽和正脊链接处，需要卡出结构线，见图 9。

231

**图 9　吻兽和正脊链接处的画法**

第二，正脊和瓦片链接处，注意结构线的处理，见图 10。

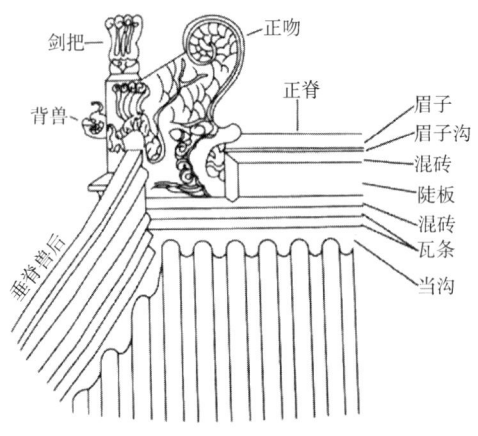

**图 10　正脊的结构和画法**

第三，垂脊和戗脊链接处，注意戗脊穿插的结构，见图 11。

232

图 11　垂脊和戗脊的画法

第四，注意山花、博风板与瓦片位置关系，见图12。

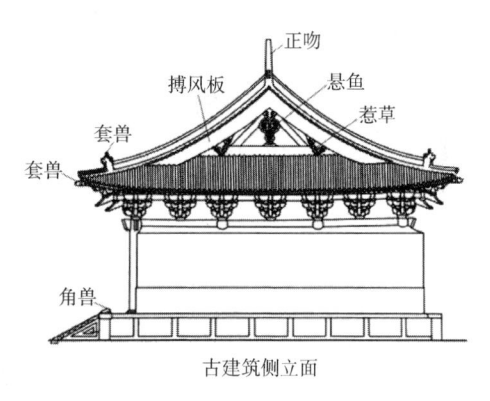

图 12　山花、博风板的画法

第五，注意瓦片的结构画法，见图13。

图 13　瓦片的结构画法

## 2. 斗拱的结构

(1) 斗拱的结构。

介绍各个部件的名称（图14），观看斗拱分解动画视频，了解斗拱各结构的链接关系。通过手机App《斗拱》学习多种结构的斗拱（图15）。

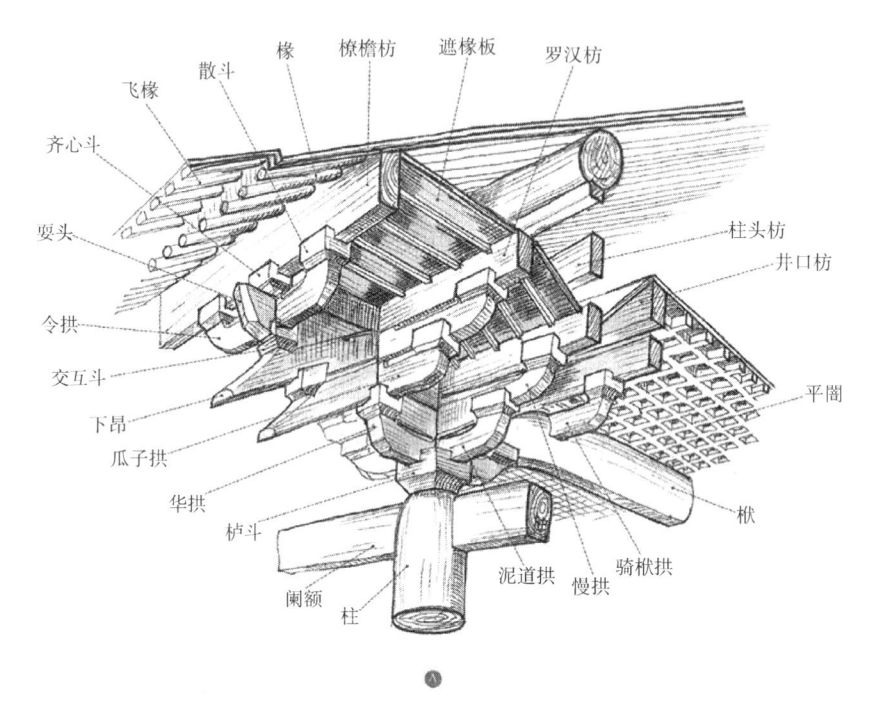

**图14 斗拱的结构**

**图15 App《斗拱》**

（2）绘制斗拱的注意事项。

绘制斗拱结构的粗细比例关系，绘制斗拱容易犯的错误，如图16所示。

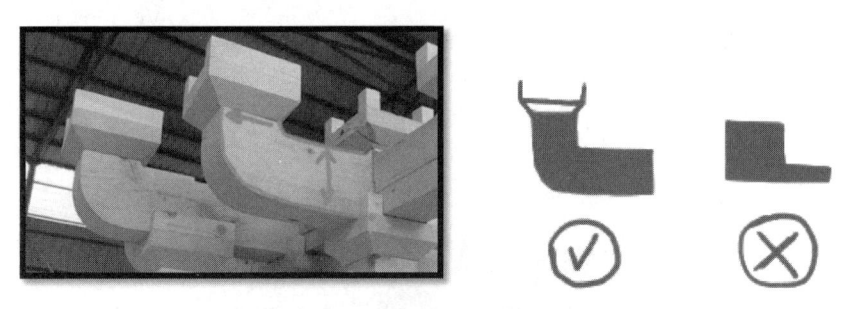

图16　绘制斗拱的注意事项

**3. 国风单体建筑设计方法**

（1）八二原则。

写实风格场景设计的目的是创造真实的世界，让玩家产生身临其境的幻觉，因此设计重点要符合人们对现实的认知，似曾相识但又有设计。运用八二原则（80%源于真实建筑，20%源于设计），创造可信的、合理的中国风场景。

（2）建筑结构中可发挥的部位。

根据中国古建的基本结构，可以变化比例关系、夸张的部位。

顶的层数、比例、组合的变化，见图17。

图17　顶的变化

正脊、垂脊、戗脊直、曲走势的变化，上面装饰的变换，见图18。

（a）

（b）

（c）

（d）

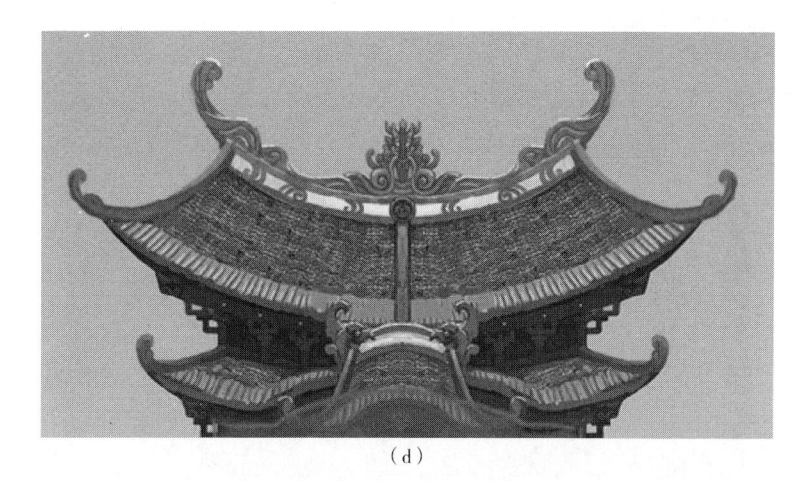

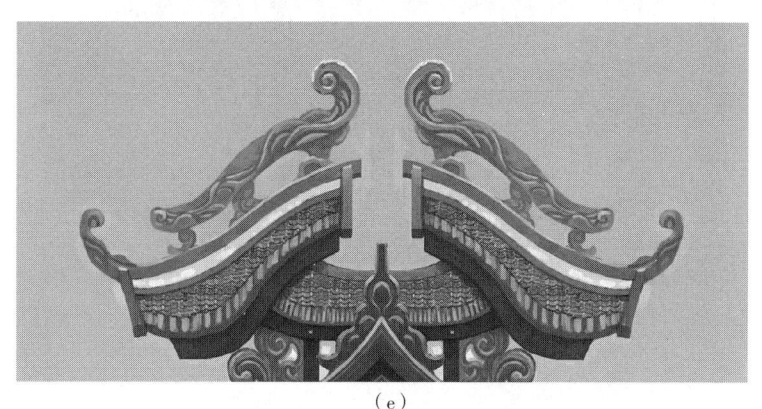

（e）

**图 18　正脊、垂脊、戗脊的变化**

难点：设计出符合游戏设定，结构合理、美观的单体建筑并不容易，初学者容易产生堆砌的问题。

解决办法：多看优秀场景设计作品，多积累素材，多了解建筑的历史背景，设计过程中反复打磨，形成自己的设计方法和设计风格。

六、绘制方法

通过总结设计方法，讲解训练方法、设计过程，在实训项目中，将工匠精神融入设计实践中。

**1. 设计方法**

从拿来主义到创新，清晰建筑结构中可以变化夸张的部位，八二原则运用。

## 2. 训练方法

正式图绘制（图19）、45度角度绘制（图20）、自由角度大视角的绘制（图21）。

图 19　正式图绘制

图 20　45度角度绘制

图 21　大视角绘制

**3. 绘制过程**

大块面关系（黑白切割）、线稿、上色、细节刻画。

作业案例1：正式图绘制，见图22。

图 22　正式图

绘制过程：

（1）大块面关系（黑白切割），见图23。

239

图 23 黑白切割

（2）线稿，见图 24。

图 24 线稿

（3）上色，见图 25。

图 25　上色

（4）细化，见图 26。

图 26　细化

作业案例 2：45 度角度绘制，见图 27。

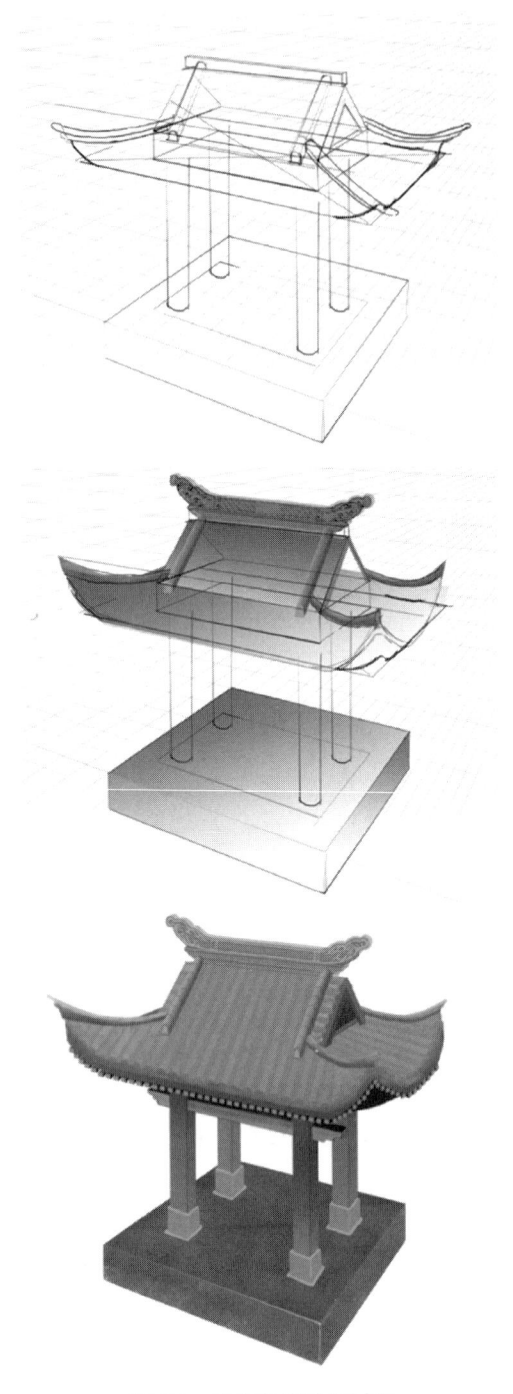

图 27　45 度角度绘制过程

难点：对于绘制游戏场景的新手来说，建筑结构透视难以画准确是经常出现的问题。

解决办法：

方法 1：在绘图软件中制作辅助线或直接使用插件 perspective tools 帮助绘制。

方法 2：运用三维辅助二维的方法，使用三维如 blender \ 3dsmax \ sketchup 等软件概括的搭建建筑模型，打光，渲染出光影效果图，在此基础上进行绘制。

随着技术的发展、软件的升级，会不断地产生新技术、新方法，帮助设计者提高制作效率，希望同学们关注到这点并运用到绘制中去。虽然有新技术、新方法来辅助，但最终还是要通过训练，解决透视不准确的问题，提升自己的造型能力，最后达到不运用这些辅助工具，也能够准确快速的表达形体。

【总结反思】

感受中国古风场景精美画面背后蕴含着中国古建结构的巧思与美学思想，体会中国古建的博大精深，建立爱国热情和民族自豪感。将对古建基本结构的学习，融入游戏场景设计中，把工匠精神、设计的智慧运用到实践中。

课后，根据中国古风建筑的学习训练和拓展的路径，积累设计素材并分类整理（如标志性建筑、民居、牌坊等），不断深入研究中国建筑及工艺，以及不同时代的特征，在自己的设计项目中加以体现，沁润对中国传统文化的热爱，把专业做精，爱国、爱岗敬业。

# 首饰金工技艺：
# 花丝珐琅戒指精作——字母掐丝

**教师信息：** 刘尧远　**职称：** 副教授　**学历：** 本科
**研究方向：** 雕塑与造型设计
**授课专业：** 环境艺术设计专业（家居产品方向）
**课程类别：** 理实一体化课程
**课程性质：** 职业技术技能课

## 第一部分　设计思路

一、本次设计的课程思政目标

将奥运体育拼搏精神与非遗传统技艺培养相融合，在引导学生掐制北京冬奥会标识字母纹样的过程中，传承非遗花丝技艺，感悟冬奥会主办国的自豪，体悟博大精深的传统技艺下的文化内核，树立文化自信，进一步提升自身的综合素养，并自觉用冬奥会和非遗技艺对产品的高标准严格要求工艺，培养精益求精、坚持不懈的工匠精神，从自信到自觉再一步步提升为自能，传统技能要求从被动的"要我做"主动转变为"我要做"主观能动性的提升。

二、课程思政教学设计内容

**1. 课前：课程思政引入**

教师通过学习通下发学习任务导学单，引导学生借助"首饰金工技艺"在线精品慕课，观赏非遗大师经典作品，线上学习花丝戒指掐丝难点动画解析与技艺流程视频讲解，预知学习字母掐丝特点和熟知学习重难点，初步认识所学项目，建立学习兴趣，进而按导学单在资源库平台纵深学习历史经典，建立文化认同与自信。

**2. 课中：课程思政贯穿授课过程**

展示冬奥会标识设计与奥运健儿在赛场拼搏的视频，学生按照教师创设情境进入教学任务，教师按传承人精益求精的工匠要求指导学生逐步掌握传统花丝制作工艺，以非遗高标准完成戒指掐丝制作。理解非遗传承人创作作品的不易，培养吃苦耐劳、精益求精、坚持不懈的工匠精神，培养严谨规范、自觉勤勉的职业素养。

**3. 课末：课程思政总结反思**

再度提炼非遗技艺精神，总结非遗花丝掐丝技艺，帮助学生课后反思并内化为行动的动力，课后持续训练掐丝关键动作和技巧，进一步加强精益求精工匠精神的锤炼，为明天的艺术创新打下坚实之基，为非遗创新性活化传承埋下技艺的种子。

# 第二部分　案例描述

## 花丝珐琅戒指精作——字母掐丝

**【思政导入】**

"树立把美术成果更好服务于人民群众的高品质生活要求的远大目标"，习近平主席对艺术从业者提出最新的要求。按照这个要求，将非遗花丝传承技艺的高标准作为我们教与学的指针。

小小的一枚冬奥会戒指，从字体设计上可以看到奥运体育拼搏精神——更高、更快、更强，也能看到中国非物质文化遗产——花丝珐琅掐丝技艺在其上的浓缩。中华文化不仅惠及近邻，而且泽被远西；中华文化源远流长，博大精深，兼收并蓄，融合各民族优秀文化艺术成果，在这枚花丝珐琅镶嵌戒指上看到一国繁荣离不开文化艺术在满足民众生活中精神、审美、体育等方方面面的需求。盛世出精品，高品位时代呼唤更多高质量的精品，是对在座未来的"守艺人"的要求。意识决定行动，同学们在非遗技艺学习中，要树立精益求精的工匠精神，不光要"守"住品质，还要创新"引"领品位。只有这样，才能守护、掌握、传承好这门技艺。

## 一、分析戒指字母造型掐丝任务

**1. 1+X 证书与掐丝任务布置**

教师根据产品创意设计 1+X 证书,对照工艺的考核标准解析字母掐丝的技能内容。

**2. 花丝掐丝任务分解**

见图 1、图 2。

(1) 演示动画展示超小空间内完成基本笔画掐丝的流程和注意事项。

(2) 讲解笔画掐丝基本知识点、技能要点和注意事项,并通过学习通平台发布知识点小测试完成新知传授。

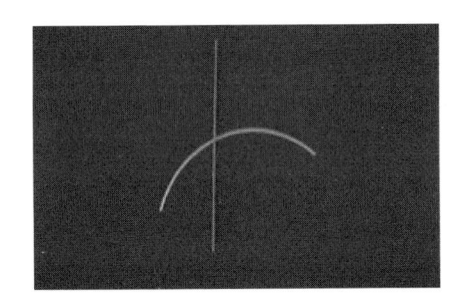

图 1　掐弧线丝动画演示　　　　图 2　教学任务动画演示

**【思政贯穿】**

教师将工艺原理和技能要点融入实操演示,结合工艺特点进行师徒传承式的理实一体化教学。教师的一言一行作为范本,在操作中将非遗传承人平心静气、持之以恒的工作态度和行业规范一板一眼地教授给学生,追求操作的准确性,在反复掐丝过程中锤炼吃苦耐劳和精进求实的职业精神,让学生养成良好职业习惯。培养学生循序渐进和精雕细作的职业精神。

## 二、非遗掐丝技艺互动传习

**1. 掐丝工具材料的识别和使用**

(1) 不同笔画银丝掐制的方法、技术要点和注意事项(立银丝、竖镊子、控用力)分别展示技艺要点和难点。

(2) 重点演示不同弧线、直线和转角的银丝掐制、工具材料使用和操作要点。边演示边提问引导学生熟记注意事项(图 3)。

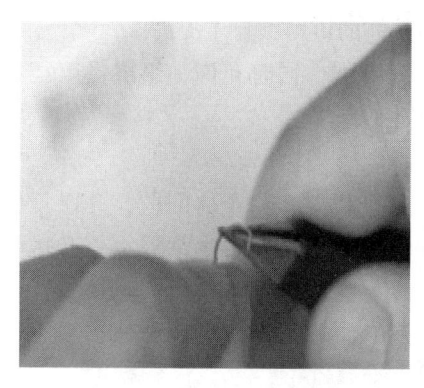

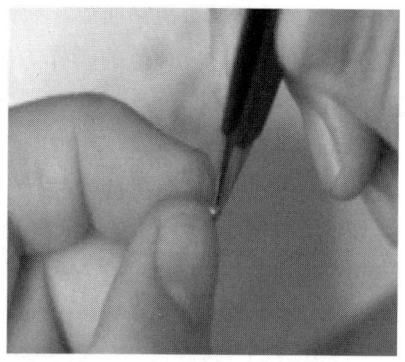

图 3　教师演示弧线与锐角掐丝工具使用规范

**2. 实操练习**

通过动画助学、实操示范和要点提炼引导学生进行有针对性的字母专项掐丝练习（图4）。

图 4　学生进行掐丝实操练习

（1）有针对性地指导学生正确操作，根据学生掐丝实操问题和后台监测统计数据总结分析学生操作过程中的主要问题。

（2）让领悟和动手能力强的学生帮助组内其他同学进行正确练习，通过学生问题强调掐丝实操细节和规范。

（3）学生按顺序练习基本笔画，并根据教师指导和规范标准要求正确使用工具和进行操作。

（4）学生可以观看视频回放和教师整体的讲解，自主提高。

（5）反复练习形成规范的操作方法和习惯，同时允许小组成员互相帮助解决实操难点问题。

**3. 纠错改错**

教师与学生之间互动式的纠错改错，查找群体与个体问题，并以集中纠错、一对一零距离纠错和组间互纠互评的方式，帮助学生掌握重点和难点技能（图5）。

图5 引导学生自主发现问题并讨论，及时纠错

（1）教师根据学生反馈引导学生查找掐丝过程中出现的问题并选择专项练习内容，重点查看直角、圆弧、线条均度。

（2）在师生和生生互动中引导学生进行组内讨论，分析各自的问题，探讨解决、规避常见技术问题的方法；提炼主要问题并在组间分享，表现优秀的组员传授可借鉴的实操经验。

（3）学生根据掐丝操作问题，选择直线、直角、弧线掐丝专项练习内容。

（4）再次观看动画和老师操作，巩固专项练习的操作要点。

**4. 展评总结**

师生共同总结纹样掐丝任务完成情况并进行总结（图6）。

（1）按照国家标准和1+X证书要求检验掐丝成果完成度和质量。

（2）课堂聆听学生汇报，对每组作品进行优缺点的点评和鼓励。

（3）课尾学习通布置课后小测验。

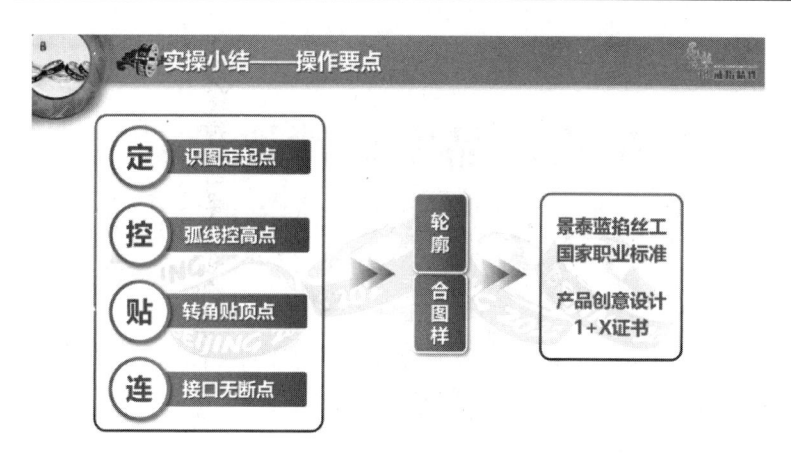

图 6　按要点进行总结

【总结反思】

再次展示经典作品，大家看到这一根根银丝，一件件经典作品得以传世，后面都是一代代传承人的智慧与汗水。非物质文化遗产是时代的产物，其珍贵而脆弱，我们要用自己的实践去参与保护和传承。今天借助以奥运礼品和非遗技艺高标准来要求自己，就是要建立起水滴石穿，不怕吃苦不怕累的品质，结合今天的先进仪器设备助力技艺的锤炼和用丰富的资源库来提升文化品位与艺术修养。今天精益求精工匠精神的磨练，是为明天的艺术创新打下坚实基础，创作出更加优秀的作品的保障。

# 生物产品安全性评价：
# 新冠疫苗研发及安全性评价

**教师信息：** 王瑞丽　　**职称：** 讲师　　**学历：** 博士研究生
**研究方向：** 生物产品快速检测
**授课专业：** 生物产品检验检疫
**课程类别：** 理实一体化课程
**课程性质：** 职业技术技能课程

## 第一部分　设计思路

### 一、本次设计的课程思政目标

本次设计的课程思政目标侧重于价值观层面，注重学生社会主义核心价值观引领。通过课程学习，让学生了解到接种新冠病毒疫苗是最有效的防控措施，通过全民免费接种新冠疫苗的实例增强学生的爱国热情；在新冠疫情肆虐全球时，疫苗在抵御疫情方面发挥了巨大的作用，让更多人获得免疫力，尽早形成人群免疫屏障，有效巩固来之不易的疫情防控成果，意义重大。通过讲解疫苗的相关知识，培养学生的科学精神，激励学生树立学习生物技术，实现中华民族伟大复兴的梦想；通过学习我国科研人员仅仅用1年时间即完成新冠疫苗的研发使用，体现"中国速度"，激发学生民族自豪感，利用所学专业知识投身防疫抗疫，提升服务社会的强烈责任担当和爱国热情。

### 二、课程思政教学设计内容

**1. 课前：课程思政引入**

通过讲解抗击疫情现状引入本节课内容。新冠疫情暴发后，波及全球200多个国家和地区，70多亿人的生命和健康受到威胁。截至2022年10月，全球累计确诊病例超过6亿人，600多万人失去宝贵生命，疫情传播速度之快，影响范围之广超出想象。由于新冠轻症病例、无症状感染者不易被发现，传播能力强，传播方式多样，人群普遍易感，容易在社区和医疗机构造成"隐匿"传播，难以通过管理传染源和切断传播途径的方式阻断疾病传播。因此，提高自身免疫力，在注意健康、免疫功能强大的基础上，通过接种疫苗提高人体免疫力是最直接有效的手段。通过课前准备和接种疫苗的重要性导入课程，帮助学生正确认识疫情防控的关键措施，让学生认识到疫苗研发的重要性，激发学生学习生物医药技术的民族自豪感和自信心。

**2. 课中：课程思政贯穿授课过程**

步骤一，课程导入。

学生观看一段沙利度胺反应停事件而导致大量"海豹儿"出现的视频，结合学生课前对问题的思考，组织学生讨论，引入生物制品安全性评价的必要性和评价内容，进而结合目前我国新冠疫苗的接种，导入本次课的主要内容——新冠疫苗研发及安全性评价。

结合我国实行全民免费接种疫苗的事例，对比以英国、瑞典为代表的国家采取的让大部分人慢慢感染以获得群体免疫力以及美国等国家被动应对的缓疫做法，西方国家的做法被证明付出生命的代价太大，进而让学生认识到党和政府始终坚持人民至上、生命至上的原则，培养学生利用所学知识，积极投身国家建设，服务社会的爱国主义热情。

步骤二，重难点讲解和案例分析。

面对新冠疫情的威胁，新冠疫苗已成为终结新冠病毒的最有力的武器，其研发工作备受瞩目。我国疫苗研发布局有多条技术路线，本次课仅列举具有代表性的3种疫苗研发平台（https://www.who.int/publications/m/item/draft-landscape-of-covid-19-candidate-vaccines）：①灭活疫苗，研发原理是：体外培养病毒，注入人体用其刺激人体产生抗体；②病毒载体疫苗，研发原理为：将S蛋白的基因装入无害的腺病毒中，注入人体，产生S蛋白，刺激人体产生抗体；③基因工程重组亚单位疫苗，研发原理是：通过基因工程方法，在体外制备病毒的S蛋白，纯化后制成疫苗，注入人体刺激人体产生抗体。其中，我国首个被授予专利权的单针接种腺病毒载体的新型疫苗研发过程十分艰辛，需科研人员持有开拓进取、锐意创新的精神；通过理论知识的学习，引导学生体会科研人员夜以继日攻关不辍的艰辛，感悟他们奋勇不屈的拼搏精神和众志成城的团结精神，实现"新冠疫苗研发及安全性评价"课程教学中的课程思政目标。

**3. 课末：课程思政总结反思**

课程思政是新时期加强高校人才培养体系的重要举措，在提高学生综合素质方面具有重要意义。我们凝练新冠肺炎疫情下中华儿女展现的抗疫精神，甄选新冠肺炎疫情中的疫苗作为课程思政主题，聚焦抗疫精神下的"新冠疫苗研发及安全性评价"相关内容进行课程思政教学设计与实践，实施教学成效的有效评价，以期实现专业知识与思政元素的有机融合。这些工作不仅有助于激发学生的学习兴趣，丰富和完善其知识体系，引导学生将理论知识应用于新冠肺炎疫情防控中，树立专业自信，而且可逐步提升学生思想政治修养，实现全方位育人的目的。

# 第二部分　案例描述

## 新冠疫苗研发及安全性评价

在腺病毒载体的教学中，教师按照"腺病毒载体的优势、新冠疫苗制备的难点及临床应用难题"的逻辑主线，引入思政元素进行教学。同时，引出本节课的学习重点——腺病毒载体疫苗研发及安全评价作为主线展开课程，在讲述的各个环节宣传中华优秀传统文化，培养学生的科学精神和职业精神，同时进行爱国主义教育，培养学生的民族自豪感和自信心。

**【思政导入】**

学生课前准备：教师在学习通发布预习资料：①《新闻1+1》栏目围绕新冠疫苗主题采访陈薇院士的视频；②腺病毒表达载体的课件；布置"总结腺病毒及腺病毒载体的结构"预习任务，旨在激发学生的学习兴趣，帮助学生高效完成课堂活动。

**【思政贯穿】**

课上，将陈薇院士在"开学第一课"中介绍科研人员积极抗疫的实例视频导入教学，鼓励学生畅谈感悟，感受"拼"的精神；同时，引出本节课的学习重点——腺病毒载体疫苗研发及安全性评价。教师先介绍腺病毒及腺病毒载体的结构，用"快递车"类比载体的功能，后请学生回顾课前预习任务，总结出腺病毒是无包膜的双链DNA病毒，将腺病毒中负责复制的关键基因片段剪切掉，使其不能复制但保留其侵染人体细胞的能力，形成腺病毒载体。根据视频内容，进行举国抗击新冠病毒疫情的爱国主义教育，主要讲述一线医护工作者的抗疫精神。同时，面对疫情严峻形势，我国率先进行疫苗研发，并且实行全民免费接种的政策，体现党和政府始终坚持人民至上、生命至上的原则，激发学生的爱国热情。

以腺病毒新冠疫苗为例，阐释科研人员通过基因重组的方式把编码新冠病毒的 S 蛋白的基因序列整合入腺病毒基因组内，成为腺病毒载体新冠疫苗，有助于加深学生对专业知识的理解；进而阐述我国腺病毒载体新冠疫苗以 5 型腺病毒作为载体，导入新冠病毒抗原基因开展研发。为了解该疫苗有哪些优势，需完成以下任务：①组织学生课上搜集信息、小组交流，并请小组代表总结概括，培养学生的交流合作能力。②基于学生给出的答案，进行归纳：宿主范围广且致病性低，无突变风险；其载体构建技术相对成熟，生产成本相对低廉。③腺病毒载体新冠疫苗耗费了科研人员的诸多心血，介绍其制备核心难点，与学生共同总结："细胞密度效应"是腺病毒生产优化的难点之一。结合疫苗研发纪实视频和志愿者的采访报道，引导学生学习科研人员不畏艰难的拼搏精神和志愿者们不畏生死的奉献精神。

自 2020 年 1 月中国疾控中心分离出第一株新冠病毒后，陈薇院士团队研发的新冠疫苗于同年 2 月 26 日正式下线、3 月进入临床试验、4 月和 9 月分别开展Ⅱ、Ⅲ期临床试验，次年 2 月 25 日正式上市。与学生分享陈薇院士团队仅用 1 年时间完成的如此惊人的成就，让世界再次见证了"中国速度"！同时让学生认识到科学研究要做到求真务实、科学严谨以及开拓创新。

提供 5~10 篇以生物制品（疫苗、生物药物、抗体等）作为主要内容开展的安全性评价试验的文献，让学生展开调研，通过小组讨论和分组活动，总结出生物制品一般需要经过哪些安全性评价试验，并提炼出疫苗应开展的安全性评价试验有哪些。在小组活动中，学生可以亲自列出疫苗安全性评价的具体试验内容，以此方式激发学生的学习兴趣，在解决问题的过程中实现思政教育和课堂教学内容的讲授。在这个活动中，学生可以切实感受到疫苗研发的重要性和安全性评价的必要性，培养学生以所学知识报效国家的远大志向。

课程最后，给学生播放中国对外捐赠新冠疫苗的视频，引导学生进一步提高民族自豪感，深刻领悟我国坚持以人为本的情怀和大国担当。

【总结反思】

（1）通过课前准备和接种疫苗的重要性导入课程，帮助学生正确认识疫情防控的关键措施，让学生认识到疫苗研发的重要性，激发学生学习生物医药技术的民族自豪感和自信心。

（2）通过讲解疫苗的相关知识，培养学生的科学精神，激励学生树立学习生物药物，实现中华民族伟大复兴的梦想。

（3）通过学习我国科研人员仅仅用1年时间即完成新冠疫苗的研发使用，体现"中国速度"，激发学生的民族自豪感，增强利用所学专业知识投身防疫抗疫，服务社会的强烈的责任担当和爱国热情。

（4）结合我国实行全民免费接种疫苗的事例，让学生认识到党和政府始终坚持人民至上、生命至上的原则，培养学生利用所学知识，积极投身国家建设，服务社会的爱国主义热情。

（5）研发一项新型疫苗十分艰辛，需持有开拓进取、锐意创新的精神；通过理论知识的学习，引导学生体会科研人员夜以继日攻关不辍的艰辛，感悟他们奋勇不屈的拼搏精神和众志成城的团结精神。

# 食品加工安全控制：
# 酸奶生产的危害分析和质量控制

**教师信息**：杨国伟　**职称**：教授　**学历**：硕士研究生
**研究方向**：食品加工技术
**授课专业**：食品质量与安全
**课程类别**：理实一体化课程
**课程性质**：职业技术技能课程

## 第一部分　设计思路

一、本次设计的课程思政目标

以习近平新时代中国特色社会主义思想为核心价值引领，围绕立德树人根本任务，课堂授课以专业知识为载体，深入挖掘课程思政元素，将专业知识与思政元素有机融合，做到知识传授、能力培养与价值引领同向同行，树立全方位的育人理念，借力课堂教学"主渠道"的功能，实现课程思政育人目标。

（1）培养学生具备食品从业者必备的诚实守信、知法守法意识、安全责任意识，始终把人民的生命安全放在首位的职业责任感和使命感，履行食品安全责任。

（2）增强学生道德修养，引导学生树立正确的人生观、价值观。

（3）培养学生具有严谨细致、精益求精的工匠精神和勤于实践的劳动精神。

（4）培养学生勇于探索、攻坚克难的创新精神。

二、课程思政教学设计内容

课程思政设计思路见图1。

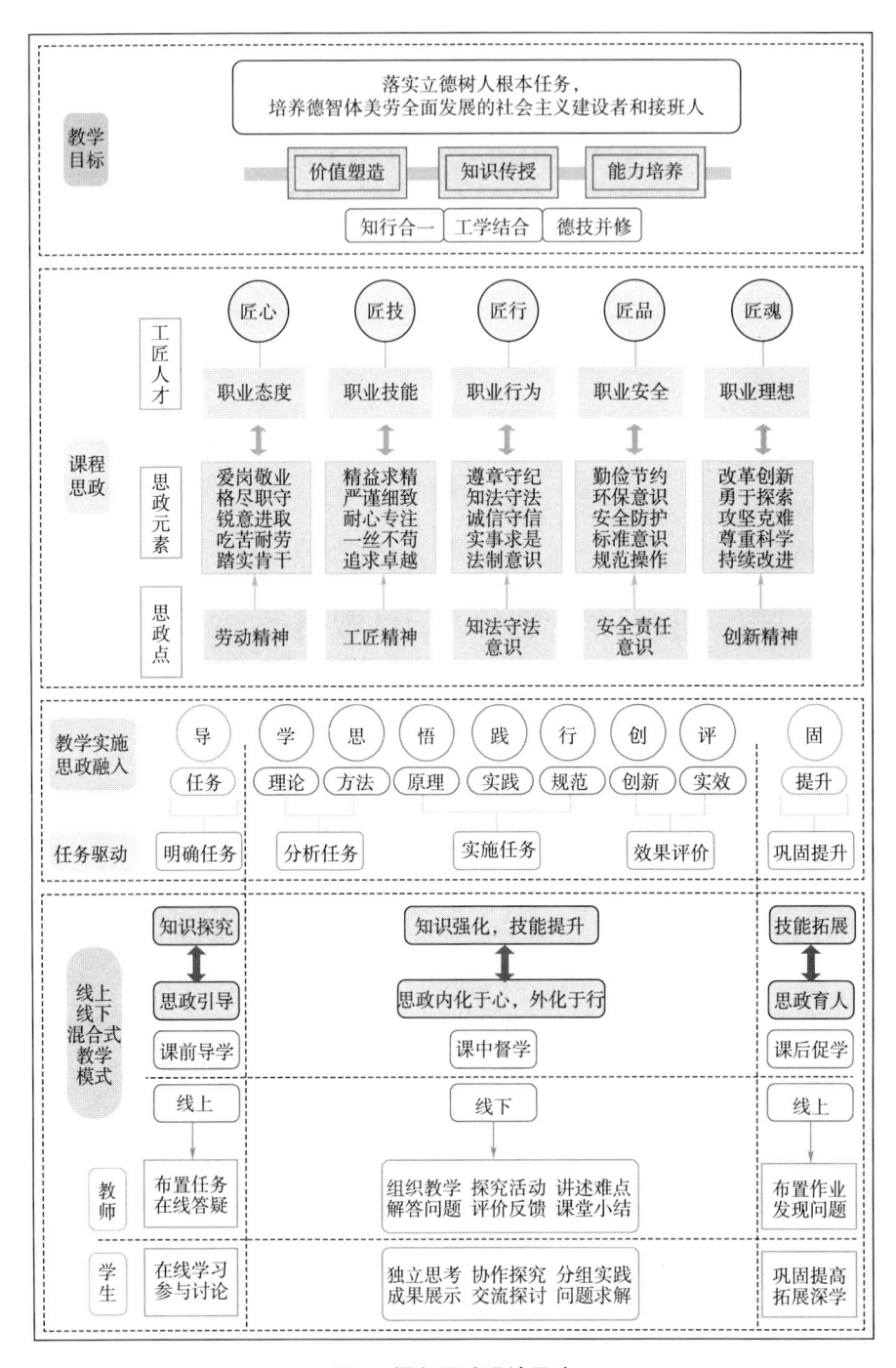

图 1 课程思政设计思路

**1. 课前：课程思政引入**

通过在学习通发布教学视频、课件、动画资源、社会热点问题等学习资料和学习任务，学习酸奶加工的质量控制，帮助学生自主学习和理解教学重点和难点。教师定时与学生在线互动交流、答疑，学生彼此间就课程内容进行在线讨论。

通过观看315视频，观看各种食品安全事件，如大头娃娃事件、地沟油事件、苏丹红事件、毒韭菜事件、土坑酸菜事件等，明确食品安全责任重于泰山。

复习 GB 12693—2010《食品安全国家标准 乳制品良好生产规范》、GB 4881—2013《食品安全国家标准 食品生产通用卫生规范》，回顾观看酸奶生产加工视频。

**2. 课中：课程思政贯穿授课过程**

HACCP 体系是一种预防性的食品安全控制体系，它能够将食品安全危害消除在生产过程中，而不是靠事后检验来保证产品的可靠性。

教师在课堂上对知识点进行梳理，针对重点、难点以及线上测试出现的问题进行详细解析，分析酸奶加工中可能存在的物理性、化学性以及生物性危害因素，明确酸奶生产过程的关键控制点。

教学中，通过图片、视频、案例等教学资源，充分挖掘食品安全热点事件中所蕴含的思政元素。灵活运用现场教学、案例分析、任务驱动等多种教学方法，在帮助学生掌握专业知识与技能的同时，注重对学生食品安全意识、责任意识、工匠精神、创新精神等方面的引导。

**3. 课后：课程思政总结反思**

教师线上发布相关拓展资料和课后习题，规定学生在相应时间节点前完成，同时教师对学生线上线下学习数据以及学习效果进行回顾与总结。反思课堂教学中的教学活动是否与学习效果相匹配，是否能充分调动学生兴趣与积极性，起到全体学生参与、师生互动的目的；是否促进学生对理论知识的内化理解以及解决实际问题的能力。

# 第二部分 案例描述

## 酸奶生产的危害分析和质量控制

【思政导入】

2008年，很多食用三鹿集团生产的婴幼儿奶粉的婴儿被发现患有肾结石，随后在三鹿集团生产的奶粉中发现化工原料三聚氰胺，由于受害者人数众多，造成恶劣的社会影响，多个国家禁止进口中国乳制品，中国乳业遭受重创，社会影响深远。

师生研讨1：从三聚氰胺奶粉事件可以看到，如果食品从业人员丧失了社会责任意识和职业道德意识，不能做到诚信守法、规范经营，即使企业建立了ISO9001、HACCP、ISO22000等完善的食品质量和安全管理体系，再完善的体系也脆弱不堪。

思政教育：通过上述案例分析，使学生深刻认识到食品安全对人们身心健康、国家经济发展以及社会和谐稳定的重要意义，食品安全重于泰山，食品安全问题已成为国家重大战略。培养学生诚信意识、职业使命感和社会责任感，增强学生食品安全法律意识、道德修养，引导学生树立正确的人生观、价值观。

师生研讨2：食品安全事故频发的原因是什么？造成食品不安全的根源性因素是什么？

思政教育：食品安全事故频发，原因众多，但主要是由于食品生产者、经营者"不诚信""不守法"，没有按照产品标准要求生产合格产品。诚实守信是企业的生命线，教导学生做"懂法、知法、学法、守法"的"食品人"。

通过各种食品安全事故案例的学习，让学生明白食品安全无小事，牢固树立食品质量安全意识和作为一名食品从业者必备的职业使命感和责任感，进而引出本次课程内容。

**【思政贯穿】**

一、酸奶生产工艺

见图2。

思政教育：学生小组汇报酸奶加工工艺，培养团结协作、创新能力，严格遵守GB 19302—2010《食品安全国家标准　发酵乳》等标准。按制度、规章办事，树立高尚的职业情操，实事求是。叮嘱学生食品安全生产关乎人的生命健康，必须遵纪守法，恪尽职守。培养学生遵纪守法意识，增强学生法制观念，使学生成为守法、知法、懂法，具有社会责任感的食品从业者。

二、酸奶生产相关法规

良好生产规范（GMP）是一种特别注重在生产过程中实施对产品质量与卫生安全的管理制度，要求企业从原料、人员、设施设备、生产过程、包装

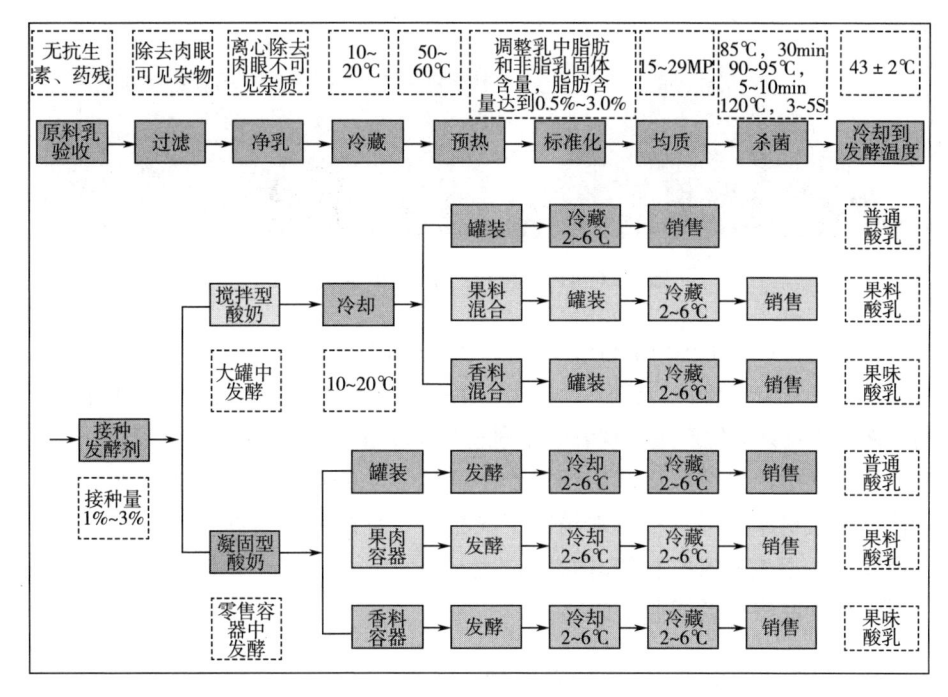

```
┌─────┐ ┌─────┐ ┌─────┐ ┌─────┐ ┌─────┐ ┌───────┐ ┌───────┐ ┌──────────┐ ┌──────┐
│无抗生│ │除去肉眼│ │离心除去│ │10~ │ │50~ │ │调整乳中脂肪│ │15~29MP│ │85℃,30min│ │43±2℃│
│素、药残│ │可见杂物│ │肉眼不可│ │20℃ │ │60℃ │ │和非脂乳固体│ │        │ │90~95℃, │ │      │
│      │ │        │ │见杂质 │ │    │ │    │ │含量,脂肪含│ │        │ │5~10min │ │      │
│      │ │        │ │      │ │    │ │    │ │量达到0.5%~3.0%│ │ │120℃,3~5S│ │      │
└──┬──┘ └──┬──┘ └──┬──┘ └──┬──┘ └──┬──┘ └───┬───┘ └───┬───┘ └────┬────┘ └──┬──┘
```

图 2 酸奶生产工艺

运输、质量控制等方面，按国家有关法规达到卫生质量要求，形成一套可操作的作业规范，帮助企业改善企业卫生环境，及时发现生产过程中存在的问题并加以改善。

卫生标准操作程序（SSOP）指企业为了达到 GMP 所规定的要求，保证所加工的食品符合卫生要求而制定的指导食品生产加工过程中如何实施清洗、消毒和卫生保持的作业指导文件。

危害分析与关键控制点（HACCP）是目前世界上最具权威性的食品安全质量保护体系。HACCP 体系的核心是保护食品在整个生产过程中免受可能发生的生物性、化学性、物理性因素的危害。其宗旨是将这些可能发生的食品安全危害消除在生产过程中，而不是靠事后检验来保证产品的可靠性。

HACCP 体系是一种建立在良好操作规范（GMP）和卫生标准操作规程（SSOP）基础之上的控制危害的预防性体系，它的主要控制目标是食品的安全性。

GMP、SSOP、HACCP 的关系如图 3 所示。

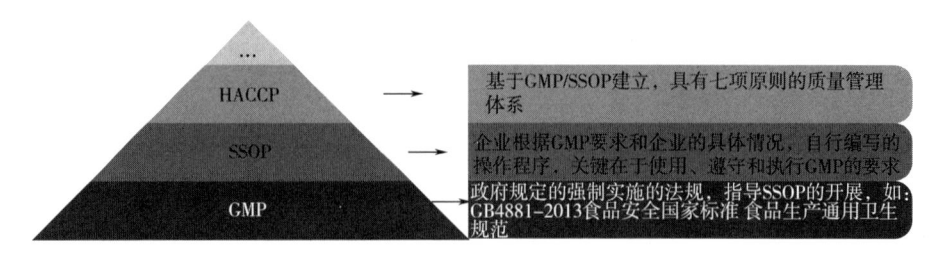

```
    ...
   HACCP        →   基于GMP/SSOP建立，具有七项原则的质量管理
                    体系
    SSOP        →   企业根据GMP要求和企业的具体情况，自行编写的
                    操作程序，关键在于使用、遵守和执行GMP的要求
     GMP            政府规定的强制实施的法规，指导SSOP的开展，如：
                    GB4881-2013食品安全国家标准 食品生产通用卫生
                    规范
```

**图 3　GMP，SSOP，HACCP 的关系**

思政教育：学生小组汇报酸奶加工中的 GMP，SSOP，同时通过现场教学，带领学生去 GMP 车间，通过人员净化、生产车间环境检查、设施设备卫生、车间平面布置观察、生产过程观看等流程进一步理解 GMP，SSOP 的含义。

教导学生严格按照规范生产操作，培养学生的食品安全职业素养和职业道德，形成科学严谨、精益求精的工匠精神。食品从业者在生产操作过程中要遵循食品卫生标准，保障环境、设施设备、人员的卫生，树立食品安全责任意识和食品安全的职业使命感。

## 三、食品从业人员的安全控制

如果食品从业人员的体内或体表携带食源性病原体，便可通过接触加工用具、设备直接或间接地污染食品，进一步传播给消费者，引发食物中毒或其他食源性疾病。从业人员个人不良的操作习惯也会引发食品安全问题。

思政教育：食品从业人员应具有工匠精神，具有法制意识、质量安全意识，爱岗敬业，养成良好的卫生安全操作习惯。按照标准规范操作，具有良好的职业道德，对企业、消费者和社会负责，从而加工出安全食品，让大家放心消费。

## 四、酸奶原材料的食品安全控制

原料的环节是食品安全控制的第一个环节，供应商的选择是非常重要的，食品加工企业应选择合格的供应商，食品安全信誉度和管理水平高；查验各种产品合格证、第三方检测报告；来货原材料进行检验；在选定合格的供货商之后，签订供货合同或协议，契约精神是现代社会商业的基础。

思政教育：食品原材料是食品加工的第一道屏障，食品从业人员必须依法依规，认证查验、检验，确保原材料质量优良。引导学生应严谨细致，认真完整地记录原材料的情况，培养学生实事求是、精益求精、勇于探索和创新的职业精神。潜移默化地引导学生树立坚持依法依规、重信守诺的契约精神,特别是采购环节应该履行采购协议及条款规定。

## 五、酸奶加工过程中的安全控制

对酸奶加工过程中的生物性、化学性、物理性危害进行识别与控制,探讨酸奶加工中危害产生的原因,规范加工过程或高风险的工艺条件,从而防止或预防各种危害的发生。

思政教育:工匠精神是社会主义核心价值形象化的具体体现,作为食品加工从业人员,应具有工匠精神,在生产加工过程中坚持"质量第一、质量至上、质量为本"的生产理念,遵守职业道德规范,牢记工作职责使命,恪尽职守,始终把人民的生命安全放在第一位,养成遵纪守法的良好习惯。

## 六、酸奶生产 HACCP 制定

(1) 通过酸奶生产工艺分析,对酸奶加工从原料到成品的整个过程,对可能产生的危害分析及预防信息进行收集,制定详细的危害分析控制措施表;依据工艺流程对每个加工环节进行危害分析,并判断是否是关键控制点。例如,以原料验收、过滤净化、冷藏贮存工艺为例进行危害分析(酸奶危害分析见表1)。

(2) 学生完成 HACCP 计划表编制(酸奶 HACCP 计划表见表2)。

思政教育:①养成全面的思维方法,形成实事求是的工作态度;②树立食品安全责任意识,严谨细致、一丝不苟的工匠精神。

表1 酸奶危害分析

| 序号 | 配料/加工步骤 | 食品安全危害 | 潜在危害是否显著 | 判断的依据 | 预防显著危害的措施 | 是否关键控制点 |
|---|---|---|---|---|---|---|
| 1 | 原料验收 | 生物的:致病菌 | 是 | 挤奶过程、运输过程中可能会污染 | 后序的杀菌可控制危害 | 是 |
| | | 化学的:抗生素残留 | 是 | 奶牛饲养过程,饲料中兽药残留 | 选择合格供应商,对牛奶样品进行抗生素检测、酒精试验、酸度测定 | |
| | | 物理的:草屑、牛毛、饲料、昆虫等 | 否 | 原料污染 | 过滤分离可除去 | |

续表

| 序号 | 配料/加工步骤 | 食品安全危害 | 潜在危害是否显著 | 判断的依据 | 预防显著危害的措施 | 是否关键控制点 |
|---|---|---|---|---|---|---|
| 2 | 过滤净化 | 生物性危害：病原体污染 | 是 | 操作过程中由员工手、设备、管道等带来的细菌污染 | 严格执行SSOP，后工序灭菌可消除此危害 | 否 |
| | | 化学性危害：设备、管道中的清洗剂、消毒剂残留 | 否 | CIP清洗操作不当，后续冲洗不彻底，有可能残留 | 严格进行CIP清洗，pH计检测残液，设备管道使用前用热水循环消毒 | |
| | | 物理性危害：杂质 | 否 | 容器中混入、过滤过程带入杂质 | SSOP控制、GMP控制 | |
| 3 | 冷藏贮存 | 生物性危害：细菌增殖、产毒、产酶、酶解产生的苦胞以及排泄物的污染 | 是 | 不合适的时间、温度储存以及与外界接触时造成细菌的增殖、产毒、产酶和排泄物的污染 | 收奶时迅速对牛乳降温至2~8℃，控制贮奶温度，防止乳中微生物继续增殖 | 是 |
| | | 化学性危害：清洗剂、消毒剂残留，以及人为原因造成的污染 | 是 | 清洗不当造成的残留，为防腐或增加干物质、脂肪等为目的而进行的添加 | 按《CIP操作控制》严格进行CIP清洗，pH计检测残液，设备管道使用前的热水循环消毒可消除此危害 | |
| | | 物理性危害：贮存容器密封不合适带来的环境污染物 | 否 | SSOP控制，控制容器气密性检查 | 消毒可消除此危害 | |

表 2 酸奶 HACCP 计划表

| 关键控制点 | 显著危害 | 关键限值 | 监控对象 | 监控方法 | 监控频率/监控人员 | 纠偏措施 | 记录 | 验证 |
|---|---|---|---|---|---|---|---|---|
| 原料乳的验收 | 生物性：致病菌、杂菌<br>化学性：抗生素农药等残留 | ①无致病菌<br>②杂菌数＜50万个/ml<br>③温度＜4℃<br>④酒精试验72%<br>⑤抗菌素、农药残留等极限见下表 | ①致病菌<br>②杂菌数<br>③生奶的温度<br>④精试验结果<br>⑤抗生素检测阴性 | ①病菌检验<br>②杂菌数检验<br>③用温度计测量<br>④用72%酒精检验<br>⑤TTC试验检验抗生素残留 | 1次/车检验员<br>1次/车检验员<br>1次/车检验员<br>1次/车检验员<br>1次/车检验员 | 根据数据偏离情况处理<br>①作废<br>②另作他用 | ①微生物检测记录<br>②牛奶温度记录<br>③酒精检验记录<br>④抗生素检验记录 | ①查记录<br>②抽样做微生物检测<br>③温度表进行校准<br>④酒精浓度测定<br>⑤TTC试剂配制测定 |
| 杀菌 | 生物性：致病菌、残留细菌 | ①温度90~95℃<br>②时间5~10min | ①杀菌温度<br>②杀菌时间 | 目测 | 操作工 1次 15min<br>操作工 1次 15min | ①设置温度、时间操作极限值<br>②对有怀疑的产品应根据温度下降程度分别明确处理方案 | ①杀菌温度记录<br>②杀菌时间记录 | ①查记录<br>②对温度表进行校准<br>③每两天对成品检验一次 |
| 接种发酵剂 | 生物性：酵母菌、霉菌、噬菌体杀菌污染 | ①无致病菌无杂菌污染<br>②发酵剂活力测定合格 | ①致病菌、杂菌<br>②发酵剂纯度活力 | ①微生物检验<br>②刃天青还原试验 | 1次/车检验员<br>1次/车检验员 | ①按规定检测微生物、纯度、活力达不到的更换菌种 | ①微生物检验记录②发酵剂纯度、活力记录 | ①查记录<br>②抽样做微生物检验<br>③对刃天青试验进行检测 |

263

## 七、布置作业

学习《"健康中国2030"规划纲要》，分析其中关于"加强食品安全风险监测与评估，严守从农田到餐桌的每一道防线"的内容，分小组讨论食品加工中的危害因素有哪些，应该如何控制。

思政教育：以小组为单元，通过课后查阅文献等方式，进一步提升学生对酸奶加工中HACCP制定的理解，培养学生独立思考、严谨细致、团队协作的能力；培养学生勇于探索、攻坚克难的创新精神；培养学生具备食品安全的风险意识；引导学生从食品安全角度进一步认识到"绿水青山就是金山银山"。

【总结反思】

通过本次课程学习，学生在掌握酸奶加工工艺的基础上，能对酸奶加工过程中的物理性、化学性、生物性因素进行危害分析，同时能完成酸奶HACCP计划表的编制，教学过程中将思政元素有机融入课堂教学，实现了价值塑造、知识传授和能力培养的有机融合，发挥了课堂教学"主渠道"的作用，提升了课程的育人功能。

# 仪器分析：气相色谱法测定白酒中甲醇的含量

**教师信息**：李淳　**职称**：副教授　**学历**：博士研究生
**研究方向**：仪器分析
**授课专业**：药品生物技术
**课程类别**：B 类（理实一体）
**课程性质**：职业技术技能课程

## 第一部分　设计思路

### 一、本次设计的课程思政目标

通过课程讲解，让学生了解到质量安全的重要性，要树立认真、诚信的工作态度，培养学生具有高度的责任心和社会责任感，严守职业道德和职业操守、爱岗敬业、吃苦耐劳、严谨认真、敢于创新的工作态度和遵纪守法；培养学生的绿色环保意识和安全意识。本教学案例融入了中国精神教育（创新教育）、社会主义道德教育（职业道德和个人品德）以及真善美教育（科学精神、职业精神以及工匠精神），培养学生的社会主义核心价值观。

### 二、课程思政教学设计内容

**1. 课前：课程思政引入**

课前学生通过查找网上假酒中毒相关新闻事件，了解并分析引起假酒中毒的成分甲醇的危害性。从实际生活案例出发，引发学生主动思考，培养科学严谨的态度和遵纪守法的法律意识。

上课开始，播放国外的假酒新闻视频以及国内的相关假酒中毒事件报道引入本节课内容，学生总结甲醇超标造成的危害。以直观的视觉冲击激发学生对诚信缺失、利益至上的不法分子的愤恨之情，让学生认识到相关从业人员职业道德的缺失所产生的严重后果，具有很好的教训和警示作用。

**2. 课中：课程思政贯穿授课过程**

（1）假酒中毒引发的思考。这些年国内虽然没有印度和俄罗斯等国家那样频发严重的假酒中毒事件，但依然可见假酒中毒等新闻报道。假酒的危害极大，强调要守底线、讲道德、重诚信。通过食品质量问题，培养学生遵纪守法的法律意识、绿色环保意识和安全意识。

以实际案例强化仪器分析学科的服务功能，提升学生的社会服务意识。作为未来的食品或生物制品检测工作者，利用所学气相色谱的知识，通过检测白酒中的甲醇含量是否超标，培养学生要遵守职业道德，肩负起社会责任，发展精准的检测技术，更好地为社会生产服务、为人民生活服务。

（2）气相色谱的定量分析（小组活动）。学生要完成气相色谱检测白酒中甲醇含量的任务。在气相色谱实验中，针对具体的气相色谱仪操作及注意事项，包括气相色谱仪工作站的使用，标准溶液和白酒样品的制备等，强调要规范、谨慎，做好必要的安全防护，切实落实安全意识培养。在实验过程中，要注意回收甲醇等有毒有害物质，并提醒学生减少污染物排放，提升保护环境意识。

（3）判断甲醇含量是否超标（小组活动）。学生分组记录原始数据，认真分析测定结果，正确进行有效数字修约和误差分析。在数据处理过程中，启发学生进行科研实践要实事求是，确保数据的真实性、客观性，要客观求实，不能弄虚作假。将检测数据与国标中白酒的甲醇含量进行比对，分析评价结果，讨论白酒样品中的甲醇含量是否超标，以及超标的甲醇对人体的危害。培养学生的诚信意识和严谨细致的科研态度。

**3. 课后：课程思政总结反思**

通过气相色谱法测定白酒中甲醇含量，将专业知识、专业精神合而为一，将仪器分析的学科特点，融入责任意识和诚信意识。在培养学生的专业能力的同时，也提高了责任心和社会责任感。

## 第二部分　案例描述

### 气相色谱法测定白酒中甲醇的含量

**【思政导入】**

一、课前准备和课程导入

**1. 学生课前准备**

（1）找出国内外假酒中毒事件的相关新闻；
（2）查阅甲醇对人体健康造成的危害以及如何检测的文献；
（3）查阅国标，了解白酒中的甲醇标准；
（4）撰写 PPT 进行总结。

**2. 课程导入**

观看某国爆发大规模假酒中毒新闻以及印度假酒中毒事件（图1）。提出问题：引起假酒中毒的原因以及如何检测相关的成分？甲醇含量的国际标准是多少？

图1　新闻视频截屏

观看新闻视频后,随机选择几名学生展示并讲解查阅的相关文献(图2),回答教师的问题,并总结准备的PPT。

**图2 学生展示文献**

讲述:引起假酒中毒的原因是甲醇含量超标。根据国家标准(GB 2757—2012),蒸馏酒及其配制酒甲醇含量应低于0.6g/L(按100%酒精度折算)。甲醇主要对视神经造成损伤,会引发失明、昏迷,严重时会导致死亡。因此白酒中甲醇的检测是白酒行业很重要的环节,而气相色谱仪是酒类企业检测甲醇含量的常用仪器。日常饮用白酒中甲醇的含量在国家标准中是有严格规定的,为了保证白酒的质量安全,甲醇含量必须符合国标,我们今天的主要任务是学习检测白酒中甲醇的含量。

思政点:我国是白酒制造大国之一,白酒消费量更居世界之首,严格控制白酒中的有害成分,保障白酒消费者的身体健康,是我国白酒行业不容推卸的责任,而对酒类产品中甲醇含量进行准确测定和控制,极为重要。引导学生关注食品安全,提升专业素养,从业要遵守基本的职业道德,具有底线意识。强调规范意识,培养学生认真细致、严谨科学的实验态度。

【思政贯穿】

二、提出问题

根据视频内容,提出问题:如何用气相色谱法检测甲醇含量?
讲述:气相色谱法常用的定量方法包括归一化法、外标法以及内标法。

我们此次课学习使用外标法测定甲醇含量（图3）。外标法的特点是操作简便，绘制好标准曲线后可直接从标准工作曲线上读出含量，这对大量样品分析十分适合，分析时标准溶液的浓度应与被测物浓度相接近，以利于定量分析的准确性。

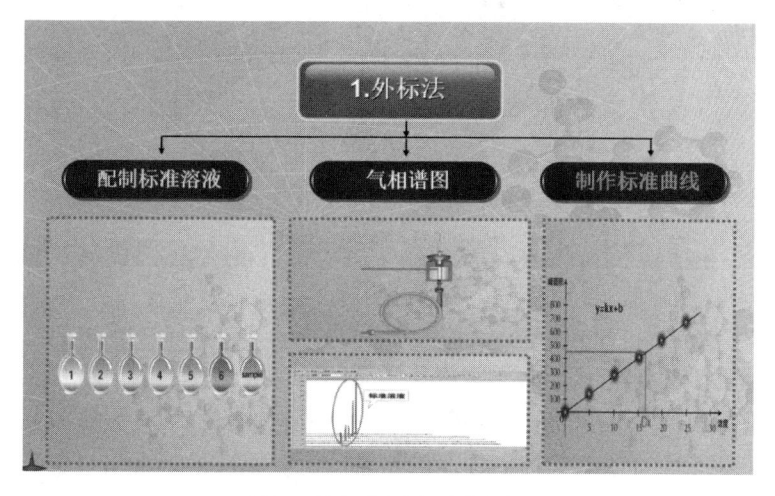

图3  外标法测定甲醇含量

思政点：学生对定量方法进行比较，能够举一反三，促进学生及时消化理解所学知识，提升专业认知和思维深度。

三、讨论问题

如何配制不同浓度的甲醇标准溶液？

小组讨论：学生根据国标的检测方式和相关的参考文献，讨论如何确定甲醇标准溶液的浓度。随机选择几名学生讲解配制溶液的方案。

归纳总结：根据样品中甲醇的色谱图面积，确定一系列甲醇标准溶液的中间浓度对应的色谱图面积，从而确定甲醇标液的中间浓度，然后分别稀释或配制其他的浓度（图4）。

思政点：在标准溶液浓度的配制环节，树立严格的"量"的概念，融入责任意识和诚信意识，培养学生遇到问题仔细分析，做到求真务实、科学严谨。

四、解决问题

在分组活动中，学生扮演质检员的角色，完成白酒中甲醇含量的测定任

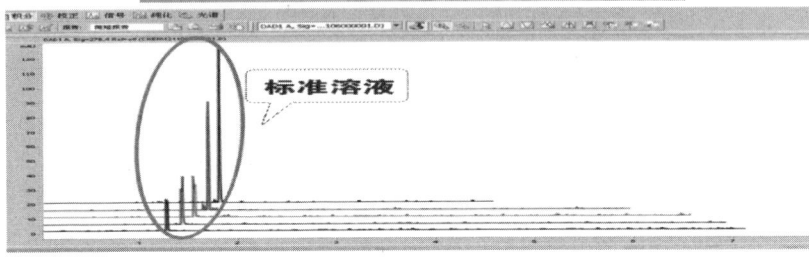

**图 4　甲醇标准溶液的配制**

务。气相色谱法测定甲醇标准溶液和样品的峰面积，然后绘制标准曲线，并根据标准曲线的线性度，进一步确定样品中甲醇的含量。

（1）甲醇标准溶液和白酒样品的制备。配制甲醇的标准溶液，准确量取甲醇量，统一进行定容，配制过程在通风橱完成，进行相应防护，并注意回收甲醇等有毒有害物质，减少污染物排放（图5）。

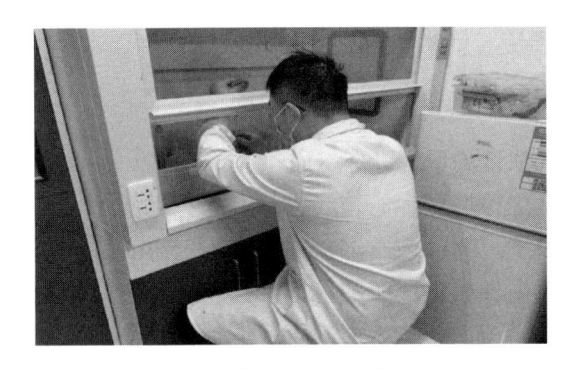

**图 5　学生配制甲醇溶液**

（2）用气相色谱仪完成甲醇标液和样品的检测。包括气相色谱仪的规范操作和工作站的正确使用（图6）。实验操作过程中，强调学生要规范、谨慎，并做好必要的安全防护，切实落实安全意识培养。

（3）参照国家标准（GB 2757—2012）判断白酒样品甲醇含量是否超标。学生要认真记录原始数据，将测得的数据正确进行有效数字修约和误差分析，将检测数据与国标中白酒的甲醇含量进行比对，分析评价结果，讨论白酒样品中的甲醇含量是否超标。

思政点：食品的质量安全非常重要，关系到老百姓的生命安全，一定要重视质量安全的重要性。在完成检测任务的过程中，培养学生要遵守职业道德，肩负起社会责任，提升社会服务意识。在培养专业能力的同时，培养学生为社会生产服务、为人民生活服务的责任感和使命感。

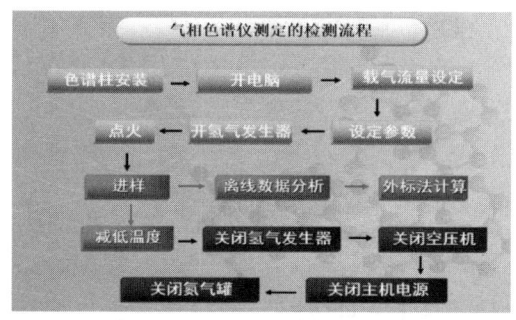

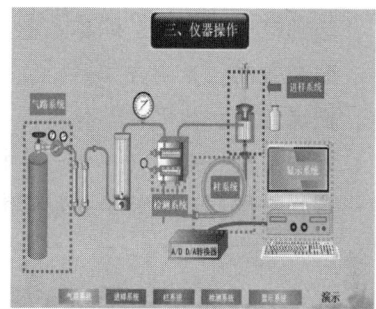

图6 气相色谱法的测定流程

【总结反思】

（1）课程教学始终贯穿"检测白酒中甲醇含量是否超标"这个任务，在每一个环节对学生有严格规范操作的要求，工作态度要认真仔细，才能得到可靠的分析结果，切实内化规范意识。

（2）在案例分析的过程中，引导学生主动思考，培养科学严谨的态度和遵纪守法的法律意识，并强调规范意识，培养学生认真细致、严谨科学的实验态度。

（3）利用提出问题—讨论问题—解决问题的思路进行课程设计，课程讲授过程中始终围绕"如何用气相色谱法检测甲醇含量"这个问题，在解决问题的同时，培养学生理论联系实际，以实验消化相关理论知识，强化"学以致用"，引导学生切实掌握气相色谱分析操作要领和数据处理能力，不失时机地融入思政元素，实现边实验边育人。

（4）我们的教学目标是在进行知识传授的同时，从课程内容出发，使蕴含在各个知识点背后的思政元素从课程教学中自然而出，与专业知识、专业精神合而为一，引起学生共鸣，达到润物无声、潜移默化的育人效果。

# 基因操作技术：Real Time PCR 检测——新冠病毒核酸检测

**教师信息**：李晔　**职称**：教授　**学历**：博士研究生
**研究方向**：生物化工
**授课专业**：基因操作技术
**课程类别**：B 类（理实一体）
**课程性质**：职业技术技能课程

## 第一部分　设计思路

### 一、本次设计的课程思政目标

新冠病毒对人类的生命安全造成了极大威胁。开发快速有效的检测方法，实现对新冠病毒感染者的精准筛查尤为重要。核酸检测因灵敏度高、特异性强、结果可定量等优势，已成为新冠病毒检测的重要手段之一。核酸检测主要采用实时荧光定量 PCR（Real-Time Quantitative Polymerase Chain Reaction，RT-qPCR）技术。有关实时荧光定量 PCR 的概念、反应体系和反应过程是怎样的？与传统 PCR 相比有什么优势？如何应用于新冠病毒的核酸检测？这些问题的提出不仅益于学生将理论知识与具体案例相结合，加深对知识的理解和掌握，更能通过核酸检测实例感悟"重仁"的人道主义精神，培养仁爱精神，增强责任担当。

### 二、课程思政教学设计内容

**1. 课前：课程思政引入**

课上，教师以"原创音乐 MV《加油，石家庄》"导入新课，请来自河北的学生谈观看视频的感受，感悟抗疫英雄甘于奉献、为民服务的仁爱精神。通过挖掘新冠病毒核酸检测中的思政元素，培养学生"重仁"的人道主义精神。

**2. 课中：课程思政贯穿授课过程**

在"实时荧光定量 PCR"的教学中，以新冠病毒 PCR 核酸检测为实例，围绕实时荧光定量 PCR 的反应体系、过程、特点及其在新冠病毒核酸检测中的应用这四方面展开。了解新冠病毒基因组的组成和结构是进行核酸检测的必要前提。

首先，教师播放清华大学、阿卜杜拉国王科技大学和奥地利研究人员合作发布的新冠病毒高清科普影像视频，在帮助学生深入了解新冠病毒真面目的同时，激发学生的专业自豪感，领悟科研人员求真务实、团结协作的科研态度。

其次，分享新冠病毒基因组序列研究成果。新冠病毒由 29 903 个核苷酸（基因组序列号为 MN908947）组成，包括 1ab、S、E 等 12 个蛋白编码区/开放读码框（Open Reading Frame，ORF）。核酸检测广泛用于新冠病毒感染者的早期诊断，主要采用实时荧光定量 PCR 的方法；教师在引导学生回忆传统 PCR 技术反应体系、循环过程的基础上，共同探讨实时荧光定量 PCR 的原理：通过在 PCR 反应体系中加入荧光基团实时定量监测整个反应进程；同时依托新冠病毒基因组序列，探究其反应体系及历程。

最后，组织学生进行小组讨论并总结实时荧光定量 PCR 相较于传统 PCR 所具有的优势：更高特异性、灵敏性、定量准确等。将实时荧光定量 PCR 用于新冠病毒的核酸检测，必须在系统掌握新冠病毒全基因组序列信息的基础上选择检测靶标、设计荧光探针。据此，教师展示中国疾病预防控制中心在《新型冠状病毒感染的肺炎防控方案（第 2 版）》中公布的以新冠病毒 ORF1a/b 基因和核壳蛋白（Nucleocapsid Protein，N）基因为检测靶标的引物及荧光探针序列，启发学生思考：如果新冠病毒的靶基因发生突变，原有引物及荧光探针序列是否仍然适用？以此提升学生运用科学思维解决实际问题的能力。值得一提的是，新冠疫情暴发后，中国第一时间向世界分享了新冠病毒全基因组序列信息和新冠病毒核酸检测引物探针序列信息，为全球抗疫贡献了中国力量。教师以此引导学生感悟中国在全球抗疫行动中展现的齐心协力、共克时艰的人道主义精神，领会中华儿女命运与共、爱好和平的道义担当。

**3. 课末：课程思政总结反思**

教师展示"中国将各类核酸检测试剂出口海外，参与全球抗疫"的援助实例，感悟中华民族以人为本、同心抗疫的仁爱精神。然而新冠病毒核酸检测技术并非万无一失，会由于新冠病毒基因突变、检测员操作不规范等原因而出现"假阴（阳）性"，因此，为提高检测精度，常采用"核酸检测+血清抗体检测"方案以弥补单一检测技术导致的漏诊或误诊。据此，教师展示核酸检测阴性报告和 IgM 抗体检测双阴性报告，启发学生思考何为"双阴性"检测报告及实施"双阴性"检测的目的；师生共同总结："双阴性"检测报告是指新冠病毒核酸检测阴性证明和血清特异性 IgM 抗体检测阴性证明，目的是减少新冠疫情的跨境传播；教师以此引导学生体会党和国家对人民负责、对生命负责的情怀，感悟重仁的仁爱精神。

课程最后，鼓励学生利用国家药品监督管理局、中国知网等信息途径，梳理和总结新冠病毒核酸检测试剂盒的类型及研发原理，体会科研工作者求真务实、开拓创新的科学精神，领悟重仁的人道主义精神。

# 第二部分　案例描述

## Real Time PCR 检测——新冠病毒核酸检测

通过新冠病毒疫情导入课程，以新冠病毒 PCR 核酸检测为实例，围绕实时荧光定量 PCR 的反应体系、过程、特点及其在新冠病毒核酸检测中的应用这四方面展开，在讲述的各个环节宣传中华优秀传统文化，培养学生的科学精神和职业精神，同时进行爱国主义教育，培养学生的民族自豪感和自信心。

【思政导入】

一、课前准备和课程导入

**1. 学生课前准备**

通过查资料，画一张显示细胞和染色体关系的图。

**2. 课程导入**

利用小视频进行冠状病毒疫情概述，主要让学生了解疫情的概况。新型冠状病毒在世界范围迅速蔓延，在数百个国家引发新冠疫情。冠状病毒是一大类病毒，这种病毒有包膜，包膜上存在棘突，形状像帽子，所以被称为冠状病毒。冠状病毒是正义链 RNA 病毒，特点是结构类似 mRNA 可以自主作为模板进行蛋白质翻译，病毒进入宿主细胞受体 ACE2，在呼吸系统、肾脏、肠道等黏膜表面都有分布。冠状病毒可以利用 ACE2 进入宿主细胞，引发轻微或严重的呼吸系统疾病，2002 年到 2003 年，肆虐全球的严重急性呼吸综合征（SARS）和 2012 年 MERS 的病毒均为冠状病毒。新型冠状病毒是已知第七种可以传染人类的冠状病毒。面对新型冠状病毒（2019-nCoV）的肆虐，开发快速有效的检测方法，实现对新冠病毒感染者的精准筛查尤为重要。核酸检测因灵敏度高、特异性强、结果可定量等优势，已成为新冠病毒检测的重要手段之一。

分组讨论：看了这个视频，结合自己对核酸的了解，谈一谈你对基因检测技术的认识

思政点：谈观看视频的感受，感悟抗疫英雄甘于奉献、为民服务的仁爱精神。通过挖掘新冠病毒核酸检测中的思政元素，培养学生重仁的人道主义精神。在帮助学生深入了解新冠病毒真面目的同时，激发学生的专业自豪感，领悟科研人员求真务实、团结协作的科研态度。

**【思政贯穿】**

二、问题提出

分享新冠病毒基因组序列研究成果，引导学生学习该病毒的核苷酸信息以及基因注释。

讲述：新冠病毒由 29 903 个核苷酸（基因组序列号为 MN908947）组成，包括 1ab、S、E 等 12 个蛋白编码区/开放读码框（Open Reading Frame，ORF）。将实时荧光定量 PCR 用于新冠病毒的核酸检测，必须在系统掌握新冠病毒全基因组序列信息的基础上选择检测靶标、设计荧光探针。据此，教师展示中国疾病预防控制中心在《新型冠状病毒感染的肺炎防控方案（第 2 版）》中公布的以新冠病毒 ORF1a/b 基因（正向引物：5′-CCCTGTGGGTTT-TACACTTAA-3′；反向引物：5′-ACGATTGTGCATCAGCTGA-3′；荧光探针：5′-FAM-CCGTCTGCGGTATGTGGAAAGGTTATGG-BHQ1-3′）和核壳蛋白（Nucleocapsid Protein，N）基因（正向引物：5′-GGGGAACTTCTC CT-GCTAGAAT-3′；反向引物：5′-CAGACATTTGCTCTCAAGCTG-3′；荧光探针：5′-FAM-TTGCTGCTGCTTGACAGATT-TAMRA-3′）为检测靶标的引物及荧光探针序列（http：//www.chinacdc.cn/jkzt/crb/xcrxjb/202001/t20200123_211379.html）。

思政点：新冠疫情暴发后，中国第一时间向世界分享了新冠病毒全基因组序列信息和新冠病毒核酸检测引物探针序列信息（http：//www.

scio. gov. cn/ztk/dtzt/42313/43142/index. html），为全球抗疫贡献了中国力量。教师以此引导学生感悟中国在全球抗疫行动中展现的齐心协力、共克时艰的人道主义精神，领会中华儿女命运与共、爱好和平的道义担当。

三、问题深化

将"新冠病毒的变异"贯穿其中，旨在落实学生形成"危机中育先机、变局中开新局的科学发展精神"的思政目标。

小组讨论：师生共同回顾基因突变的类型：碱基置换突变、移码突变、缺失突变、插入突变。同时，展示新冠病毒发生的 D614G、69  70del、K417N 等突变，引导学生进行小组讨论并总结新冠病毒突变对应的基因突变类型，既加深学生对基因突变类型的理解，又能帮助学生深刻认识新冠病毒。

归纳总结：教师以 B.1.1.7 变种病毒和 B.1.351 突变株为切入点导入"基因突变"的教学内容，引导学生掌握基因突变的基本概念，感受抗疫一线工作人员不惧困难的拼搏精神。同时，建议学生在课后通过查阅全球流感序列数据库（https://www.gisaid.org/）和世界卫生组织官网（https://www.who.int/），持续关注新冠病毒变异的最新情况，引导学生在实践中理解科学是一个动态发展的过程。据此，教师列举科学家对新冠病毒的变体研究和新冠病毒变异株的视频。从传染力看，新冠病毒发生"强化自身"的突变，传染性提高，其防控力度也需加强，例如，Volz 等研究发现 B.1.1.7 变种的可传播性比非突变体要高约 50%。

思政点：防疫工作仍不可掉以轻心，需持续对新冠病毒进行全基因组测序，及时更新防疫工作，以此引导学生尝试构建"新冠疫情防控系统动态模型"。教师在此基础上，指导学生以动态的思维看待动态的事物，形成全局观和发展观。同时，播放世界卫生组织评价中国抗疫行动的视频，向学生介绍：我国抗疫工作的阶段性成功与科研人员与时间赛跑、党和国家"生命至上"的价值取向、全国上下团结一致密不可分；面对新冠病毒的变异，中国一定能从容应对。最后，建议学生思考"未来新冠病毒是否会产生大规模的变异"，以此帮助学生认识基因突变研究的重要性，提高思想上的预警性，鼓励学生将科学发展精神落实到行动中。

四、问题升华

小组活动："假阴（阳）性"如何防范和解决。

新冠病毒核酸检测技术并非万无一失，会由于新冠病毒基因突变、检测员操作不规范等原因而出现"假阴（阳）性"，因此，为提高检测精度，常采用"核酸检测+血清抗体检测"方案以弥补单一检测技术导致的漏诊或误诊。据此，教师展示核酸检测阴性报告和 IgM 抗体检测双阴性报告，启发学生思考何为"双阴性"检测报告及实施"双阴性"检测的目的；师生共同总结："双阴性"检测报告是指新冠病毒核酸检测阴性证明和血清特异性 IgM 抗体检测阴性证明，目的是减少新冠疫情的跨境传播。

思政点：双方案以弥补单一检测技术导致的漏诊或误诊，目的是减少新冠肺炎疫情的跨境传播；教师以此引导学生体会党和国家对人民负责、对生命负责的情怀，感悟重仁的仁爱精神。

**【总结反思】**

（1）凝练新冠疫情下中华儿女展现的抗疫精神，甄选新冠疫情中的检（验）、变（异）作为课程思政主题，聚焦抗疫精神下的"基因工程"相关内容进行课程思政教学设计与实践，实施教学成效的有效评价，以期实现专业知识与思政元素的有机融合。

（2）"新冠病毒的变异"贯穿于"基因突变"的教学过程，不仅有利于学生深入理解基因突变专业理论知识，更有利于培养学生科学发展的科学精神、不畏艰难的拼搏精神和爱国情怀。

（3）这些工作不仅有助于激发学生的学习兴趣，丰富和完善其知识体系、引导学生将理论知识应用于新冠疫情防控中，树立专业自信，而且可逐步提升学生思想政治修养，实现全方位育人。

# Web 前端技术：
# 北斗卫星导航网页布局设计

**教师信息：** 马蕾　**职称：** 副教授　**学历：** 本科
**研究方向：** 计算机技术应用及数据安全
**授课专业：** 计算机应用技术
**课程类别：** 理实一体化课程
**课程性质：** 职业技术技能课程

## 第一部分　设计思路

### 一、本次设计的课程思政目标

本课程是北京市特高大数据技术与应用服务专业群计算机应用技术专业的职业技术技能课程，面向"Web 前端工程师"岗位 1+X 取证课程，也是集理论与实践于一体的理实一体化课程。课程旨在培养学生掌握 Web 前端开发所需知识、技术和工具，综合运用 HTML5、CSS 和 JavaScript 等技术，开发具有交互功能的 Web 前端网页。

本单元以北斗卫星系统设计为引导，在盒子模型实现网页布局的学习过程中，融入学生对中国民族文化的自豪感，培养学生勤于思考、刻苦钻研、勇于创新的意识，并逐步养成细节制胜、专注笃定的工匠精神。

### 二、课程思政教学设计内容

**1. 课前：课程思政引入**

本次课的任务是"北斗卫星网页开发项目"，课前以北斗卫星系统的设计理念引入本次课程要解决的问题——利用盒子模型解决网页布局问题，激发学生兴趣，引入授课内容，让学生感受中华博大精深的传统思想魅力，以及其影响到今天的深层哲理。

**2. 课中：课程思政贯穿授课过程**

本课程按照任务导入、任务分析、任务执行、任务巩固、任务评价、任务提升六个步骤开展教学活动，实现知识和思想的提升。

**3. 课末：课程思政总结反思**

对本次课的课程思政进行总结与提升，引导学生全面思考、开拓进取，通过任务分解，将千年国学智慧与现代智能科技相结合，不懈地努力奋斗，将自己的小梦想与中国梦相结合，为中国梦添砖加瓦。

# 第二部分 案例描述

## 北斗卫星导航网页布局设计

【思政导入】

北斗卫星系统是中国自行研制的全球卫星导航系统，也是继 GPS、GLONASS 之后的第三个成熟的卫星导航系统。要完成这么庞大的系统设计与实施，需要团队成员按照系统功能拆解成小项目逐一完成，这就是中国精神。

这种方法大大简化了项目实施过程，减轻了劳动量，提高了工作效率，它所蕴含的许多思想，至今仍有着巨大的实用价值，比如方舱医院。这一思想在今天的网页设计与实现中仍作为一项普遍原理广泛应用。整个页面的实现过程，我们按照块结构对于页面进行分解，先完成局部再通过盒子模型完成整体页面的设计，这就是模块化思维。

一、任务导入

以真实案例"北斗卫星导航网站"（www.beidou.gov.cn）引入任务，具体如图 1 北斗卫星导航页面分解效果图。

二、任务分析

**1. 浮动**

在网页设计实践中，仅仅使用默认的文档流布局设计出的网页单调且不能满足多样的设计需要。为了使网页的结构和布局多样化，我们常常在 CSS 中通过对元素设置的浮动 float 属性的方式达到灵活布局的效果。

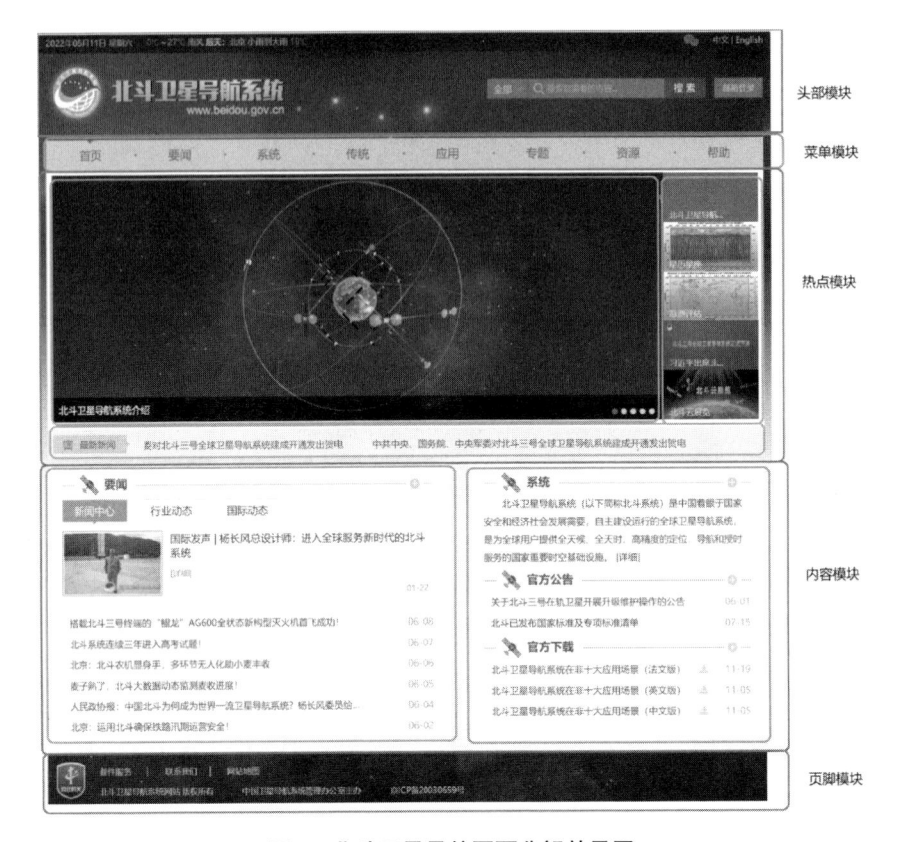

图 1　北斗卫星导航页面分解效果图

浮动是指元素脱离文档流控制，改变原有的排列方式，移动到父标签指定位置的过程。

在 CSS 中，通过 float 属性对元素设置浮动。

**2. 清除浮动**

由于浮动元素不再占用原文档流中的位置，所以会对页面中其他元素的排版产生影响，如果要避免这种影响，就需要对元素清除浮动。

清除浮动有三种方法：

（1）空标记，在浮动元素之后添加空标记，比如<p>、<div>，并对其应用"clear：both"样式。

（2）overflow，利用"overflow：hidden"样式对该元素进行清除浮动。

（3）after 伪对象，使用 after 伪对象可以清除浮动。

**3. 定位**

使用元素定位可以将元素从页面流中偏移或分离出来，然后设定其具体位置，从而解决精确定位的问题。网页布局的定位是通过定位模式+边偏移实现的。

## 三、任务执行

网页布局有很多种方式，请大家进阶完成图 2 网页布局效果图。

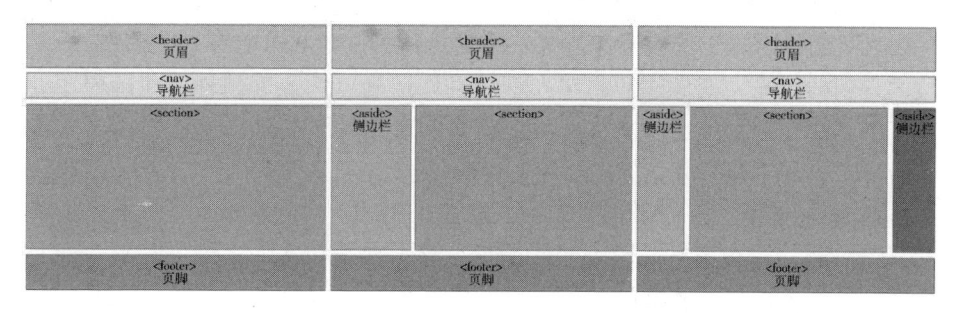

图 2　网页布局效果图

## 四、任务巩固

语义化标签：传统的网页布局采用 DIV+CSS 方式，通过定义 id 和 class 样式名称定义并区分网页的结构，如<div id="header">定义头部、<div id="nav">定义导航链接等。采用这种布局定义方式，网页的结构和内容不容易区分，而且 id 和 class 名称定义缺乏规范性标准，搜索引擎搜索时容易造成混乱。

HTML5 中增加了容易理解辨识的语义化标签，如<header>、<nav>、<footer>等，使用这些语义化标签定义网页结构更加清晰，功能辨识度更高。它的使用方法和<div>一样。

【思政贯穿】

通过"棋盘上的麦粒"的典故，让学生体会"不积跬步，无以至千里；不积小流，无以成江海"的道理。在教学中，鼓励学生细节制胜、专注笃定。

## 五、任务评价

通过企业工程师的指导，教育学生工作中以项目为核心，培养谦虚严谨的工作作风（业务素养）和工匠精神。

## 六、任务提升

实践探索制作"北斗卫星导航"网页,鼓励学生面对困难不轻言放弃、一丝不苟、开拓创新、积极进取的工匠精神。

在发射场模飞测试北斗二号 MEO(中地球轨道)双星时,面对一个极小概率问题,团队并没有轻易放过,团队成员在测试间足足两天,仔细分析程序设计逻辑,再一一比对操作过程,终于找到了这个只可能在 64 毫秒极短时段内遇到的情况。正是这种北斗人不放过任何疑点的执着精神,才确保了北斗任务一次又一次成功。通过此故事弘扬中国精神,鼓励学生面对困难不轻言放弃、一丝不苟、开拓创新、积极进取。

**【总结反思】**

(1)学习过程中选取网页实际案例,教学标准与企业标准、教学过程与企业真实工作过程无缝对接。

(2)根据职业岗位需求,教师进行网页制作重点难点示范,示范有效、规范娴熟,并强调注释的必要性。

(3)教学过程中使用动画、仿真等必要的信息化手段,有效突破教学重点难点。

# 下篇

## "金种子"课程思政优秀教学设计案例

# 工程图学：正投影法和三视图

**教师信息：** 尚珍　　**职称：** 副教授　　**学历：** 博士研究生
**研究方向：** 机械工程
**授课专业：** 汽车制造与试验技术
**课程类别：** 理实一体
**课程性质：** 专业群技术基础课

## 第一部分　设计思路

### 一、本次设计的课程思政目标

本次课程主要侧重于价值观层面，注重学生社会主义核心价值观引领。通过对红旗 H9 灯光系统，以及红旗检阅车的介绍，让学生感受中国传统文化与汽车的完美结合，提升学生的中国特色社会主义道路自信、理论自信、制度自信、文化自信。

### 二、课程思政教学设计内容

**1. 课前：课程思政引入**

通过播放红旗 H9 轿车的灯光效果视频，使学生了解东方文化元素的设计底蕴，让学生在课程中体会传统文化之美，感悟中华的优秀文化和世界文化、现代时尚的设计和最新的科学技术的融合，提高学生中国特色社会主义道路自信、理论自信、制度自信、文化自信。

**2. 课中：课程思政贯穿授课过程**

教师讲解课程内容的过程中，引入红旗检阅车，让学生了解到我们祖国的伟大，增强专业自豪感和民族自豪感，潜移默化地进行爱国主义教育，提高学生中国特色社会主义道路自信、理论自信、制度自信、文化自信。

**3. 课末：课程思政总结反思**

要求学生进行反思回顾，根据课堂所学所思，激发学生对国产汽车的思考，利用自己专业所学设计出更好的车灯，以及升华到未来能设计出更好的汽车，实现自身价值，为国家为社会献出一己之力。

# 第二部分　案例描述

## 正投影法和三视图

【思政导入】

红旗 H9 采用"中国式新高尚精致主义"全新设计语言，沿袭了"高山飞瀑、中流砥柱"的直瀑式格栅，符合东方美学的"白银比例"设计布局。为了让这种设计布局和主视觉灯光效果完美结合，设计师赋予红旗 H9 "梦想激荡，振翅飞翔"意境的矩阵式前大灯，并用贯穿包围式的灯带设计增加了整体工艺的细腻精湛。我们可以看到，在动态光效的加持下，红旗 H9 的前脸像一只双翼逐渐洒满圣光、振翅欲飞的夜鹰一般，瞬间划破黑暗而深邃的夜空，参见图 1（a）。

红旗 H9 的尾灯设计，传承了红旗品牌"横纵融合"的理念，其主灯采用纵向北斗星轮廓，内置四横四纵精细光源，并以横贯式的设计风格为辅助灯引入了中式建筑意象，搭配车尾部整体圆润的造型，整体视觉效果天圆地方、左右对称，像极了夜幕下华灯初上的京城故宫，这一点同样深度融合了东方文化元素的设计底蕴，参见图 1（b）。

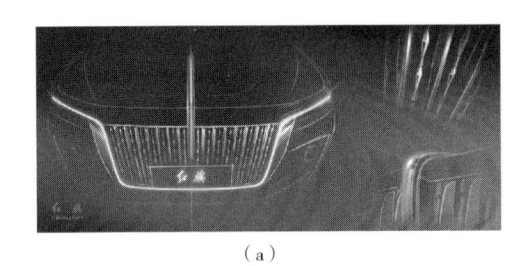

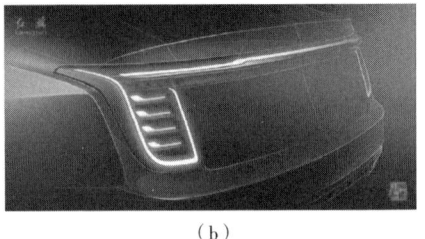

（a）　　　　　　　　　　　　　（b）

图 1　红旗车灯

在东方美学的传承与碰撞下，红旗 H9 的灯光矩阵组拥有了极高的辨识度，相信这种个性化设计风格能够打破大家偏为传统的视觉体验，解决更多消费者的审美疲劳问题，让人眼前一亮。

汽车造型设计是根据汽车整体设计的多方面要求来塑造最理想的车身形状。汽车造型设计是汽车外部和车厢内部造型设计的总和。它不是对汽车的简单装饰，而是运用艺术的手法科学地表现汽车的功能、材料、工艺和结构特点。

汽车造型的目的是以其外在美吸引和打动人，使人产生拥有这种车的欲望。汽车造型设计虽然是车身设计的最初步骤，是整车设计最初阶段的一项综合构思，但却是决定产品命运的关键。汽车的造型已成为汽车产品竞争最有力的手段之一。

物体在光线照射下，在地面或墙面上会产生影子，对这种自然现象加以抽象研究，总结其中的规律，创造了投影法。

一、投影法简介

投射线汇交于投射中心的投影方法，称为中心投影法。

投射线互相平行的投影方法，称为平行投影法。

平行投影法包括正投影和斜投影。正投影指投射线与投影面垂直，斜投影指投射线与投影面倾斜。

正投影图能准确表达物体的形状，度量性好，作图方便，在工程上得到了广泛的应用。

二、正投影法的基本性质

**1. 真实性**

直线或平面平行于投影面，直线投影反映实长，平面投影反映实形

**2. 积聚性**

直线或平面垂直于投影面，直线投影积聚成点，平面投影积聚成直线

**3. 类似性**

直线或平面倾斜于投影面，直线的投影缩短，平面的投影是其原图形的类似形（类似形是指两图形相应线段间保持定比关系，即边数、平行关系、凹凸关系不变）。

【思政贯穿】

红旗轿车在中国家喻户晓，"红旗"二字已经远远超出了一个轿车品牌的含义。从1959年新中国成立十周年大阅兵的红旗CA72，到2015年纪念中国人民抗日战争暨世界反法西斯战争胜利70周年的红旗CA7600J检阅车，再到新中国成立70周年的检阅车（图2），红旗轿车见证了新中国汽车工业从无到

有、从弱到强的发展历程。

图 2　检阅车

讨论：（1）从一个方向观察物体，能否确定其真实形状和大小？见图 3。
（2）用两个投影面能否完全表达实体的真实形状和大小？见图 4。

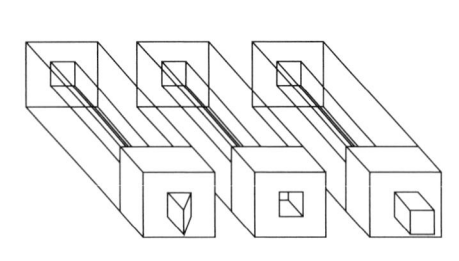

图 3　一个视图不能确定物体形状 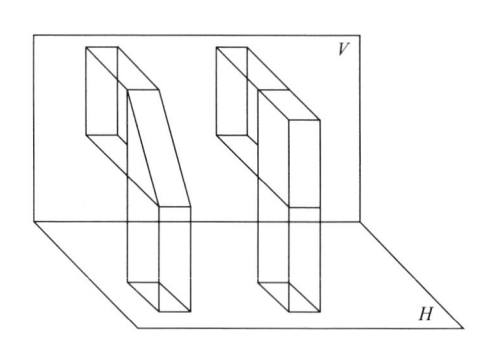　　　　图 4　两个投影面不能确定物体形状

为了能够准确地反映物体的长、宽、高的形状及位置，通常选取互相垂直的三个投影面表达其形状和大小。

一般情况下，物体的一个投影面不能确定其形状，要反映物体的完整形状，必须增加由不同投射方向得到的投影图，互相补充，才能将物体表达清楚。工程上常用三投影面体系来表达。图 5 为从不同角度观察红旗汽车形状。

三、三视图的形成

主视图：由前向后投射，在正面上所得的视图；
俯视图：由上向下投射，在水平面上所得的视图；
左视图：由左向右投射，在侧面上所得的视图。
参见图 6。

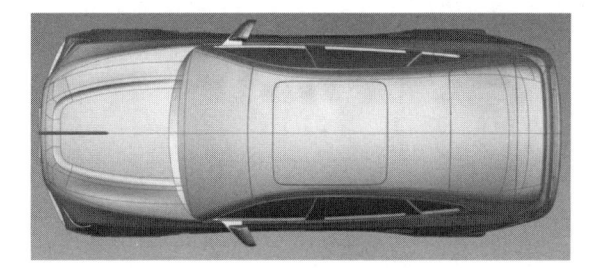

图 5　红旗车三视图及轴测图

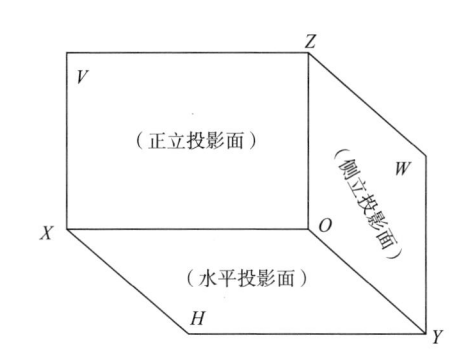

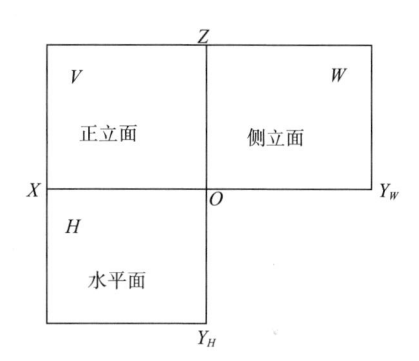

图 6　三视图的形成

## 四、三视图之间的对应关系

**1. 投影对应关系**

主视图、俯视图长对正；
主视图、左视图高平齐；
俯视图、左视图宽相等。

**2. 方位对应关系**

主视图反映物体的上、下和左、右的相对位置关系；
俯视图反映物体的前、后和左、右的相对位置关系；
左视图反映物体的前、后和上、下的相对位置关系。

参见图7。

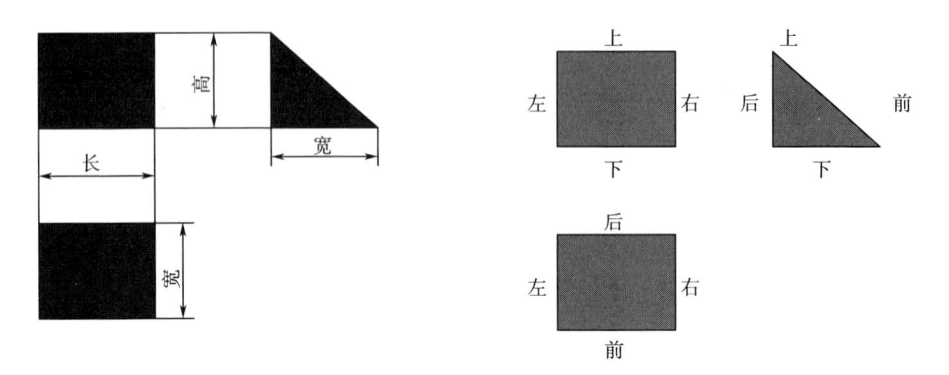

**图7 三视图的投影对应关系**

### 五、三视图的作图方法和步骤

画物体三视图时，需要根据前面所学的正投影法原理及三视图间的关系，首先选好主视图的投射方向，然后摆正物体，再根据图纸幅面和视图的大小画出三视图的定位线，最后画三视图。画三视图时，应先画反映形状特征的视图，再按投影关系画出其他视图。

【总结反思】

根据课堂所学所思，让学生畅谈感悟，投入到家国情怀、社会担当的思考中，体悟人生道理，领悟生命价值，激发学生只争朝夕，不负韶华的精神。

心有多大，舞台就有多大。坚持文化自信，用中国元素打造中国汽车。让国产汽车行驶在世界各地传播中国文化，彰显大国自信。

# 人工智能数据处理：基于 Python 的数据收集、处理、展示基础

**教师信息**：金光浩　　**职称**：讲师　　**学历**：博士研究生
**研究方向**：计算机应用
**授课专业**：计算机应用技术
**课程类别**：理实一体化课程
**课程性质**：职业技术技能课

## 第一部分　设计思路

### 一、本次设计的课程思政目标

通过学习如何使用 Python 平台展示近几年中国发展的成就，引导学生思考取得这些成就的原因是什么，从而让学生牢固树立中国特色社会主义的道路自信、理论自信、制度自信、文化自信。首先，通过展示经济发展成果，让学生明白只有中国共产党才能带领我们取得如此辉煌的成就，树立起学生对中国特色社会主义的道路自信及理论自信，同时让学生对未来自身的职业发展充满信心。其次，通过展示人民代表大会的代表组成结构，让学生了解人民代表大会为什么能代表广泛的人民，树立对中国特色社会主义的制度自信，从而让学生未来积极参与选举等社会活动，成为全过程民主的一分子。最后，通过展示中国文化产品出口情况，让学生明白中华文化产品对世界的影响力，树立起对中国特色社会主义的文化自信，让学生未来积极学习并发扬光大中华文化。

### 二、课程思政教学设计内容

**1. 课前：课程思政引入**

布置学生收集中国近几年来社会、经济等各方面发展的相关数据，让学

生思考为什么需要运用智能化的数据处理技术，数据在整个国家发展中起什么样的作用等问题，思考取得这些发展成果的原因是什么，让学生对整个数据相关行业的发展产生兴趣，从而带动学生学习的积极性。

**2. 课中：课程思政贯穿授课过程**

运用 Python 平台收集、处理、展示历年 GDP 数据、外贸数据及人民代表大会的代表组成、中国文化产品输出数据等，让学生从数据层面加深对整个国家所发生的事情的了解，思考取得如此辉煌成果的原因是什么，让学生逐渐建立对中国特色社会主义的道路自信、理论自信、制度自信、文化自信。同时，让学生明白为什么需要掌握数据技术、如何掌握处理相关数据，运用这些技术服务社会，从而将四个自信转化为学生的能力信心、前途信心。让学生讨论针对不同的数据如何运用数据工具进行收集、处理、展示，再结合习近平总书记对四个自信的讲话，让学生明白所学必有用、所用必将造福社会，从而确立学生的能力信心、前途信心。最后总结中国达成伟大经济成就的最根本原因是什么，坚定学生对中国特色社会主义的道路自信、理论自信、制度自信、文化自信。

**3. 课末：课程思政总结反思**

通过布置数据或者资料收集作业，让学生在更广的范围内通过数据了解中国的发展，进一步巩固思政学习效果。同时，通过学习效果分析进行思政总结及反思，在以后的课程中持续改进。

# 第二部分　案例描述

## 基于 Python 的数据收集、处理、展示基础

**【思政导入】**

如图 1，首先讲解如下内容。2018 年 9 月 17 日，习近平总书记曾向 2018 世界人工智能大会致贺信。在贺信中，习近平总书记深刻指出："新一代人工智能正在全球范围内蓬勃兴起，为经济社会发展注入了新动能，正在深刻改变人们的生产生活方式。"通过讲解上述实例，让学生从宏观层面理解数据处理技术的重要性，明白自己学的知识符合国家的大政方针，从而确立前途信心，及在未来可以为社会主义现代化建设做贡献的能力信心。

## 人工智能数据处理

### 关于人工智能，总书记这样强调！

2020年07月10日 10:01:48　来源：求是网　作者：徐愚 唐淑楠 编制

2020世界人工智能大会云端峰会于7月9日至7月11日召开，今年大会的主题为"智联世界 共同家园"。

2018年9月17日，习近平总书记曾向2018世界人工智能大会致贺信。在贺信中，习近平总书记深刻指出："新一代人工智能正在全球范围内蓬勃兴起，为经济社会发展注入了新动能，正在深刻改变人们的生产生活方式。"

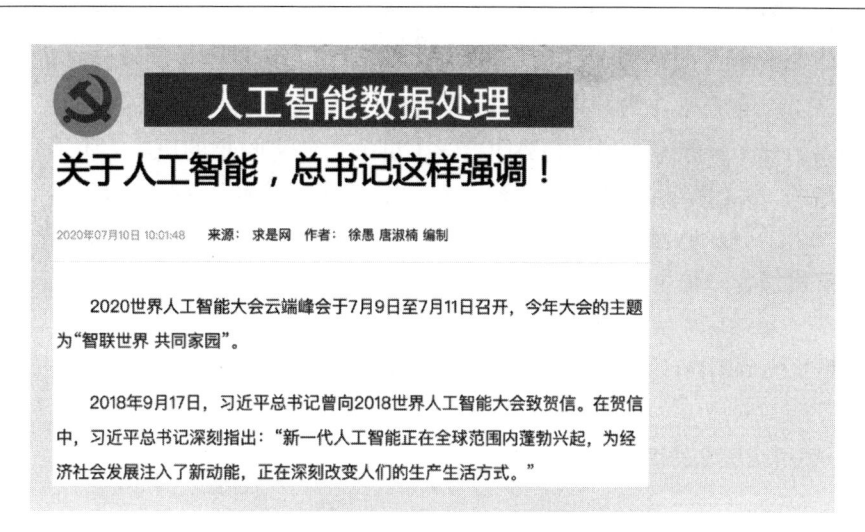

**图1　习近平总书记向 2018 世界人工智能大会致贺信**

## 一、基于 Python 曲线图展示经济发展数据

首先，通过播放视频《90 秒见证中国 GDP 崛起》（图 2），让学生直观地从数据变化感受这些年的经济发展。实践出真知，只有通过实际成果才能检验理论正确与否，只有通过真实感受才能确立所走道路是否光明。因此，需要通过数据展示，让学生更直观感受中国的发展，而不是停留在模糊的印象中。

**图2　90 秒见证中国 GDP 飞速增长**

通过数据处理基础理论及知识的讲解，让学生了解 GDP 是如何进行统计

的，使学生知晓 GDP 是指国内生产总值，主要用于衡量一个国家的经济发展水平，GDP 也通常作为一种指标，用于衡量国家的经济实力。教师通过调用 Python 的 plot 函数库，利用趋势图给学生讲解如何将收集的历年 GDP 的数据进行展示，并给学生发送基础代码。然后，给学生部署任务，收集历年 GDP 数据。为了更好地理解 GDP 的概念，让学生通过回想这些年身边的变化，感受经济发展与幸福生活之间的关系。代码示例如下：

```python
#! /usr/bin/env python3
#-*- coding:utf-8-*-
"""
Created on Tue Dec  7 19:32:16 2021

@ author:jingh
"""
#https://www.cnblogs.com/lone5wolf/p/10870200.html
import matplotlib.pyplot as plt
import matplotlib
matplotlib.rcParams['font.sans-serif']=['SimHei']
matplotlib.rcParams['font.family']='sans-serif'
x_data = ['2013','2014','2015','2016','2017','2018','2019','2020']
y_data = [6364,6770,7441,8271.7,7003,8908,8159.2,8259.2]
plt.title('北京市GDP,以亿元为单位',size=20)
plt.plot(x_data, y_data, color='green', linewidth=2.0, linestyle='--')
plt.show()
```

开始的时候，学生编写错误频发。通过巡查讲解，所有学生都能在指定时间内完成运行，学生运行结果示例如图 3 所示。

**【思政贯穿】**

通过上述实例，学生开始了解中国所达成的伟大经济成就，从而确立中国特色社会主义道路自信，更加明确了只有中国共产党才能带领中国走向伟大复兴的信念。同时给学生讲解习近平总书记谈 2021 年 GDP 目标"把主要精力用在高质量发展方面"（图 4）。通过上述介绍，让学生了解国家发展的目标，明确学习目标、确定努力方向，开始确立学生对社会主义道路自信。

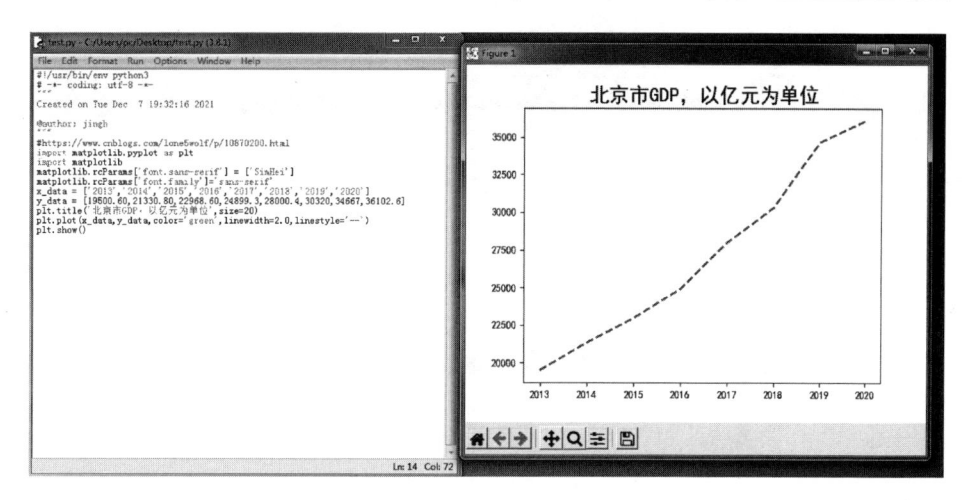

图 3　学生运行结果

图 4　习近平总书记谈 GDP

二、用 Python 柱状图展示进出口贸易数据

介绍进出口总额的概念，让学生了解进出口总额可以用于衡量一个国家对外贸易方面的活跃程度及规模。通过调用 Python 的 plot 函数库，给学生展示基础柱状图，并给学生发送相应的代码。将各国贸易的数据发送给学生，学生在基础代码上，将数据进行标注并比较，通过与主要经济体的横向对比，让学生了解近几年中国所达成的外贸成就。学生运行结果举例如图 5 所示。

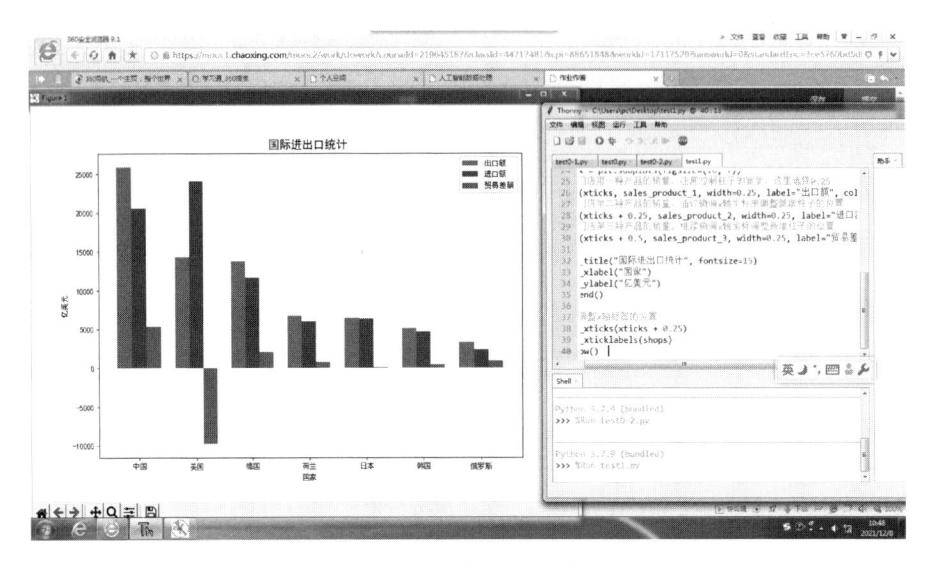

图5 学生运行进出口数据

**【思政贯穿】**

通过与各国贸易数据的对比,学生充分了解了只有在共产党的领导下,坚持马克思主义理论为主导思想,发扬吃苦耐劳、艰苦奋斗的文化传统,才能在疫情情况下克服种种困难,超越其他国家,成为世界第一贸易强国。

通过讲解习近平总书记对贸易的重要指示(图6),让学生明白开放带来进步,封闭导致落后,中国主动扩大进口,不是权宜之计,而是面向世界、

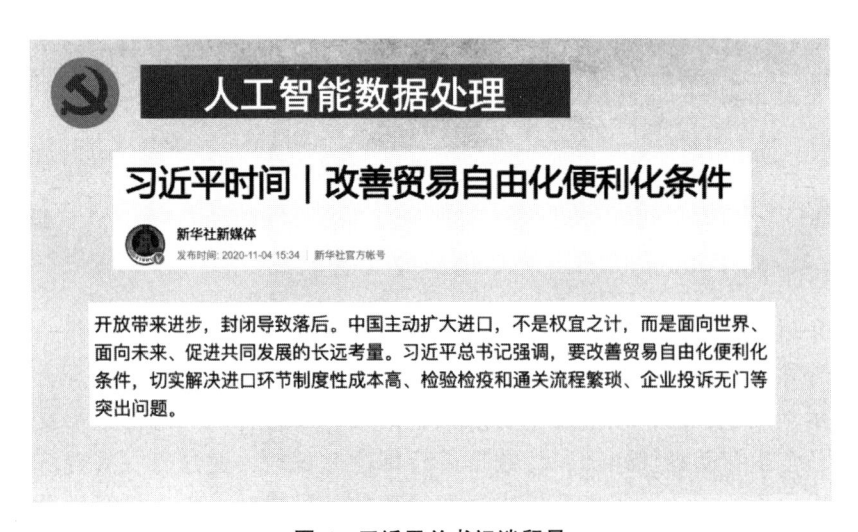

图6 习近平总书记谈贸易

面向未来、促进共同发展的长远考虑。习近平总书记强调，要改善贸易自由化便利化条件，切实解决进口环节制度性成本高、检验检疫和通关流程烦琐、企业投诉无门等突出问题。通过上述讲解，让学生了解贸易与国计民生之间的关系，也让学生开始思考如何运用智能化的数据处理技术，解决总书记所提到的贸易环节中的各种问题，在确立社会主义理论自信及文化自信的同时，通过自身能力坚定实现科技强国的信念。

### 三、用 Python 饼图展示人民代表大会代表组成

向学生介绍人民代表大会制度，让学生了解各级别的人大代表都是以民主方式进行选举而产生的，人民代表对人民负责的同时受人民的全过程监督。通过调用 Python 的 plot 函数库，给学生展示饼图。学生通过查询相关资料，将各省区市人大代表的人数，用饼图进行展示。学生作业运行结果示例如图 7 所示。

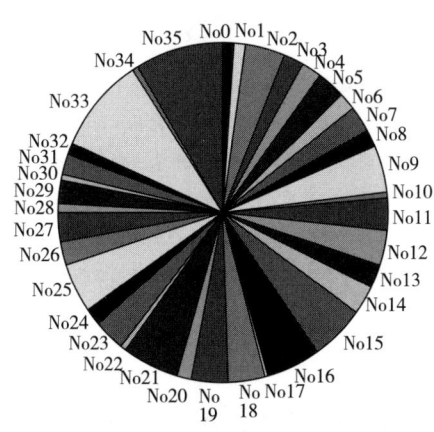

No0北京1.33%　　　No1天津1.03%　　　No2河北3.87%　　　No3山西2.0%　　　No4内蒙古1.77%　　　No5辽宁2.87%
No6吉林1.77%　　　No7黑龙江2.53%　　No8上海1.6%　　　No9江苏4.43%　　　No10青海0.67%　　　No11浙江2.97%
No12安徽3.43%　　 No13福建2.2%　　　No14江西2.53%　　No15山东5.3%　　　No16河南5.33%　　　No17澳门0.4%
No18湖北3.43%　　 No19湖南3.63%　　 No20甘肃1.6%　　 No21广东5.33%　　 No22海南0.73%　　　No23广西2.9%
No24重庆1.83%　　 No25四川4.53%　　 No26贵州2.3%　　 No27云南2.9%　　　No28西藏0.67%　　　No29陕西2.17%
No30宁夏0.67%　　 No31新疆1.87%　　 No32香港1.2%　　 No33中国人民解放军和中国人民武装警察部队9.27%
No34台湾0.43%　　 No35其余由全国人民代表大会常务委员会依照法律规定另行分配8.5%

图 7　学生运行人民代表大会代表组成显示

【思政贯穿】

通过上述实例，给学生讲解民主选举是中国特色社会主义民主集中制的基础，选举权和被选举权是人民行使国家政治权力的重要方式及标志。这种全过程民主，对于保证各级人民代表真正按照人民的意见及建议行使国家权力，是至关重要的，也是保障人民权利的方式。通过讲解，让学生从数据层

面了解社会主义民主制度，理解为什么社会主义民主制度能够代表广大人民，是最科学最民主的制度。

对学生强调党的十八大以来，习近平总书记就坚持和完善人民代表大会制度做出了一系列重要论述（图 8），推动了人大工作取得历史性成就，人民代表大会制度理论和实践创新取得了丰硕成果。通过重温习近平总书记这些重要论述，让学生确立社会主义制度自信，明白只有中国特色社会主义制度才能更好地组织和动员全国各族人民实现“两个一百年”奋斗目标、实现中华民族的伟大复兴。

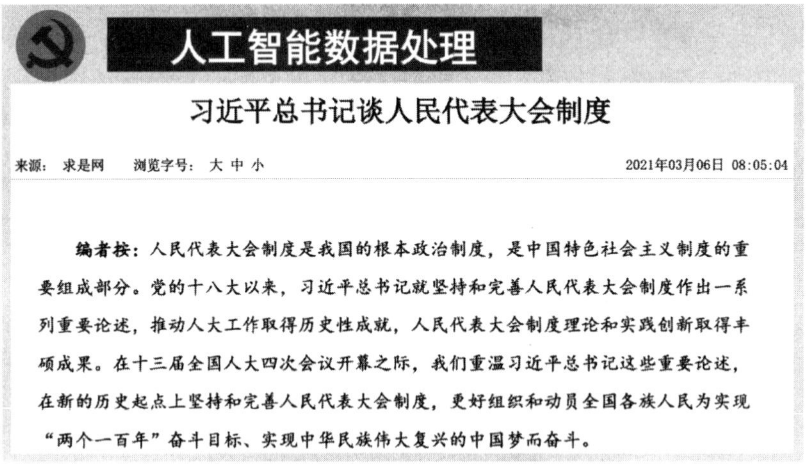
人工智能数据处理

习近平总书记谈人民代表大会制度

来源：求是网　浏览字号：大 中 小　2021年03月06日 08:05:04

**编者按：**人民代表大会制度是我国的根本政治制度，是中国特色社会主义制度的重要组成部分。党的十八大以来，习近平总书记就坚持和完善人民代表大会制度作出一系列重要论述，推动人大工作取得历史性成就，人民代表大会制度理论和实践创新取得丰硕成果。在十三届全国人大四次会议开幕之际，我们重温习近平总书记这些重要论述，在新的历史起点上坚持和完善人民代表大会制度，更好组织和动员全国各族人民为实现“两个一百年”奋斗目标、实现中华民族伟大复兴的中国梦而奋斗。

**图 8　习近平总书记谈人民代表大会制度**

## 四、用 Python 曲线图+柱状图展示中国文化产品出口数据

文化自信是一个国家最重要的软实力之一，也是更加贴近生活，宣传中国的重要途径。首先向学生讲解中国宏观层面的文化发展。图 9 显示了自 2019 年以来中国对外文化贸易发展的成果。其中，中国文化企业在影视剧、网络文学、网络视听、创意产品等领域出口迅速发展，相关文化产品和服务广受欢迎。值得一提的是，近几年中国与“一带一路”沿线国家和地区的对外文化贸易规模逐步扩大，特别是出版物、工艺美术品及收藏品、文化用品进出口额有较快增长。中国对外文化贸易规模稳步增长，结构不断优化，形成以一般贸易为主的贸易格局，带动了文化产业提质升级、外贸结构不断优化。

为了更加客观地展示文化领域发展成就，通过以下具体实例，直观展示文化输出成果。

文化产品出口实例 1：《哪吒》正式走出国门，澳大利亚是首个海外上映《哪吒》的国家。据官微介绍，《哪吒》打破了华语电影 10 年来的最高纪录（图 10），上座率超 90%，而且在澳大利亚更是赢得了首日单厅的票房冠军，在整个同时期上映的电影中票房达到了第二位，甚至还出现了电影票售罄的情况。

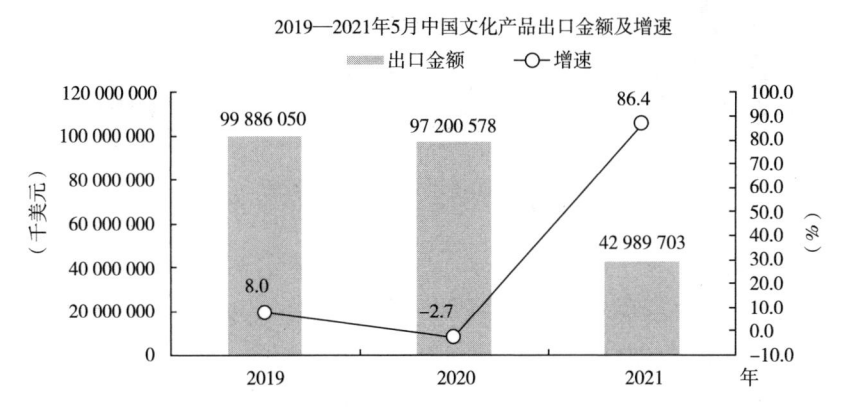

图 9  学生运行中国文化产品出口情况

图 10  动画片《哪吒》海外上映破华语电影 10 年来最高纪录

文化产品出口实例 2：Sensor Tower 商店情报平台介绍了 2021 年 2 月中国手游发行商在全球 App Store 和 Google Play 的收入排名（图 11）。本期共 34 个中国厂商入围全球手游发行商收入榜 TOP100，合计收入超过 22.4 亿美元，占全球 TOP100 手游发行商收入的 40.2%。

图 11　中国手游海外收入排行榜

**【思政贯穿】**

通过文化产品输出数据及具体文化产品的展示，可以让学生明白中国文化在国外大受喜爱，让有些学生摆脱只关注国外动画、游戏、电影、电视剧的状态，而关注国产优秀的文化产品，结合学生的兴趣及关注点，更好地让他们对国产的文化产品产生兴趣，在宣传文化自信的同时，通过贴近生活的方式让学生明白"行行出状元"的道理，祖国各行各业都需要我们，从而让学生产生能力信心、前途信心。

最后再次通过讲解习近平总书记对四个自信的重要讲话（图12），让学生坚信中国特色社会主义道路自信、理论自信、制度自信、文化自信。同时，通过主题讨论的方式，让学生回答中国经济及各方面发展的原因是什么，巩固整个课程成果，提升学生的思想觉悟。

图 12　习近平总书记谈新时代中国特色社会主义思想

## 五、课后布置作业

布置作业，看看还有哪些数据可以反映中国近些年的发展变化，从而在进一步巩固技能学习效果的同时，通过数据进一步增强四个自信。图13为学生收集数据资料的样本。

图13  学生收集数据资料："权威数据看中国发展"

【总结反思】

图14为部分学生回复主题讨论的实例。可以看到，学生在思想层面增强了四个自信。虽然是只言片语，但是更贴近学生的感受，说出了四个自信的核心内容。

图14  学生问答示例

301

四个自信的教育与学生本身的自信教育密不可分,通过四个自信让学生产生了能力信心及前途信心,有利于学生学习的积极性及有效性。

从图15可以看到,第一节至第四节,学生任务完成明显加快,参与度也有提高。比如,第一节27人参与并完成,其他3人未做出来;第四节全员参与,完成时间大大缩短,平均缩短了6.8分钟。除了技术上的熟练之外,思想上的熏陶所带来的积极性的提高也起了很大作用。

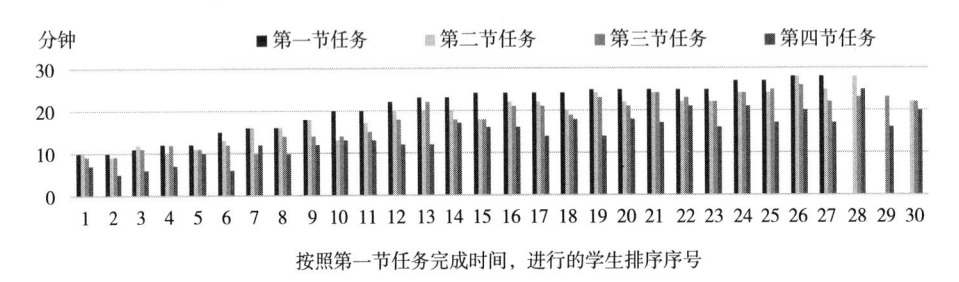

**图15 学生完成任务时间及积极性变化**

虽然通过数据,学生对中国所取得的各方面成就有了一定的了解,但在数据上的深入还有所欠缺,比如需要让学生通过数据了解目前中国面临的"卡脖子"问题,这部分将结合以后的课程逐步展开。只有充分认识成就,客观了解困难,才能更好地坚定自信,让学生更加坚定地投身祖国最需要的领域。一堂课的时间有限,但是本堂课从大的方面让学生对整个国家所取得的成就有了方向性的了解,让学生在客观理解国家发展的同时,坚定信念、不断学习技术、打磨技术、磨炼意志、培养独立思考能力,让四个自信成为学习的动力,增强自身的能力信心与前途信心。

# 英语3：Space Exploration

**教师信息**：葛丽萍　　**职称**：副教授　　**学历**：硕士研究生
**研究方向**：外国语言学及应用语言学
**授课专业**：英语3
**课程类别**：理论课
**课程性质**：公共基础课

## 第一部分　设计思路

### 一、本次设计的课程思政目标

本课程围绕"太空探索"这一主题展开，通过回顾人类探索太空的历史，让学生感悟保持好奇心和求知欲是推动人类发展与进步的巨大动力；通过总结我国航天事业取得的每一项里程碑式的成就，让学生体会到强烈的民族自豪感，增强中国特色社会主义道路自信、理论自信、制度自信、文化自信；通过了解宇航员和科学家为航空航天事业的发展勇于开拓的精神，让青年学生意识到中华民族伟大复兴的使命感；通过探究人类探索太空的意义所在，了解我国科技兴国的战略部署、"以人民为中心"的价值观和治国理政的世界观方法论。

### 二、课程思政教学设计内容

**1. 课前：课程思政引入**

嫦娥四号在人类历史上首次实现航天器在月球背面软着陆和巡视勘察，首次实现月球背面与地球的中继通信，是中国航天事业发展的一座里程碑。一代航天人为了祖国的航天事业，付出了毕生心血，他们的努力，成就了我国今天的航天事业。让我们一起走近他们，了解他们。

**2. 课中：课程思政贯穿授课过程**

首先，本课程的听力材料是我国首位宇航员杨利伟和记者的访谈对话，学生从中可以了解到宇航员的选拔条件和标准。在羡慕英雄辉煌成就的同时，学生能够深刻感受到荣耀的背后离不开勤奋的学习、刻苦的磨练和不懈的努力。其次，本课程的阅读材料讲述人类太空探索的发展历程及重大历史事件，学生从阅读中一方面见证了人类为探索浩瀚宇宙所付出的努力；另一方面领悟到我国在太空探索领域所取得的辉煌成就，以及对太空探索事业的贡献，从而坚定四个自信，增强爱国情怀和民族自豪感。新一代青年肩负着社会主义现代化和中华民族伟大复兴的任务，要学习太空科学家和宇航员不畏艰险、勇于探索的精神，树立远大志向，刻苦学习，为祖国未来的建设事业贡献自己的力量。

**3. 课末：课程思政总结反思**

学生结合本课程对太空探索的话题进行深层次探究。尽管人类在航天事业上取得了伟大的成就，但是关于探索太空是否值得这个问题，我们既要看到太空探索需要付出的代价，又要认识到太空科技对人类生活的影响。结合我国"以人民为中心"的价值观和治国理政的世界观方法论，让学生发表对这个问题的看法，从而提升自己的批判性思维能力和放眼世界、放眼未来的战略格局。

# 第二部分　案例描述

## Space Exploration

### 一、导入教学环节

首先，向学生展示本单元的开篇页主题图（图1），2019年1月3日，玉兔号与嫦娥四号着陆器分离后，驶抵月球表面。教师通过提问启发学生开展"头脑风暴"，激活其背景知识。

Questions：

（1）What can you see in the photo? Who do you think took the photo?

图1　嫦娥四号驶抵月球表面

在图中你看到了什么？你认为是谁拍摄到的画面？

（2）What do you know about the development of China's space exploration?

你对中国的太空探索有哪些了解？

**【思政导入】**

首先，从图片和问题引出中国为人类探索太空做出了哪些贡献。我国是世界上公认的火箭发源地，我国的航天技术在世界上占有重要的地位。目前，神舟十五号搭载三名宇航员，成功完成与天宫空间站的对接。我们相信，沿着我们深空探测任务规划前行，我国的航天领域将会取得更大的突破。由此增强学生的民族自豪感，激发学生的讨论热情。

其次，学习主题图上的单元主题名人名言："Mystery creates wonder and wonder is the basis of man's desire to understand. —by Neil Armstrong"（神秘创造奇迹，而奇迹是人类渴望理解的基础——尼尔·阿姆斯特朗）。这句话告诉我们，自从仰望星空的那一刻起，人类就对身处的宇宙充满了好奇和浓厚的兴趣。人类对宇宙的探索是没有止境的，社会主义现代化和中华民族伟大复兴需要我们去探索进取，我们准备好去探索世界了吗？

## 二、听力部分：谈论如何成为一名宇航员

**1. 听前活动**

引导学生讨论以下问题：

（1）Can you name any famous astronauts from China or abroad?

你能列举出几位国内外著名宇航员的名字吗？

（2）Do you know anything about the selection procedure for astronauts? Make a list of the possible requirements.

你知道宇航员的选拔步骤吗？请列出一些可能的选拔要求。

书中展示了两位中国宇航员杨利伟、刘洋的照片（图2、图3），为学生开展讨论提供必要的提示。

图2　航天员杨利伟　　　图3　航天员刘洋

**【思政贯穿】**

这一板块以"宇航员的选拔"切入单元主题。关于探索太空的奥秘，能够获得最直接感受的非宇航员莫属，因此，宇航员这一职业对于青少年而言充满了魅力，既带着神秘感，又带着使命感。从这一学生感兴趣的话题入手，主要是为了充分激发学生的好奇心和求知欲，让学生了解中国宇航员的选拔条件及过程，既能开阔学生的眼界，了解我国航天事业发展的需求，又能从宇航员的经历描述中体会到成功离不开艰辛的努力这一道理。

**2. 听中活动**

Step 1：Listen to the interview and tick the correct statements.

此处听力细节题主要检测学生是否理解访谈中的事实细节。

Step 2：Listen again and fill in the blanks with the correct numbers.

此处听力细节题着重训练学生精准获取数字信息的能力，包括年龄、飞行时间、参与宇航员选拔的人数、身高、体重等信息。

Step 3：Listen to the interview again and make a list of the requirements for becoming an astronaut.

此处听力笔记题要求学生边听边记录关键信息，然后总结归纳我国宇航员选拔的一些基本条件和标准。

该板块的听力文本是一段访谈对话，访谈嘉宾是我国宇航员杨利伟。在访谈中，杨利伟简单介绍了自己如何通过宇航员的选拔，成为我国第一位宇航员；同时他也谈到我国宇航员的选拔条件和标准，包括教育背景、飞行时长、身体条件、心理素质以及各种课程和训练等方面。通过了解这些细节信息，让学生领悟到想要成为一名宇航员，不仅需具备优秀的身体素质、相关的学历和丰富的飞行经验，还要有过人的学习能力、实践经验、心理素质和意志力。鼓励学生立志为中华民族伟大复兴锻炼身体、勤奋学习、锤炼意志。

**3. 听后活动**

Work in pairs. Discuss whether you would like to be an astronaut in the future and give your reasons. Use what you have learnt from the interview to help you.

学生围绕"你是否愿意成为未来的宇航员？"这一话题展开讨论，一方面提供机会让学生表达理想和感受；另一方面引导学生依据宇航员的选拔标准和要求衡量自己未来当一名宇航员的可能性。

口语活动结束后鼓励学生成为一名宇航员可能是你能做的最困难的工作之一，要达到基本资格需要多年的学习和经验。然而，不管你的梦想是什么，要为这个漫长而艰难的过程做好准备，总有一天你会成功。中华民族的繁荣富强就是一代又一代有梦想的青年去开创的。

三、阅读部分：了解太空探索的发展历程

**1. 读前活动**

Before you read, look at the title and the photos. Discuss these questions in pairs.

（1）What do you think are the main reasons for space exploration?

（2）What do you expect to read about in this text?

读前活动要求学生根据文章标题和配图预测文本内容，同时对人类探索太空的原因发表自己的见解。三张图片分别为阿波罗号登月、挑战者号事故、中国的玉兔月球车（图4、图5、图6）。首先，教师询问学生对这些事物的了解，然后播放小视频让学生感受无数科学家和宇航员为实现人类遨游太空的伟大理想而前赴后继的献身精神，由此推动了人类探索宇宙的进步。

图 4　阿波罗号登月　　图 5　挑战者号事故　　图 6　玉兔月球车

教师一方面帮助学生树立正确的宇宙观，宇宙被人类逐渐认识和了解的同时，人类也付出过一定的代价，但是失败和挫折并没有阻止人类探索太空的脚步；另一方面帮助学生了解我国在太空探索领域所取得的辉煌成就以及对人类太空探索事业的贡献，从而坚定文化自信，增强爱国情怀和民族自豪感。引导学生树立远大志向，刻苦学习，为中国未来的航天事业贡献自己的力量。

**2. 读中活动**

（1）Read the text. Several sentences have been removed from it. Choose the correct sentence (A–D) to fill each gap.

要求学生阅读文本，并将文本中缺失的四个句子还原，目的是培养学生对语篇结构和上下文逻辑关系的观察、分析和判断能力。

（2）Read for the main idea with each paragraph.

阅读文章并提取段落大意。文章按照时间顺序简要介绍了人类探索太空的历史，共有五个段落，分别叙述了以下内容：①人类一直对未知的太空充满好奇心；②20世纪中期开始，美国和苏联在太空探索领域取得了举世瞩目的成就；③尽管经历了一些挫折和灾难，但人类探索太空的决心不曾改变；④中国的太空探索计划虽然起步较晚，但发展迅速，成就显著；⑤人类探索太空的脚步会越迈越远，未来可期。引导学生从文章的每个段落中学习科学家和宇航员不畏困难、刻苦钻研、追求卓越的科学精神。

(3) Read for details: Complete the passage with words from the text.

阅读并提取细节。学生根据关键词迅速梳理人类探索宇宙的历程和中国在航天事业上所取得的成就。该语篇类型是科普文，文章按时间顺序简要介绍了人类探索太空的历史。通过仔细研读语篇和设置有效任务，帮助学生识别语篇类型，提炼语篇主题，挖掘科学家和宇航员的精神以及树立个人正确的价值观和远大目标。

(4) Discussion for critical thinking.

思考讨论：

Why does the author use the title "Space: The Final Frontier"?

为什么作者使用这一题目："宇宙：最后的边界"？

Do you agree that space is the final frontier for human beings to explore? Why?

你认为太空是人类最终的边界吗？为什么？

文章的标题是"Space: the Final Frontier"（宇宙：人类最后的边界）。重新措辞后，问题可以变成"太空是我们人类最后可以探索的唯一地方吗？"让学生梳理文章后，回到标题，激发学生批判性思考，形成自己对太空探索的看法。在讨论的过程中，深刻领会人类的探索精神。

学生讨论后，教师夸赞学生的独到见解，并总结关于地球还有很多我们需要探索的东西，比如，我们才刚刚开始涉及信息和人工智能的新技术突破。我们周围有许多科学和技术前沿，科技兴国的征程还任重道远。

四、角色扮演和采访

学生两人一组开展角色扮演活动，一人扮演杨利伟，另一人扮演新闻记者。新闻记者向杨利伟提问，了解他在青年时期为实现梦想所付出的努力，以及如何面对生活和工作中的挫折，磨练出坚强的意志。各小组先自行练习采访对话，最后教师请不同小组在班上表演，并同时给予思政总结评价。

## 五、作业

(1) Give a presentation on China's space exploration, especially the important technological breakthroughs and space missions.

(2) Discuss: What's the significance of space exploration?

课后作业是课堂课程思政的延伸和效果检验。学生下次课制作成PPT分组展示。两个作业二选一完成。

作业一：要求学生分组合作在网上或者图书馆查找有关中国太空探索成就的信息，特别是太空任务的重要技术突破，把信息整理归类，如表1所示。设置这一作业，不仅能开阔学生的视野、丰富他们的主题知识积累，还能锻炼学生的思辨能力。鼓励学生课后通过各种方式继续收集各种有关宇宙和人类探索宇宙方面的资料，探索宇宙的奥秘。

表1 作业用表

| Mission 发射任务 | Launch Time 启动时间 | Launch Vehicles 运载火箭 | Astronauts 宇航员 | Mission Goals 任务目标 |
|---|---|---|---|---|
| Shenzhou 1 | | | | |
| Tiangong 2 | | | | |
| …… | | | | |
| Shenzhou 11 | | | | |
| Tianzhou 1 | | | | |
| …… | | | | |

作业二：尽管人类的太空探索事业取得了伟大的成就，但是由于人类探索太空花费巨大，是否值得这个话题一直争议不断。让学生从"以人民为中心"的价值观出发，结合我党治国理政的世界观方法论、科技兴国的战略角度讨论太空探索为人类带来哪些益处。

【总结反思】

本节课在不同的教学环节适时融入课程思政元素，让学生在学习知识和技能的同时，润物细无声地渗透思政教育。学生在教师的带动下，从上课伊始对太空探索产生好奇和探究心理，到体会到我国航天事业的蓬勃发展的自豪感和自信心，意识到身上肩负着现代化和中华民族复兴的伟大使命，再到为国计民生、为人类命运共同体思虑，从认识观层面得到提升。

# 全球商业环境分析：国际商务面临的文化环境及应对

**教师信息：** 马洁　**职称：** 副教授　**学历：** 硕士研究生
**研究方向：** 国际贸易，供应链管理
**授课专业：** 突尼斯留学生（市场营销专业）
**课程类别：** A 类（理论课）
**课程性质：** C 专业群技术基础课

## 第一部分　设计思路

一、本次设计的课程思政目标

本次课程的教学对象是突尼斯留学生。留学生教育是对外展示我国形象的重要窗口，突尼斯是我国在"一带一路"上的合作伙伴，中突联合培养项目本身就是为实现国家"一带一路"倡议贡献力量，是对我国一向践行的共商共享共建全球治理观的贯彻执行。习近平总书记在党的二十大报告中强调："我们真诚呼吁，世界各国弘扬和平、发展、公平、正义、民主、自由的全人类共同价值，促进各国人民相知相亲，尊重世界文明多样性，以文明交流超越文明隔阂、文明互鉴超越文明冲突、文明共存超越文明优越，共同应对各种全球性挑战。"在此背景下，我们需要重视以留学生教学这样的"小"窗口传播我国弘扬全人类共同价值的"大"声音。

本次课的教学单元是"国际商务面临的文化环境及应对"，选自课程"全球商业环境分析"，本课程属于专业群技术基础课，面向突尼斯大学二年级的学生开设，以理论教学为主，辅以案例分析。文化环境是影响国际商务的一个重要因素，各民族的文化差异直接影响国际商务活动中的沟通谈判、跨国经营等方面。结合本课的知识和能力教学目标，以案例的方式恰当引入"中国故事"，如以中华传统文化为例探讨文化差异的根源，以中国企业跨文化经

营案例分析应对之道，在帮助留学生掌握知识、锻炼能力的基础上实现思政教学目标，即传播中华文化、彰显中国精神、展现中国形象，推动中华文化更好地走向世界；宣传习近平总书记提出的"构建人类命运共同体"的理念和共建"一带一路"的倡议，引导留学生知华、友华，成为推动中外交流与合作的积极力量；进而弘扬和平、发展、公平、正义、民主、自由的全人类共同价值，鼓励留学生未来以平等、包容、开放、自信的态度进行国际商务活动。

二、课程思政教学设计内容

本次课综合运用案例分析、翻转教学、项目教学等多种方法，将思政元素渗透到教学过程中的课前、课中和课后，使知识学习、能力训练和思政教育三条主线相融合，起到如盐入水、春风化雨的育人效果。思政教学设计思路如图1所示。

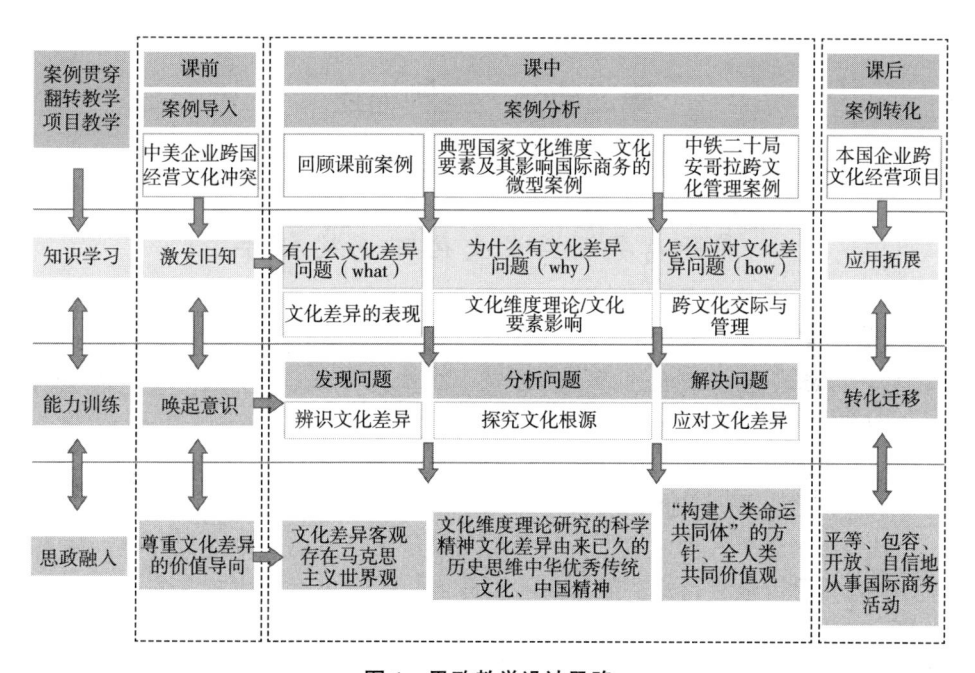

图1 思政教学设计思路

**1. 课前：课程思政引入**

课前导入中国企业福耀玻璃在美建厂经营遭遇文化冲突的案例，请留学生分析企业在跨国经营中遇到的问题，发现导致问题的文化根源，为引导留学生认识文化多样性及其影响做铺垫，启发尊重文化差异的价值导向。

**2. 课中：课程思政贯穿授课过程**

基于导入案例的讨论，按照国际商务活动中"有什么文化差异问题（what）"，"为什么有文化差异问题（why）"，"怎么应对文化差异问题（how）"的思路，在三个阶段融入思政元素，引导留学生首先建立全球各国文化多样性的马克思主义世界观，再以中华优秀传统文化为例从文化根源上理解文化差异由来已久，进而通过中国企业在"一带一路"倡议下海外跨文化经营的案例分析，传播中华文化，宣传中国"构建人类命运共同体"的治国理政理念。

**3. 课后：课程思政总结反思**

课后布置小组项目任务，进行跨文化商务沟通、谈判、经营活动方案制定，借此巩固留学生在尊重文化差异的基础上进行国际商务活动的观念，弘扬和平、发展、公平、正义、民主、自由的全人类共同价值，帮助留学生树立以平等、包容、开放、自信的态度进行国际商务活动的思想意识。

# 第二部分 案例描述

## 国际商务面临的文化环境及应对

【思政导入】

课前，老师通过 Classin 发布案例导入任务，提供"福耀美国工厂文化冲突"的案例资料，要求学生思考：

（1）企业在跨国经营中遇到了什么困难和问题？

（2）这些问题反映出中美哪些文化差异？

选择中美两个大国的案例，留学生可以从第三方的视角进行分析，易于调动参与度和开放性讨论，通过问题引导留学生发现案例中蕴含的中美文化差异，激发学生的旧知，形成对全球各国文化多样性及其对国际商务活动产生影响的基本认知。

【思政贯穿】

一、回顾课前案例，辨识文化差异（what）

首先，结合课前案例，让留学生分组梳理中美企业管理在文化上的差异点,如对加班和执行力、集体荣誉和使命感、决策权及决策方式等的认识差异。请学生代表进行分享,其他学生相互补充,营造一种同伴学习、开放沟通的氛围。

其次,提问留学生在本国的企业经营中是否也存在类似的问题。引导有实习或工作经历的学生谈一谈相关经历,引发学生对全球各国文化差异的既有经验认识分享,教师加以点评和引导,形成全球各国文化差异客观存在的辩证唯物主义认知。

## 二、系统学习知识,探究文化根源(why)

从课前案例梳理出的文化差异切入,提问"为什么会存在这些文化差异",引出新知"文化维度"和"文化要素",重点学习霍夫斯泰德的文化维度理论,进而探讨由价值观、思维方式、风俗习惯、语言情境等文化要素构成的文化差异的根源,引导留学生理解全球各民族多样的文化由来已久,在国际商务交往中不容忽视。具体设计如下:

**1. 学习霍夫斯泰德的文化维度理论**

霍夫斯泰德对文化维度的研究始于20世纪70年代,样本涉及40多个国家的11.6万IBM员工,通过统计不同国家员工在与工作有关的价值观方面的差异,提出不同民族文化在五大维度上存在差异,包括权力距离、个人主义和集体主义、阳刚或阴柔气质、不确定性规避、长期或短期取向。他在2010年的研究中又加入了第六个维度,即放纵与约束。目前这项研究仍在继续,最新研究数据会在其官网更新,展现出研究者的科学精神。

接下来,系统讲解文化维度理论的内容及各个维度上具有代表性的国家或地区。采用对比学习的方法,将中、美、日、德四大贸易国的文化维度进行对比分析,结合课前案例,让学生回答案例中的文化冲突可以用哪个文化维度的特征来解释。教师点评,指出案例中对集体荣誉和使命感、加班和执行力的认识差异源于个人主义和集体主义、长期导向与短期导向维度,中华文化更认同集体主义,将企业视为大家庭,更追求长期导向,愿意为长期目标牺牲短期利益。

**2. 产生文化差异的根源——文化要素**

采用互动讲解+微型案例讨论的方式,引导学生学习各国、各民族在价值观、社会结构、风俗习惯、语言情境等文化要素方面的差异,进一步指出:文化维度理论是基于广泛样本数据统计得出的观点,而深层次的文化要素更能体现文化差异的根源所在。仍然以中、美、日、德等典型国家为例,提供微型案例，进行对比学习，如东西方思维方式对谈判策略的影响、风俗习惯对商务礼仪的影响等。特别以中华文化为例，介绍中国传统文化的核心价值理念"仁义礼智信"，历史悠久、影响深远、传承至今，是当前中国所弘扬的社会主义核心价值观的重要源泉，也是中国企业从事商务活动的文化底蕴。在此基础上，强调文化要素的根源性，文化差异不可忽视，建立文化多样性由来已久的历史思维，形成认真应对文化差异的意识观念。

三、针对案例情境，应对文化差异（how）

（1）基于对文化多样性的认识，从国际商务人员如何进行跨文化商务交际和企业如何进行跨文化经营管理两个方面，系统学习如何应对文化差异。引入中铁二十局承揽安哥拉铁路工程的跨文化管理案例，在案例背景中介绍"一带一路"倡议，传播中国"构建人类命运共同体"的理念，联系到我校与突尼斯的教育合作，让留学生切身体会人类命运共同体理念中深邃的中华文化情怀，即兼济天下的文化根源。通过案例内容分析，强调中国企业所遵循的"求同存异、和而不同"的文化价值理念，引导留学生认识到必须以相互尊重、平等互利、开放包容的态度积极沟通、求同存异，这样才能促成商务合作与共同发展，而这也正吻合了中国所弘扬的和平、发展、公平、正义、民主、自由的全人类共同价值的基本要义。

（2）小组项目化任务的准备，教师提供国际商务活动的模拟项目场景，学生小组自选感兴趣的国家，制定相应的跨文化商务沟通、谈判或经营方案。课上分组讨论方案要点，教师进行讲评，课后制定完整方案，进一步引导学生将平等、包容、开放、自信的态度应用于国际商务活动中。

【总结反思】

面向"一带一路"国家突尼斯的市场营销专业留学生，教学设计层层递进，结合专业内容的教学需要融入思政元素。在文化多样性的学习中以中华文化为例，展现中华优秀传统文化的源远流长，进而在企业如何应对文化差异的学习中，引入中国企业在"一带一路"国家跨文化经营的案例，传播中华文化、彰显中国精神、展现中国形象，宣传"构建人类命运共同体"的理念和共建"一带一路"的倡议，传递中国在尊重世界文明多样性的基础上，同世界人民携手共创人类更加美好未来的愿望，表达在求同存异、和而不同的文化价值理念中与留学生携手传递文明价值、共建更美好世界的愿景，最终达成弘扬和平、发展、公平、正义、民主、自由的全人类共同价值，引导留学生知华、友华及鼓励学生以平等、自信的态度进行国际商务活动的思政教育目标。

# 全球商业环境分析：
# 全球价值链的发展方向

**教师信息：** 郭孟珂　**职称：** 讲师　**学历：** 博士研究生
**研究方向：** 供应链管理，全球价值链
**授课专业：** 国际商务专业
**课程类别：** 理论课
**课程性质：** 专业群技术基础课

## 第一部分　设计思路

### 一、本次设计的课程思政目标

本次课侧重在认识观层面理解习近平新时代中国特色社会主义思想，坚持知识传授与价值引领相统一、显性教育与隐性教育相统一。通过学习帮助学生认清近年来中国在全球价值链中的地位变化，以及在疫情冲击下中国所面临的机遇和挑战，使学生深刻理解和领悟以中国式现代化推进中华民族伟大复兴的时代意义，从而激发学生为中国企业提升自身在全球价值链中的地位而奋斗的动力，提升学生的民族使命感和时代责任感，在中国式现代化进程中苦练专业技能、成就青春梦想、贡献电科力量。

### 二、课程思政教学设计内容

**1. 课前：课程思政引入**

介绍全球价值链的案例，帮助学生理解全球价值链的概念和框架体系，掌握从价值链角度衡量产品出口的新思路，了解中国企业当前在全球价值链中所处的地位。

**2. 课中：课程思政贯穿授课过程**

介绍近年来我国在全球价值链中的发展方向，以及疫情冲击给中国带来的

机遇和挑战，帮助学生理解疫情对我国产业造成的影响，为学生树立全球化的贸易观念。学生通过了解中国在全球价值链中的地位，全面认识"中国这十年"贸易高质量发展取得的历史性成就，更加坚定中国特色社会主义道路自信和制度自信，激发爱国主义精神和民族自豪感，提升民族使命感和时代责任感。同时，培养学生关注时事、关注行业动态的习惯，学会以纵览全局和动态发展的视角分析问题，用辩证的思维分析中国的全球价值链在疫情冲击下的机遇和挑战。

**3. 课末：课程思政总结反思**

本次课程的教学遵循专业基础知识和思政内容相融合的思路，通过案例讲授、时事热点引入等方式，带领学生逐步形成对全球价值链发展方向的基本认知，实现坚定中国特色社会主义道路自信和制度自信，激发爱国主义精神和民族自豪感，提升民族使命感和时代责任感的主要思政目标。

# 第二部分 案例描述

## 全球价值链的发展方向

【思政导入】

通过苹果手机全球价值链的案例引入，讲解全球价值链的概念和框架体系。苹果手机的主要利润分布在微笑曲线的两端——产品研发设计与品牌营销，价值链上的这两个环节创造的附加值远高于生产制造环节，如图1产业微笑曲线所示。

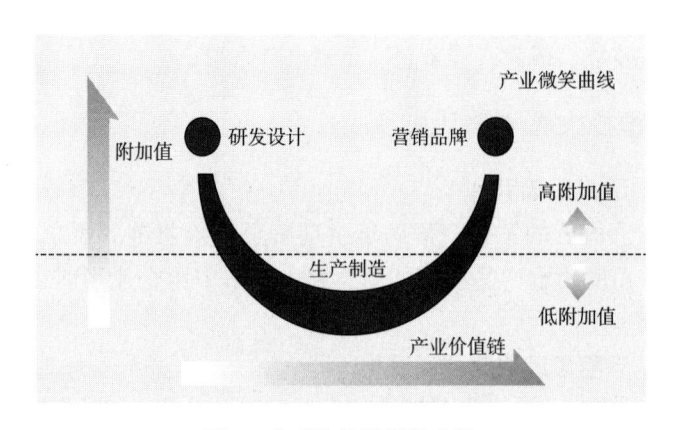

**图1 全球价值链微笑曲线**

思政元素：树立全球化贸易观念，能够从全球价值链的视角看中国企业在其中创造的价值和获取的利润，正确认识中国企业在全球价值链中的地位，激发学生的民族使命感和时代责任感。

本节课的教学目标如图 2 所示，在实现知识目标和能力目标的同时，将思政元素贯穿其中，进一步树立全球化的贸易观念，特别是坚定中国特色社会主义道路自信和制度自信，激发学生的爱国主义精神和民族自豪感，提升民族使命感和时代责任感，培养纵览全局、动态发展、辩证思维的能力。

**知识目标**
- ✓ 掌握中国对外贸易结构
- ✓ 理解全球价值链对国际贸易结构的影响
- ✓ 理解中国在全球价值链中的地位及变化　**重点**

**能力目标**
- ✓ 能从全球价值链视角分析国际贸易结构
- ✓ 能结合全球价值链重构的趋势分析国际贸易的发展方向　**难点**

**思政目标**
- ✓ 树立全球化的贸易观念　**贯穿整门课程**
- ✓ 坚定中国特色社会主义道路自信和制度自信
- ✓ 激发学生的爱国主义精神和民族自豪感
- ✓ 提升民族使命感和时代责任感　**核心**
- ✓ 学会用纵览全局、动态发展、辩证的思维分析问题

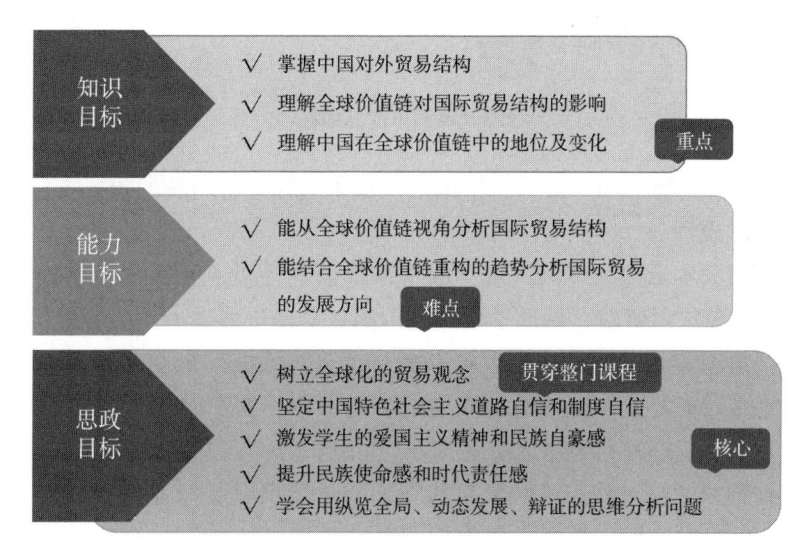

图 2 "三位一体"的教学目标

【思政贯穿】

近年来，全球价值链的发展方向发生了一定变化。本节课从全球价值链的五个发展方向入手，引导学生坚定中国特色社会主义道路自信和制度自信，激发爱国主义精神和民族自豪感，提升民族使命感和时代责任感，树立远大理想，以技能为核心，以自强为本，为中国式现代化贡献电科力量（图 3）。

一、全球价值链不可能"去中国化"

**1. 主要内容**

从中国的消费市场和制造业基础看，全球价值链"去中国化"不可能成为现实。首先，中国对外资企业的吸引力仍然存在。其次，外资企业已经深入融入中国市场，外资企业离开中国后，其产品进入中国市场的成本如物流、

```
教学主线:
01 全球价值链不可能"去中国化"
02 全球供应链的贸易强度和人口红利下降
03 发达国家吸引制造业回流，发展中国家推动制造业转型升级
04 服务在全球产业链中发挥着越来越重要的作用
05 新冠疫情给中国的全球价值链发展带来的冲击和机遇

双线融合

思政主线:
01 坚定中国特色社会主义道路自信和制度自信
02 激发爱国主义精神和民族自豪感
03 提升民族使命感和时代责任感
```

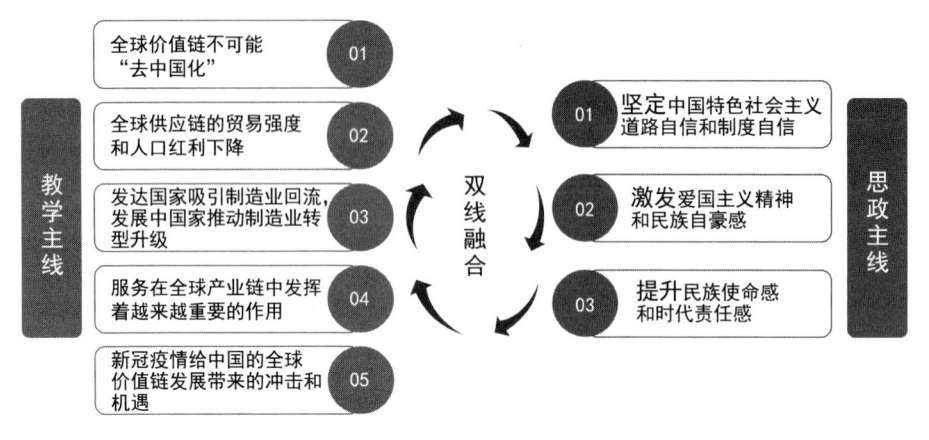

**图 3　课程思政路线图**

税收等方面将大幅增加。最后，中国已经成为全球经济增长的重要支柱。

**2. 教学设计**

（1）回顾本章前一节的内容，即全球价值链环境下我国贸易结构和产业结构发生的变化和调整，帮助学生理解中国在全球价值链中的中心地位。

（2）组织"学习党的二十大报告·关注重要数据"的自主学习活动，重点关注党的二十大报告提到的阶段性成果的数据，充分认识中国为世界做出的贡献以及不断提升的国际地位。

（3）带领学生对我国第一大出口行业——纺织服装行业在全球价值链中的地位进行案例分析，绘制世界纺织服装业的拓扑结构图，充分认识到中国在纺织服装业中的中心地位。综合上述内容，帮助学生理解全球价值链不可能"去中国化"。

思政元素：①党的二十大报告提到的多项数据彰显了我国的综合国力，强大的国力是我国在全球价值链中取得重要地位的基础。祖国的强大不仅是民族企业发展的牢固基石，更是人民美好生活的强大支撑。②通过分析中国在全球价值链中的不可替代性，坚定中国特色社会主义道路自信和制度自信，激发学生的爱国主义精神和民族自豪感。

## 二、全球供应链的贸易强度和人口红利下降

**1. 主要内容**

全球价值链中劳动密集型制造业逐步向资本密集型制造业转变，这种转变将对各国参与全球供应链产生重要影响，特别是低收入国家。

**2. 教学设计**

要求学生查阅我国自加入世界贸易组织以后主要出口行业的情况，引导学生重点关注我国主要出口行业的变化，目前主要出口行业在全球价值链中所处的地位，判断出口行业属于劳动密集型制造业还是资本密集型制造业，了解我国的劳动力优势在其中发挥的作用。以中国主要出口行业集成电路为例，该行业是劳动密集型制造业，相关从业人员都属于高质量的技术技能人才，劳动力优势明显。

思政元素：我国的劳动力优势已经从低成本优势逐步向高质量优势发展，适应全球价值链的发展方向，我国企业在劳动力这一重要生产要素上具有明显的优势，激发学生的民族自豪感。

### 三、发达国家吸引制造业回流，发展中国家推动制造业转型升级

**1. 主要内容**

发达国家深度参与全球价值链，出现了制造业空心化的现象，疫情冲击之下，部分发达国家的制造业受影响较大，恢复周期较长。因此，美国、日本等多个国家积极出台措施，吸引制造业，尤其是中高端制造业向本国回流。发展中国家为了提升自身在全球产业链体系中的地位和作用，摆脱低端制造业锁定的格局，逐渐从加强设计研发、提升技术水平等方面提高本国制造业的附加值。

**2. 教学设计**

带领学生查阅疫情之后各国制造业恢复情况，选取防疫用品行业、各国支柱性产业等具有代表性的行业进行数据整理和资料收集，对比分析中国和发达国家制造业在疫情冲击之下的恢复情况，得出结论：中国在疫情冲击后迅速恢复，远快于多数西方发达国家。

思政元素：疫情冲击之下，我国的制造业恢复速度非常快，得益于我国在全球价值链中的全面布局，是全世界唯一拥有联合国产业分类中所列全部工业门类的国家，在16个制造业门类中有12个拥有世界上最长的价值链，形成了在全球范围内都难以被替代的价值链网络。帮助学生了解我国目前在全球价值链网络中的真实地位，学会从纵览全局和动态发展的视角分析问题。进一步坚定中国特色社会主义道路自信和制度自信，激发学生的爱国主义情怀。

### 四、服务贸易在全球产业链中发挥着越来越重要的作用

**1. 主要内容**

在过去十年中，服务贸易较货物贸易增速60%以上，服务业创造了大约

1/3 的交易制成品价值，跨国公司向其全球附属公司发送的无形资产，包括软件、品牌、设计、运营流程以及总部开发的其他知识产权，都代表着巨大的价值。自 2012 年起，我国每年都举办中国（北京）国际服务贸易交易会（即服贸会，前京交会），它是全球唯一涵盖服务贸易 12 大领域的综合型服务贸易交易会，是国家级、国际性、综合型展会和交易平台。

**2. 教学设计**

设计服贸会专题活动，鼓励学生以线下参会、线上收集资料的方式参与 2022 年中国（北京）服贸会，以小组形式在课堂上分享服贸会见闻。这些活动使学生认识到 2022 年服贸会指明了我国服务贸易发展开放和创新的方向，为全球服务贸易的繁荣发展做出了重要的贡献。

思政元素：①培养学生关注时事、关注行业动态的习惯，帮助学生认识到个人发展与行业发展和国家发展息息相关。②借助服贸会专题活动进一步理解我国服务贸易在全球产业链中发挥的作用，坚定中国特色社会主义道路自信和制度自信，激发学生的爱国主义精神和民族自豪感。

### 五、新冠疫情给中国的全球价值链发展带来的机遇和挑战

**1. 主要内容**

疫情的短期冲击难以彻底改变各国在全球价值链中的位置，长期来看将为我国在全球价值链中的发展带来机遇，中国企业可以通过技术创新、产业升级等路径提高我国全球价值链的稳定性。一方面，中国的全球价值链已经从代工链向全球创新链转变，技术创新在全球范围内出现国际梯度转移和全球协作的特征，使得全球价值链的发展在原有制造业价值链基础上，向全球创新链层面深度拓展。新冠疫情对技术创新的影响不大，我国在全球创新链上的布局能增加抵抗风险的能力。另一方面，中国的产业升级促使原来用于跨国企业国内配套的高端产品有机会进入全球价值链，深化与其他新兴发展中国家的合作。总体来看，随着国内疫情的进一步好转，中国稳定的全球价值链会使得中国市场对外资具有更强的吸引力，同时也为中国企业走出去提供了更好的机会。

**2. 教学设计**

引导学生总结中国在全球价值链网络中的优势和劣势，分析疫情冲击给我国发展带来的机遇和挑战，帮助学生认识到本次疫情是继美国对华贸易战之后，对中国在全球价值链中地位的再一次压力测试，激发学生国家兴亡、匹夫有责的责任感和使命感。

思政元素：①中国齐全的产业网络和强大的市场潜力，不断实施的稳定经济政策和优化的营商环境，以及我国人力资本水平的逐年提升，是我国全球价值链地位不断提升的关键因子，进一步增强学生的国家自信精神。②学会用辩证的思维分析问题，疫情的冲击给中国的全球价值链发展带来挑战的同时也带来了机遇。激发学生的民族使命感和时代责任感，培养具有工匠精神的技能人才，为我国实现制造业强国的目标添砖加瓦，以青春助力中国式现代化。

【总结反思】

本次课的教学遵循专业基础知识和思政内容相融合的思路，通过介绍全球价值链的发展方向，全方位、多角度地带领学生对我国当前在全球价值链中所处的位置进行了深入的分析，通过开展"学习党的二十大报告·关注重要数据"的自主学习活动、服贸会专题活动、纺织服装业拓扑结构图的绘制等活动，将坚定中国特色社会主义道路自信和制度自信，激发爱国主义精神和民族自豪感，提升民族使命感和时代责任感的思政目标有机融入教学过程当中，取得了盐溶于水、润物细无声的教学效果。

同时，在本次课的教学实施中，也进行了以下反思：

第一，思政目标的实现需要长期坚持培养，要贯穿在整门课程的教学中。培养学生的全球化贸易观念就是贯穿整门课程的思政目标，同时要学会从全球价值链的角度分析问题，大到我国的综合实力，小到某个行业、某个企业在全球价值链上所处的位置，进一步坚定中国特色社会主义道路自信和制度自信，激发学生的爱国主义精神和民族自豪感。

第二，学生在资料查找和案例学习的过程中，学会专业知识并实现预设的思政目标有一定的难度。绘制纺织服装业的拓扑图难度较大，可以根据学情让学生查阅相关资料，由授课教师主导拓扑图的绘制。学生在查阅"服贸会专题活动"资料的过程中，接触到大量新闻报道和资料，无法有效筛选与专业相关的信息，需要授课教师进行引导，培养学生收集资料的能力、信息处理能力和理解能力，从而实现预设的思政目标。

# 大学英语1：Living Green：China's Solar Roof Water Heaters

**教师信息**：郭文玲　**职称**：副教授　**学历**：硕士研究生
**研究方向**：英语语言与教学
**授课专业**：商务英语
**课程类别**：理实一体课
**课程性质**：公共基础课

## 第一部分　设计思路

一、本次设计的课程思政目标

本次课旨在引导学生通过对比中美对太阳能的开发利用，帮助学生深入了解我国"推动绿色发展，促进人与自然和谐共生"的理念，从而激发他们对美丽中国的热爱。

二、课程思政教学设计内容

**1. 课前：课程思政引入**

通过学习通发放阅读资料《2021年中国太阳能热水器发展现状及未来趋势分析》，要求学生阅读了解太阳能热水器在中国的发展现状；要求学生查阅资料了解太阳能热水器在美国的使用现状；对比太阳能热水器在中美市场的差异，思考差异背后的原因。

由此帮助学生初步了解太阳能热水器在中美的市场情况；通过对比，对太阳能在我国的开发利用有进一步的认识；加深学生绿色发展的环保意识。

**2. 课中：课程思政贯穿授课过程**

本课的内容为 Living Green：China's Solar Roof Water Heaters 的阅读材料，教学将紧紧围绕文章展开，通过一系列阅读问题帮助学生了解中国太阳能热水器的普及情况，通过小组讨论总结太阳能热水器在中国普及的原因。

通过这两项主要教学活动，将环保能源在中国开发利用，打造大美中国的思政内容贯穿整个教学过程，帮助学生在学习语言表达的同时，描绘出美丽中国的美好画面，将人与自然和谐共生的理念植入学生的认识中，进而理解并赞扬我国在推进能源革命，规划建设新型能源体系的亲民举措。

**3. 课后：课程思政总结反思**

要求学生以导游的身份，结合课前阅读资料《2021 年中国太阳能热水器发展现状及未来趋势分析》及课上所学文章 Living Green：China's Solar Roof Water Heaters，撰写一份导游词，录制一个视频。

通过讲解中国太阳能的开发情况及太阳能热水器的普及情况，向世界介绍我国在推动绿色发展、促进人与自然和谐共生、应对气候变化全球治理方面做出的努力与贡献。

# 第二部分　案例描述

## Living Green：China's Solar Roof Water Heaters

**【思政导入】**

观看习近平总书记在中国共产党第二十次全国代表大会报告关于"推动绿色发展，促进人与自然和谐共生"的视频录像。结合讲话内容以及课前阅读资料，组织学生讨论：

What has our government done to promote a harmonious development between human and nature in terms of the development of green energy？

Please name some green energies used in our daily life.

引出本课主题词：solar energy，solar water heater

**【思政贯穿】**

一、问题引导

在讲解课文的同时，通过以下问题帮助学生思考并了解我国政府在太阳能开发利用以及让这一绿色能源惠及百姓所做的努力；同时，从文章的描述让学生看到一幅人与自然和谐共生、百姓安居乐业的美丽中国的美好画面。

(1) How many roof top solar water heaters are there in China currently? How many companies are manufacturing these devices?

(2) How come nearly 10% of all homes in China now have a unit on their roofs along with a high yearly growth rate?

(3) What can we benefit from the development of solar water heaters?

二、小组讨论

结合课文后半部分内容，组织学生讨论"Why is it so rare to see roof top solar water heaters in America while such devices are commonplace in China?"通过讨论对比中美家庭式太阳能热水器使用上的差距，帮助学生进一步体会我国在实施全面节约战略，推动绿色低碳生活方式的力度，积极主动投入到"蓝天、碧水、净土保卫战"，共建美丽中国。

【总结反思】

课文最后，作者发出的感慨恰好能激发我们作为一个中国人的自豪感：

... just imagine if more countries could offer these systems at affordable prices like China has. They would be immensely popular since it would help dramatically lower our energy cost while cutting carbon emissions.

作为一个中国人，何其有幸！我国政府通过大力推广屋顶式太阳能热水器，一方面使我们可以轻易获得清洁、便宜的能源，同时也为我们创造了机会，可以投入到"蓝天、碧水、净土保卫战"，共建美丽中国！

# 食品微生物检测技术：免疫磁珠法检测大肠埃希氏菌 O157：H7

**教师信息：** 汪洋　**职称：** 讲师　**学历：** 硕士研究生
**研究方向：** 食品微生物技术
**授课专业：** 食品营养与检测
**课程类别：** 理实一体化课程
**课程性质：** 职业技术技能课

## 第一部分　设计思路

一、本次设计的课程思政目标

（1）通过我国科学家抗击大肠埃希氏菌 O157：H7 疫情的事迹，让学生在学习知识技能的同时，弘扬科学家胸怀祖国、服务人民的爱国精神，敢为人先的创新精神，严谨治学的求实精神，潜心研究的奉献精神，团结协作的协同精神，推动科学家精神进课堂。了解我国科学家做出的贡献，厚植学生科技报国情怀。

（2）通过对遵守食品微生物检测规范重要性的了解，进一步增强学生对食品安全的关注度，增强学生生物安全意识，提高学生生物安全风险防范意识，让学生知晓如何参与到保障生物安全的行动中去，做构建生物安全屏障的践行者。

（3）通过对大肠埃希氏菌 O157：H7 传播途径的介绍，引导学生养成良好健康的饮食习惯，为建设健康中国贡献自己的一份力量。

（4）通过仿真操作练习，学习实际工作的操作流程，弘扬敬业精神，强化学生的责任意识。

本次课思政元素包含真善美教育（科学精神、职业精神、工匠精神、职业文化、职业伦理、艺术审美、心理健康、劳动教育）中的科学精神、职业精神、工匠精神。

二、课程思政教学设计内容

**1. 课前：课程思政引入**

教师在课前通过线上平台发布课前预习任务，课前组织学生自愿分组，为弘扬团结协作的协同精神奠定实践基础，让各个小组学生在完成预习任务的过程中，能够对大肠埃希氏菌O157∶H7有初步认识，为课程内容开展打好铺垫，提高学生生物安全的风险防范意识。教师课前批阅学生提交的课前预习成果，深入了解学情。

**2. 课中：课程思政贯穿授课过程**

课上引入部分，首先展示大肠埃希氏菌O157∶H7造成危害的实际案例，结合各小组的课前学习成果，组织学生讨论大肠埃希氏菌O157∶H7与平时经常在生活中提到的大肠杆菌的异同，教师总结大肠埃希氏菌O157∶H7的基本特点，并点评各小组的课前任务，肯定各小组的集体付出，弘扬团结协作的协同精神。在后续的教学过程中，将我国科学家徐建国院士抗击大肠埃希氏菌O157∶H7疫情的事迹融入教学过程中。学生在了解我国科学家事迹的同时，感受科学家胸怀祖国、服务人民的爱国精神，敢为人先的创新精神，严谨治学的求实精神，潜心研究的奉献精神和团结协作的协同精神。

在介绍大肠埃希氏菌O157∶H7的传播途径时，引导学生养成健康的生活习惯，珍爱生命，关爱自己和家人的生命健康。

在讨论如何防范大肠埃希氏菌O157∶H7造成危害的过程中，要严防"病从口入"。引导学生关注食品卫生安全，熟知食品监测和检验工作岗位的职责，在未来的岗位上把好食品安全检测关。

在讲解该种细菌检验的方法时，提醒学生学会查阅国家标准，以确保检测方法的正确选用，并对课前提交的小组检测方法汇总成果进行点评，着重介绍国家标准中所罗列的检测方法。常规的分离方法比较常用，但具有一定的局限性，提高检出效率就变得更加重要。徐建国院士和团队成员当年在疫情所在地，为了能够更好地分离出大肠埃希氏菌O157∶H7，不断改进检测方法，后来采用了标记特异性抗体的磁珠，大大提高了分离率[①]。通过实际案例的讲述，引出本节课使用的检测方法——免疫磁珠法。

---

① 祝传海. 为国家铸盾 为生命护航：记中国工程院院士，传染病预防控制国家重点实验室主任徐建国［J］. 科学中国人，2020（7）：6.

在讲解使用免疫磁珠法检测大肠埃希氏菌 O157：H7 的具体步骤和进行仿真操作的环节中，首先强调实验室安全要点，讲解安全操作规范，提醒学生通过自己一丝不苟的态度和踏实认真的操作，确保最后检测结果的准确。进而在实践中弘扬敬业精神和强化学生的责任意识。同时教师要时刻关注各小组学生的操作情况，鼓励各小组互帮互助，解决问题。同时教师及时地给予启发和引导，助力学生技能的提升。

在课程小结的部分，通过师生共同分析和讨论实际操作中遇到的问题，让学生在互动中不断成长。鼓励学生向徐建国院士等科学家学习，用自己学习的知识和技能为国家和人民做出自己的贡献，培养学生的家国情怀。

**3. 课后：课程思政总结反思**

在课后，发布本节课的课后作业和调查问卷，一方面要对所学内容进行梳理总结，一方面要完成拓展作业，各小组要集合全组之力，撰写免疫磁珠法在我国其他领域的应用或者我国快速检测大肠埃希氏菌 O157：H7 方法研究进展的综述小论文，学生通过完成作业和调查问卷，可以进一步深入了解我国食品微生物检测技术的发展和应用，促进本节课课程思政目标的再落实和再巩固。

## 第二部分　案例描述

### 免疫磁珠法检测大肠埃希氏菌 O157：H7

**【思政导入】**

民以食为天，食以安为先，安以检为准。食品微生物检测工作不仅关系到人们的身体健康、生命安全，也关乎国家的经济发展和社会稳定。

一、课前任务

教师在课前通过线上平台发布课前预习任务，通过组织学生课前自愿分组，让各小组学生在课前通过查阅相关国家标准和文献，观看推荐视频，汇总检测大肠埃希氏菌 O157：H7 常用的检测方法和该菌对人类造成危害的案例。

思政元素：学生通过完成课前小组任务，能够对大肠埃希氏菌 O157：H7 的危害有初步的认识，为课上引出徐建国院士抗击大肠埃希氏菌 O157：H7

疫情的事迹做好铺垫，也为提高学生团结协作的能力提供实践基础。

## 二、课前准备

要求学生能够准时到达上课地点，遵守实验室要求，穿好实验服，整理好学具，做好上课准备。

思政元素：让学生养成良好的职业行为习惯，逐渐将外在要求内化成遵规守纪的职业素养。

## 三、课程引入环节

### 1. 案例展示

展示大肠埃希氏菌O157∶H7对人类造成危害的案例，该菌是大肠埃希氏菌的一个亚型，O157是细菌菌体抗原的编号，H7是细菌鞭毛抗原的编号。而致病性的大肠杆菌主要有5类，它属于肠出血性大肠杆菌的一种。大肠埃希氏菌O157∶H7是肠出血性大肠埃希氏菌（EHEC）的一个主要血清型，可引起腹泻、出血性肠炎，极易继发溶血性尿毒综合征（HUS）和血栓性血小板减少性紫癜两种严重的并发症。

组织学生讨论大肠埃希氏菌O157∶H7与平时经常在生活中提到的大肠杆菌的异同。

思政元素：教师总结大肠埃希氏菌O157∶H7的基本特点和危害，并点评各小组的课前任务完成情况。肯定各小组的集体付出，弘扬团结协作的协同精神，增强学生的生物安全意识。

### 2. 案例拓展

自美国1982年首次爆发大肠埃希氏菌O157∶H7的感染流行以来，世界上许多国家均相继发生了该致病菌感染流行，我国近年来也有该菌的检出和感染病例的报告[①]。

1999年春夏之交，在江苏省徐州市出现了不明原因疫情，13年的科研积累让徐建国在现场迅速判断出这是一起由大肠埃希氏菌O157∶H7引起的疫情。他将自己的署名调查报告递交卫生部。卫生部很快采纳，并组织实施了一系列决定性的防控措施，疫情很快得到有效控制。徐建国院士和他的团队秉持着严谨求实的工作作风，不断改进检测手段，最终找到了传染源，随着

---

[①] 中国食品发酵工业研究院，中国工业微生物菌种保藏管理中心. 食品安全国家标准食品微生物检验标准菌株图鉴［M］. 北京：中国轻工业出版社，2014.

传染源被找到，这场大肠埃希氏菌 O157：H7 引起的疫情彻底解除了警报[①]。

思政元素：使学生了解我国科学家事迹的同时，感受科学家胸怀祖国、服务人民的爱国精神和严谨治学的求实精神。

【思政贯穿】

四、大肠埃希氏菌 O157：H7 的传播途径与防范

家畜和家禽是大肠埃希氏菌 O157：H7 的主要宿主，大量证据表明，人们因为饮用了被污染的水或者食用了被污染而又未充分加热熟透的食物，感染了大肠埃希氏菌 O157：H7。大肠埃希氏菌 O157：H7 可以通过多种途径传播，其中以食源性传播为主，水源性传播和接触传播也是重要的传播途径，各个年龄段的人都对该菌易感，但儿童和老年人最易发病且症状较为严重。大肠埃希氏菌 O157：H7 主要经口感染人体，那就要严防"病从口入"。

一方面，要在烹饪食物的时候，以彻底加热的方式，杀灭这种菌。食品生产加工企业要加强卫生管理，对于食品的原料要低温存储，要生熟分开保存等等。

另一方面，要做好食品监测和检验工作，食品检验工作人员使用国家标准规定的方法进行严格抽样和检验，把好食品安全关，就可以最大限度地避免不合格的食品对人体造成危害，维护人民舌尖上的安全。

思政元素：通过与学生的互动，引导学生养成健康的生活习惯，珍爱生命，关爱自己和家人的生命健康。引导学生关注食品卫生安全，熟知食品监测和检验工作岗位的职责，在未来的岗位上把好食品安全检测关。

五、食品中大肠埃希氏菌 O157：H7 的检测

展示各小组检测方法汇总成果。

学生查阅与检测工作相对应的国家标准，这是做好检测工作的基本保证，培养学生有效获取资料的能力，保证使用的检测方法是正确的。本节课用到的国家标准是《食品安全国家标准食品微生物学检验大肠埃希氏菌 O157：H7/NM 检验》（GB 4789.36—2016）。在该标准所罗列的方法中，常用方法是常规培养法。常规培养法具有很多优点：所需要的设备较少，容易操作，成本低廉，所以一直被广泛应用。常规培养法也具有一定的局限性，在样品中

---

[①] 姜莘莘，秦天．徐建国：坚守疫情火山口，编织传染病防控巨网 [J]．疾病监测，2019，34（8）：1．

含有大量杂菌等情况下,有可能发生漏检。

徐建国院士和团队成员当年在疫情所在地,为了能够更好地分离出大肠埃希氏菌 O157∶H7,尝试了多种方法,由于没有先进的分离方法,病原菌的分离率低,后来使用了标记特异性抗体的磁珠进行检验,显著提高了分离率,为后续工作的开展奠定了基础[①]。

教师对课前各小组提交的检测方法进行点评,肯定各小组的付出。在讲解该种细菌的检验方法时,要引导学生学会查阅国家标准,以确保检测方法的正确选用;强调有效获取资料能力的重要性。通过实际案例的讲述,引出本节课使用的检测方法——免疫磁珠法。

思政元素:弘扬科学家胸怀祖国、服务人民的爱国精神,弘扬科学家敢为人先的创新精神,弘扬科学家追求真理、严谨治学的求实精神。

## 六、免疫磁珠法简介

**1. 免疫磁珠的结构与特点**

见图 1。

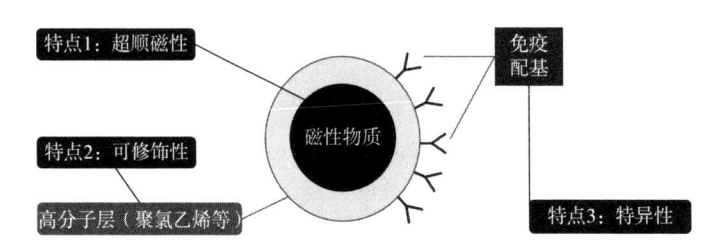

**图 1　免疫磁珠的结构与特点**

**2. 免疫磁珠法的基本原理**

磁珠经过一定处理后,可将特异性抗体结合到磁珠上,形成免疫磁珠,免疫磁珠的抗体与特异性抗原结合形成抗原-微球复合物,该复合物在磁场中具有与其他组分不同的磁响应性,在磁力作用下,该复合物发生力学移动,从而达到分离抗原的目的。

## 七、免疫磁珠法检验食品中大肠埃希氏菌 O157∶H7 的操作流程

讲解免疫磁珠法检验食品中大肠埃希氏菌 O157∶H7 的操作流程:①增

---

① 祝传海. 为国家铸盾 为生命护航:记中国工程院院士,传染病预防控制国家重点实验室主任徐建国 [J]. 科学中国人,2020 (7):6.

菌；②免疫磁珠捕获与分离；③菌落识别；④初步生化试验；⑤鉴定；⑥结果报告①。

结合视频和仿真软件，逐步讲解和演示免疫磁珠法检验食品中大肠埃希氏菌O157∶H7的规范操作方法，指导学生通过仿真软件完成整个操作流程，并填写检验结果报告单。

教师在指导学生完成操作的过程中，实时收集汇总学生在仿真操作中出现的问题，并在之后的教学中通过师生总结分析操作难点问题和评估错误操作会造成的影响，让学生意识到规范操作的重要性。

思政元素：在讲解使用免疫磁珠法检测大肠埃希氏菌O157∶H7的具体步骤和进行仿真操作的环节中，要求学生严格执行食品检测相关标准，强调安全操作规范，要求学生在操作过程中细致认真，确保最后检测结果的准确性。并且准确记录实验数据，出具真实、准确、客观、公正的检验报告。同时教师要时刻关注各小组学生的操作情况，鼓励各小组互帮互助，解决问题，教师及时地给予反馈和引导，进而在实践中弘扬敬业精神和强化学生的责任意识。

八、课程小结

总结本节课免疫磁珠法检验食品中大肠埃希氏菌O157∶H7的核心内容和核心操作步骤。

思政元素：通过师生共同回顾本节课的核心内容和核心操作步骤，共同分析和讨论实际操作中遇到的问题，鼓励学生向徐建国院士等科学家学习，用自己的专业知识和精湛的技能为国家和人民做出自己的贡献，培养学生的家国情怀。

【总结反思】

本节课通过发布课前预习任务，让学生在小组协作中共同成长，为弘扬协作精神提供了现实支撑，同时提升了学生文献获取和收集信息的能力，在查阅大肠埃希氏菌O157∶H7造成危害的案例时，能对我国在防范大肠埃希氏菌O157∶H7方面所做的努力有所了解；在完成汇总大肠埃希氏菌O157∶H7检测方法的过程中，能够对国家标准进行初步的学习。

在课中，通过引入我国科学家抗击疫情的成功案例，让学生在学习知识

---

① 国家卫生和计划生育委员会，国家食品药品监督管理总局.食品安全国家标准食品微生物学检验 大肠埃希氏菌O157∶H7/NM检验：GB 4789.36—2016［S］.北京：中国标准出版社，2016.

和技能的过程中，体会我国科学家的责任担当，用实际案例厚植学生科技报国的情怀，感受敢为人先的创新精神。

仿真练习过程中，通过规范的视频操作演示，让学生在学习的过程中不断加深对规范操作的重视。再通过展示案例和师生总结分析操作难点问题和评估错误操作会造成的影响，让学生意识到维护国家生物安全的重要意义。

最后鼓励学生向榜样学习，努力学好专业本领，用自己的智慧和汗水，为建设健康中国而不断奋斗，在未来的工作岗位上守护好人民舌尖上的安全。

# 自动控制系统装调综合实训：光伏电站的特性测试

**教师信息：** 张丽荣　　**职称：** 讲师　　**学历：** 博士研究生
**研究方向：** 电气自动化、新能源发电
**授课专业：** 电气自动化技术专业
**课程类别：** 集中实践课
**课程性质：** 实训

## 第一部分　设计思路

### 一、本次设计的课程思政目标

本次课的思政目标侧重于价值观和人生观两个层面。价值观层面的目标是引领学生崇尚社会主义核心价值观，增强学生民族自豪感和自信心，提升职业素养，培养工匠精神、劳动精神和科学精神；人生观层面的目标是推动习近平新时代中国特色社会主义思想进课堂、进师生头脑，引导学生为我国实现"双碳"目标、建设美丽中国贡献力量。

### 二、课程思政教学设计内容

**1. 课前：课程思政引入**

课前，教师通过超星学习通平台推送预习任务，帮助学生了解中国在荒漠中建造了最大的光伏电站——青海塔拉滩光伏电站，它是目前全球最大的集中发电光伏电站群，同时中国光伏产业创造了三个"世界第一"，使学生产生民族自豪感、自信心，增强爱国主义情怀。

**2. 课中：课程思政贯穿授课过程**

在实训过程中，通过信息化手段、案例分析、示范操作、巡查指导、量化评分等多种手段，将课程思政融入实训任务的讲解、实施、评价等各个环

节。根据航空工程学院思政育人总体思路，围绕"立报国志、敬劳动人、行规范事、成工匠才"的思政主线，让学生清楚意识到必须严格遵守工艺标准和规范，注重培养严谨认真的工作态度，树立优秀的工匠意识，爱岗敬业，在习近平生态文明思想指引下，为建设美丽中国、实现"双碳"目标贡献力量。

**3. 课末：课程思政总结反思**

本次设计共在 7 个教学环节中融入课程思政内容，课程思政点侧重于学生社会主义核心价值观的引领，推动习近平生态文明思想进课堂、进师生头脑，落实立德树人，培养学生的价值观、岗位能力、安全规范意识、职业素养、工匠精神、劳动精神、科学精神。

# 第二部分　案例描述

## 光伏电站的特性测试

本次课教学时长 180 分钟。

中国向世界庄严宣布 2030 年前实现碳达峰、2060 年前实现碳中和。碳达峰与碳中和（简称"双碳"目标）是中国作为一个负责任的大国在应对全球气候变暖，构建人类命运共同体方面的庄严承诺。大力发展新能源发电是实现"双碳"目标的有效途径。

本次课以光伏电站最大发电功率提升为切入点，根据就业岗位对电气施工人员的职业能力要求，培养学生电气设备安装接线、调试运维、数据测量等能力，安全规范操作、团队协作等方面的职业素养，以及工匠精神、劳动精神和对科学永无止境的探索精神。

【思政导入】

一、课前任务

教师通过超星学习通平台推送预习任务，要求学生观看视频《中国荒漠建光伏发电站——青海塔拉滩光伏电站》，同时查询中国光伏发电产业现状，使学生了解中国光伏制造业居世界第一，中国光伏发电装机量居世界第一，中国光伏发电量居世界第一。

思政点融入：通过以上任务，使学生产生民族自豪感、自信心，增强爱国主义情怀。

**【思政贯穿】**

## 二、课前准备阶段

教师组织学生做好防疫工作，遵守实训室纪律，进行学习通签到。

思政点融入：让学生树立遵规守纪和良好的社会公德意识，养成良好的工作、生活及卫生习惯。具体要求如图1所示。

**课前准备**

1. 请正确佩戴口罩，保持安全距离
2. 请将水杯、食品放到实训室外窗台上
3. 请勿大声喧哗、嬉闹、聚集
4. 学习通签到

图1　课前准备

## 三、课程引入阶段

观看青海塔拉滩光伏电站图片，介绍中国光伏产业发展现状，介绍习近平生态文明思想和中国向世界做出的应对气候变化的庄严承诺（图2），分析提高光伏发电量的基本原理，引出本单元课程实训任务，让学生明白学之所用。

思政点融入：学生通过观看视频、图片，教师讲解"双碳"承诺，增强民族自豪感、自信心、爱国主义情怀，为中国实现"双碳"目标贡献力量，建设美丽中国，共建人类命运共同体。

## 四、布置任务阶段

（1）利用动画讲解光伏电池的输出特性，引出光伏发电最大功率点的含义；利用二维动画、操作视频讲解光伏电站特性测试电路的接线原理，强调接线工艺要求以及职业素养要求。

思政点融入：通过此教学活动，引导学生严格按照工艺规范操作（图3），在平时的实训工作中注重细节、力求尽善尽美，养成良好的职业素养，成为优秀的工匠。

图2 课程引入

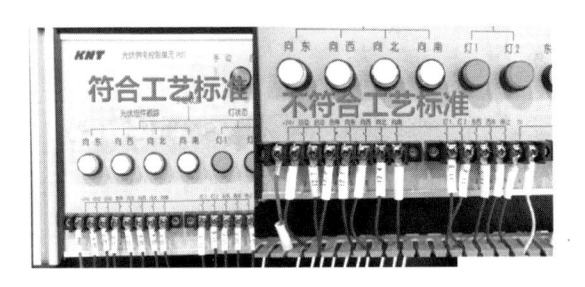

图3 工艺规范

（2）教师示范光伏电站输出特性数据测量要点和注意事项（图4），讲解任务实现方法。

思政点融入：通过此教学活动，引导学生认识到无论是一线的数据采集工作还是其他各种工作都值得尊重和学习，鼓励学生热爱自己的岗位，珍惜和忠实于自己的职业，激发职业自豪感和责任感；引导学生树立安全用电意识，严格按章操作；同时，培养严谨认真的工作态度，数据测量要一丝不苟。

---

**任务1：光伏电站的特性测试**

**1. 光伏电池组件的输出特性测试**

将光伏供电控制单元的选择开关拨向左边时，PLC处在手动控制状态，按照下列要求测试相关光伏电站的输出参数，将下面测试的数据填在表5中，并在表中计算功率。

（1）测试说明

①各测试数据的选取要求第一组为开路状态点、最后一组为短路状态点，同时在所测试的最大功率点的左边和右边均要求不少于6个测试点。

②要求自行合理选取实时采集的数据测试点（必须包含最大功率点、短路点、开路点），使得答题纸上所画曲线平滑。

③各测试数据，精确到小数点后2位。

（2）测试要求

调节光伏供电装置的摆杆处于垂直限位位置，同时点亮投射灯1和灯2，调节光伏电池组件处于水平状态（即倾斜角为0°），检测1号、2号光伏电站同时发电的输出特性。

调节光伏供电系统的可调变阻器负载，测试时要求该负载从开路逐渐变化到短路。记录对应的电压、电流值，填写到表5所示的光伏电池组件输出的电压、电流值表格中，每次记录的对应的电压值和电流值为一组，记录16组。

**2. 光伏电池组件的输出特性曲线绘制**

根据表5记录的数据，在坐标图3上绘制光伏电池组件电流（纵坐标）—电压（横坐标）伏安特性曲线，在坐标图4上绘制光伏电池组件输出功率（纵坐标）—电压（横坐标）功率特性曲线。每条曲线均需标明坐标的名称、参数单位和计量单位。要求合理选取横纵坐标的分度值，使得所画曲线能充满所给画面80%以上的区域。

**图4 数据测试要求**

---

## 五、任务实施与评价阶段

（1）学生按照国标工艺标准做线与接线，搭建测试电路，如图5所示。

思政点融入：任务实施过程中建立规范操作、节约电气耗材、爱惜设备器材的职业道德及工程意识，贯穿工匠精神和劳动精神的培养；同时引导学生为我国实现"双碳"目标、建设美丽中国贡献力量。

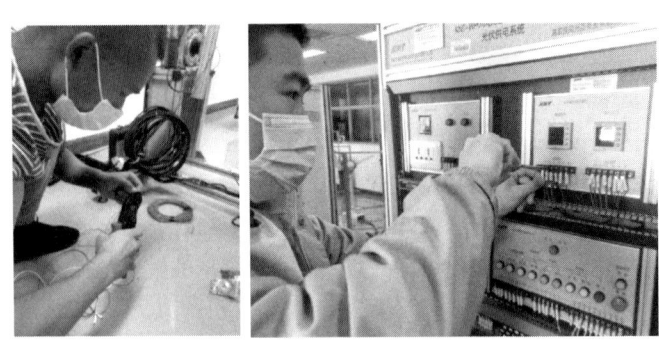

图 5　搭建测试电路

（2）根据结果评价+现场评价进行量化评分，如图 6 所示。

图 6　评分表

思政点融入：通过量化评分，培养学生的劳动成就感，树立劳动光荣意识，公平、公正的评价意识。

（3）根据测试要求进行光伏电站特性数据测量，如图7所示。

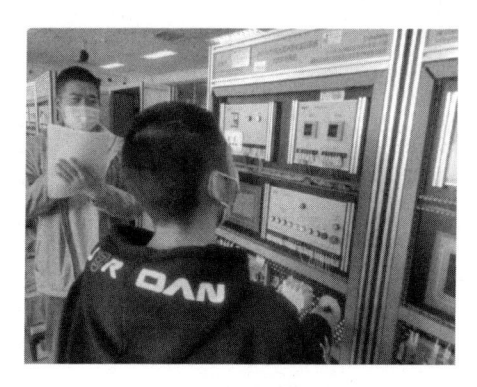

**图7　特性数据测试**

思政点融入：通过任务实施，培养学生规范操作及团队合作意识，培养学生科学严谨的工作态度，争做遵守工作规范和工作纪律的典范。

（4）根据测试数据绘制光伏电站特性曲线，找到最大发电功率点，如图8所示。

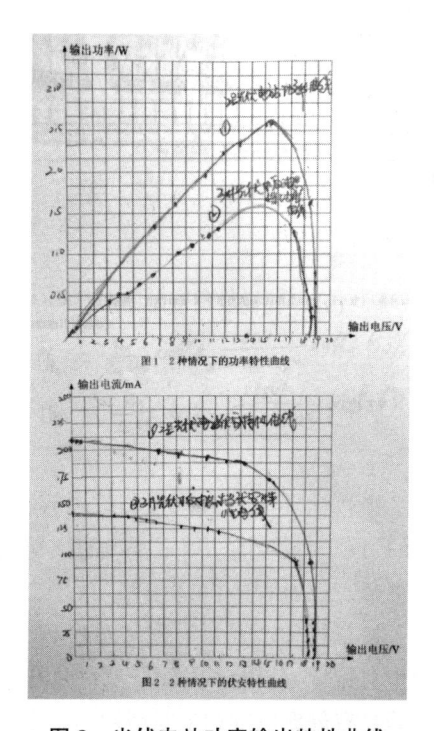

**图8　光伏电站功率输出特性曲线**

思政点融入：通过任务实施，要求学生严谨细致描点绘图，培养学生科学认真、一丝不苟的职业素养。

## 六、任务总结阶段

教师分析学生任务实施过程中没有测量到最大发电功率点的原因。

思政点融入：通过任务总结，培养学生独立思考意识，再次强调规范意识、科学精神、团队合作的重要性，进一步使学生树立精益求精的工匠精神。

## 七、整理实训室阶段

整理工具、整顿工位、清扫场地、消毒、填写设备使用记录和实训室消毒通风记录。整理实训室的具体要求如图9所示。

图9　整理实训室的要求

思政点融入：培养学生劳动精神、环保意识、安全意识、养成良好的工作、生活习惯和职业素养。

【总结反思】

本次教学设计共在7个教学环节融入课程思政内容，课程思政点侧重于学生社会主义核心价值观的引领，同时推动习近平生态文明思想进校园、进课堂、进教材、进师生头脑。整个实训过程中严格按照国标工艺标准要求学生，通过规范实验步骤，引导学生按章操作；通过数据采集过程，引导学生热爱本职岗位；评价过程中引导学生互相学习，取长补短，共同进步，为实现中国"双碳"目标、建设美丽中国培养具有创新思维和工匠精神的技术人才。

# H5 新媒体设计：故宫文物南迁 H5 设计项目剖析

**教师信息**：谭坤　　**职称**：副教授　　**学历**：硕士研究生
**研究方向**：互动媒体艺术设计
**授课专业**：数字媒体艺术设计
**课程类别**：理实一体课
**课程性质**：职业技术技能课

## 第一部分　设计思路

一、本次设计的课程思政目标

本单元以刷爆微信朋友圈的典型 H5 作品——金山 WPS 和故宫合作的创意 H5 作品[①]为切入点，讲解 H5 页面的设计制作过程，深度剖析其创意构思、故事板设计、视觉设计、动效设计、作品细节、交互设计等内容。在优秀作品剖析中润物细无声地融入爱国情怀、民族复兴、文化自信、工匠精神、职业品行、社会职责、大设计观等课程思政元素。属于"金扣子"与"金种子"结合型思政课案例，引导学生树立正确的人生观、世界观、价值观。启发学生热爱优秀传统文化，树立自觉践行民族文化传承与创新的使命感。培养学生追求作品细节，精益求精的工匠精神，对设计工作持之以恒、诚实守信、尽职尽责的职业态度和素养。培养学生的创新能力和创新思维，树立职业梦想。在设计实践中培养学生注重信息传播的安全性、信息内容的正能量、传媒业的社会责任感。强调"德""技""艺"并修，将教学与育人两条线融会贯通，如图 1 所示，在专业教学中沉浸式代入课程思政元素，做到课程思政与专业教学由融合到"溶"合的转变，落实立德树人的根本任务。

---

① https：//h5. modou. wps. cn/forbiddencity/heritages/? from＝singlemessage&isappinstalled＝0.

| 教学单元 | 教学内容 | 思政元素 |
| --- | --- | --- |
| 故宫文物南迁H5设计项目剖析 | 1.故宫文物南迁H5项目策划<br>2.故宫文物南迁H5项目故事板设计<br>3.故宫文物南迁H5项目视觉设计<br>4.故宫文物南迁H5项目动画细节处理<br>5.故宫文物南迁H5项目特效制作<br>6.本节课思政反思与引申 | 1.崇尚中国智慧，建立文化自信，传承优秀传统文化<br>2.增强忧患意识，将爱国思想融入到中华民族的伟大复兴事业中<br>3.激发学生赤诚、深厚、理性的爱国感情，坚定理想信念。将个人理想、职业目标与国家发展、民族前景、人民幸福联系起来<br>4.恪守设计行业责任，培养、敏锐的职业操守以及诚实守信的职业品格，团结协作的职业精神<br>5.精益求精、敬业奉献、专注认真、追求极致的工匠精神。善于团队合作，注重信息传播的安全性、信息内容的正能量、传媒业的社会责任感<br>6.以设计服务经济发展，以人为主体，树立科学技术的功能意义和人文价值融合的大设计观 |

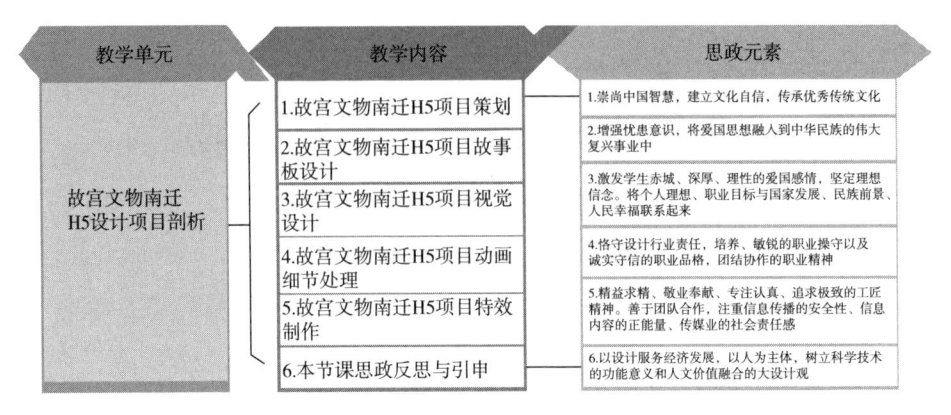

**图1 教学内容与思政元素提炼**

（1）以H5作品创作的故事背景为切入点，讲述故宫文物为何必须南迁，以作品中的战争场面特效作为切入点剖析作品的视觉设计和动效，讲解作品视觉风格贴近当年的物品特征，记录历史的痕迹，厚植爱国主义情怀。通过对作品战争场面的解析将学生代入作品创作的年代，达到情感认同与共鸣，潜移默化地培养学生的民族大义、家国情怀。

（2）以故宫主题H5作品剖析作品的艺术表现和精神内涵，结合案例引导学生审视古人精湛的技艺和智慧，崇尚中国智慧，建立文化自信。由灿烂的古代文明引申到现代科技发展和实现中国梦的理想，通过学习中华优秀传统文化和传统美德，注重个人道德规范的养成，明确个体构建科学的道德观与国家的发展是和谐统一的。

（3）以H5作品的视觉和动效细节设计（怀旧型风格打磨、战争氛围的细节处理）、动画制作（云、雾、雪、烟、雨特效制作）、元素层次感处理（人物、树、汽车、烟雾多层处理，营造丰富的视觉层次）强调艺术创意与数字科技的融合，引导启发学生追求作品的细节，追求精益求精的工匠精神。

（4）讲解H5作品的设计制作过程，说明一个优秀H5作品的完成需要团队的高度配合，通过不断地尝试、修改、打磨、调试，启发学生建立设计师应有的责任、洞察、敏锐的职业操守以及诚实守信的职业品格，团结协作的职业精神。

二、课程思政教学设计内容

**1. 课前：课程思政引入**

下发优秀H5作品案例——紫禁城建成六百年展H5作品，如图2所示，以知名典型作品建立兴趣，启发学生自主思考。结合近期热门的故宫数字产品、文化产品、文博节目激发专业学习兴趣，解读本专业的数字技术是如何让文物从活起来到火起来的。通过分析故宫优秀数字艺术作品案例，让学生领悟其设计手法。教师根据作品设置提问：大众对传统文化真的不感兴趣了吗？教师讲解故宫推出了数字故宫、紫禁城600年、畅游多宝阁等多款微信小程序和微信H5，短短时间火爆朋友圈，引导学生热爱数字媒体艺术设计专业，以数字交互手段与文化遗产结合，开发数字文创产品服务大众，让学生自觉关注并参与到文化遗产保护中。通过提问的方式引发学生的思考与讨论，促进学生对当代设计与中国传统文化关系的理解，激发学生传承优秀传统文化的使命感和责任感。以紫禁城建成六百年H5作品为例深入剖析，进一步强化敬仰、保护、传承、创新传统文化，建立文化自信，发挥专业优势，通过艺术设计服务大众。

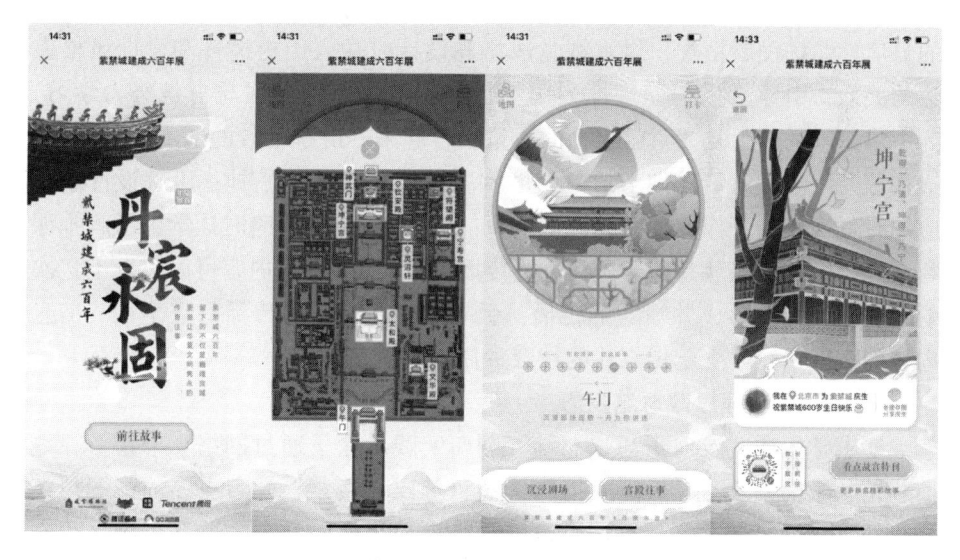

**图 2　紫禁城建成六百年展 H5 作品**

资料来源：https://mcdn.kandian.qq.com/act/dist/palace/index.html。

"丹宸永固：紫禁城建成六百年"是紫禁城建成六百年展览的线上宣传H5，以本案例导入课程，契合了故宫主题，激发了学生的学习兴趣。案例展示了故宫的九座代表建筑，采用云打卡的交互形式，展示紫禁城的重要建筑。点击"前往故事"按钮，进入地图展示，地图上显示九座建筑的位置。点击九座建筑名中的任何一个，进入宫殿的手绘国潮风格插图，用户可以左右滑动进行浏览，点击屏幕右下方的"宫殿往事"按钮，查看宫殿的真实图像和详细资料。作品以手绘插画的形式呈现，满满的中国风给用户以很强的沉浸式交互体验。梳理故宫所蕴含的文化、历史、艺术等多重价值，教师引导学生思考故宫文化所代表的中华传统文化与当代文化一脉相承。如太和殿的"太和"之意为对和平、和谐的追求与向往，由此引申到当前人类社会的和谐世界观，通过交流与沟通，实现人与人、人与自然、国家之间的和谐相处。从故宫璀璨的文化中引导启发学生敬仰中华优秀传统文化，坚定文化自信。中华优秀传统文化是中华民族的精神命脉，通过对中华优秀传统文化精髓的发掘、继承、创新，把民族智慧和民族精神融入现代设计中，服务大众对美和美好生活的追求。

### 2. 课中：课程思政贯穿授课过程

教师讲解专业课程内容的过程中，将课程元素全程融入知识和技能中。全程贯穿正反面案例的比较分析，以案例引导启发学生思考。在讲解故宫文物南迁H5项目创作背景时自然地融入爱国精神、家国情怀；讲解项目创意头脑风暴时融入团队合作、认真负责的职业态度；讲解故事板时融入中华文化的自信，弘扬民族精神；讲解视觉风格和设计时融入历史情怀和设计风格表达的关系，引导学生树立理性爱国情怀，启发学生将爱国与自身努力学习，为中华民族的伟大复兴贡献自己的力量结合起来；讲解动效的节奏、真实感、透视等元素时融入设计细节反复打磨和精益求精的工匠精神；讲解设计素材应用时融入作品著作权和版权保护意识；讲解H5传播策略时让学生了解本课程设计内容的特点就是基于微信进行传播，好的H5设计内容可以引发上亿次的转发量，容易形成井喷式的传播，引导学生注重信息传播的安全性、信息内容的正能量，树立起传媒业的社会责任感。

### 3. 课后：课程思政总结反思

要求学生课后及时反思、总结、创新实践。除了通过网络、书籍、在线博物馆、微信公众号、大型文博综艺节目等媒介搜索，学习更多的中国传统文化数字化的典型案例外，还要鼓励学生走出去，以红色主题和传统文化选题数字化表现为切入点，进行红色和传统文化选题H5作品创作。如图3所示，学生在走（调研、采集）、知（理解、认同）、做（设计、制作）、悟（认识、升华）、用（引导、应用）的学习过程中，自主探索红色历史和传统技艺，获得新的发现，找出创意点，发挥数字媒体艺术设计专业技能中的互动性、富媒体、碎片化、社交化的传播优势，创作红色和民族文化主题H5作品，在素材整理、设计规划、提炼关键元素、设计制作过程中触动学生的心灵，为大学生意识形态构造保驾护航。使学生通过自己的领悟，在学习知识和技能的同时，潜移默化、润物无声地树立正确的世界观、人生观和价值观。培养学生成长为胸怀理想，身怀技能，富有文化自信和担当的时代新人。同时，在课业展览中传播红色和传统文化，创新课程思政元素传播方式，用当代大学生喜闻乐见的方式传播红色文化、民族文化，以红色或民族文化展览云游览、红色数字展馆、民族文化主题直播等传播方式让后疫情下的课程思政元素的传播变得更加便利。

**传统文化主线**
- 调研、访谈、采集传统文化
- 学习传统文化的工艺、理解传统文化内涵、树立文化自信
- 设计开发传统选题H5作品 创新传统文化选题传播路径 自觉成为传统文化资源的传承与传播者
- 通过设计开发作品，深刻领悟传统文化内涵和价值
- 创新民族文化传播路径 树立民族文化传承创新意识，让遇冷的传统文化在指尖火起来。参加北京市大学生数媒设计大赛

**走**（调研、采集）　**知**（理解、认同）　**做**（设计、制作）　**悟**（认识、升华）　**用**（引导、应用）

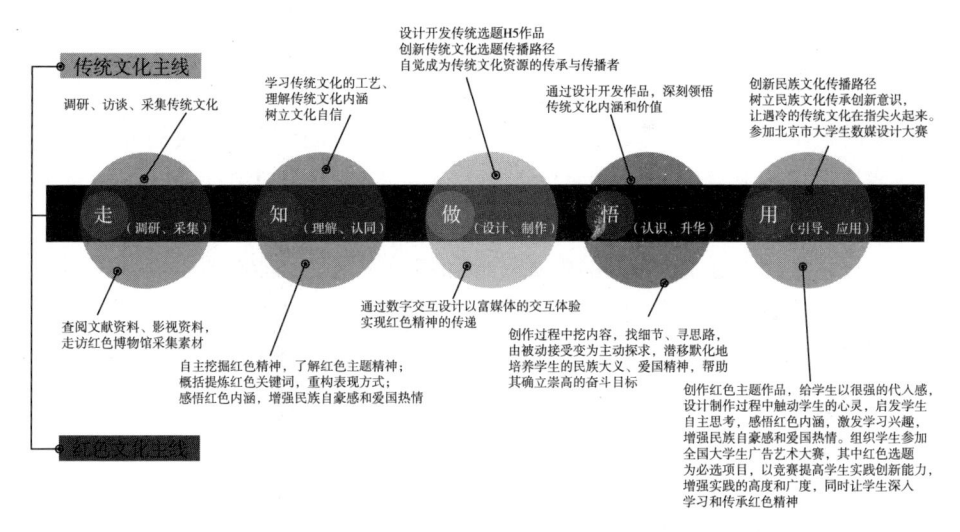

- 查阅文献资料、影视资料，走访红色博物馆采集素材
- 自主挖掘红色精神，了解红色主题精神；概括提炼红色关键词，重构表现方式；感悟红色内涵，增强民族自豪感和爱国热情
- 通过数字交互设计以富媒体的交互体验实现红色精神的传递
- 创作过程中挖内容，找细节、寻思路，由被动接受变为主动探求，潜移默化地培养学生的民族大义、爱国精神，帮助其确立崇高的奋斗目标
- 创作红色主题作品，给学生以很强的代入感，设计制作中触动学生的心灵，启发学生自主思考，感悟红色内涵，激发学习兴趣，增强民族自豪感和爱国热情。组织学生参加全国大学生广告艺术大赛，其中红色选题为必选项目，以竞赛提高学生实践创新能力，增强实践的高度和广度，同时让学生深入学习和传承红色精神

**红色文化主线**

图3　走、知、做、悟、用的学习过程

# 第二部分　案例描述

## 故宫文物南迁H5设计项目剖析

【思政导入】

故宫文物南迁是一个特殊的历史事件，是一个特别引人关注的、赋予正能量的题材，是基于敌强我弱，抗日战争特殊时期做出的决策。文物是中国的瑰宝，承载着民族精神，见证着中华文化的传承有序，它们完好无损，中国的文脉才会永远延续。透过文物，我们敬畏古人精湛的技艺和智慧，崇尚中国智慧，建立文化自信。

故宫文物南迁H5作品的故事板中"九一八"事变爆发的背景、故宫南迁准备工作、文物南迁过程中遇到的各种艰险、残酷的战争全景和特写等内容绘制，能够带今天的我们看到战争的残酷和战争曾给中国人民带来的创伤，

作品带我们回望硝烟滚滚的战争年代，追寻烽烟背后的峥嵘岁月，不是为了延续仇恨，而是希望通过唤起历史记忆，激发我们赤诚、深厚、理性的爱国感情，将爱国主义思想融入中华民族的伟大复兴事业中。

透过作品，我们看到抗战时期老一辈故宫人为使国宝免于战火，克服重重困难，携文物南迁的故事。在极其艰苦的条件下通过汽车、火车、轮船进行迁移，不仅要躲避日军炮火，还要避免迁移路上恶劣的自然环境对文物可能造成的损害。还有工作人员为保护文物献出了宝贵的生命，我们能够感受老一辈故宫人在艰苦的环境中无怨无悔、无私奉献的守护精神，学习故宫人的典守精神对我们未来职业理想的养成也是一种启示。

从故宫文物南迁 H5 作品的视觉设计和特效应用中，能够感受到艺术设计类专业课程实践性和操作性极强，是"艺术设计"与"科技手段"的统一，优秀的设计作品离不开工匠精神的坚守与创新，除了好的脚本和视觉设计，动画制作的细节、节奏的调整、打动人心的镜头都需要在设计与制作中保持一丝不苟、认真踏实的工匠作风。好的设计项目不是个人单打独斗能完成的，需要一个优秀的设计团队进行密切的协作，作品的成功是团队协作努力的结果，团队协作精神是艺术设计类学生的必备品质。

## 一、故宫文物南迁 H5 项目策划

### 1. 教学内容

把故宫文物南迁的故事采用 H5 的形式进行传播，是为了让更多年轻人了解并关注这段深刻隽永的民族记忆，感受故宫人视国宝如生命的典守精神。而 WPS 是文档处理，策划的核心点就是要找到两者之间的联系，而这个联系就是镜头的转换，如图 4 所示，通过一张战争场面的照片文档，点击回顾历史后，镜头由文档转换到战争场面，展现到当时的历史，文物因战争不得不南迁，故宫博物院的文物开始转移，在当时物质匮乏的情况下，利用各种交通工具护送文物迁移，一路上经过风雨、暴风雪、敌军轰炸，分三路转移，辗转万里，后终回故宫，几乎无损毁遗失，一代故宫人用生命捍卫国宝。结尾定格到故宫分享页面。

### 2. 教学重点

根据项目要求展开头脑风暴，进行充分的创意联想，找出元素之间的关联，以关联为重点进行项目策划。策划完成后从交互、鼓励、共鸣等用户体验维度进行评估，本项目通过故事情节与用户产生情感共鸣。

### 3. 设计实践任务

搜集优秀 H5 项目案例，以小组为单位进行策划内容正反面讨论，形成汇报文档进行案例分享。

思政元素融入：通过展示作品、历史照片、影视剧等相关视频、媒体报道数据等资料，对学生进行启发，教师在讲解中进一步引导、归纳、总结思政元素，学生反思、感悟、提高。通过启发式教学，引导学生自己领悟思政元素，从专业学习延伸到自身价值观构建。故宫文物是中华文明最重要的代表，是民族智慧和创造力的体现，是中华民族重要的文化根脉。崇尚中国智慧，传承优秀传统文化，坚定文化自信，从中华民族优秀传统文化中汲取营养，弘扬时代主旋律，创新传统文化表达式。发挥专业优势，运用数字化、融媒体、短视频、VR/AR 技术等新媒体手段，通过移动终端以碎片化、交互性的数字内容传播中华文化魅力。增强民族自信心民族自豪感和民族凝聚力。

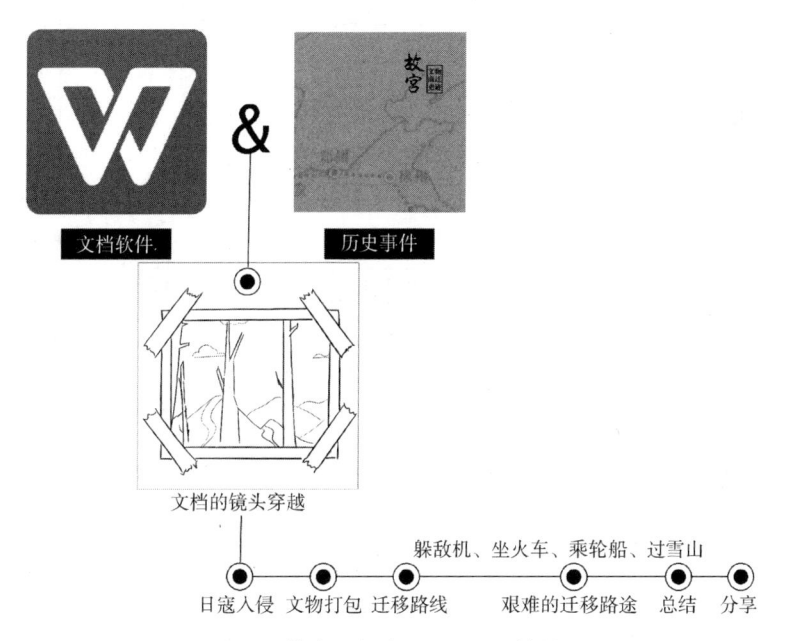

图 4　故宫文物南迁 H5 项目策划

## 二、故宫文物南迁 H5 项目故事板设计

### 1. 教学内容

故事板是概念、故事、信息的图形可视化呈现，是一系列按时间顺序排列的绘画板。故事板由连贯的故事情节画面和不同景别的镜头画面组成，为后面的视觉设计提供构图的规划。作品创意想法确定后，查找历史资料故事、人物造型及场景设计等，包括文物南迁历史老照片、文物南迁亲历者著作、

文献档案以及专家近年来对文物南迁史的研究成果等。然后开始草图的绘制，按分镜头元素寻找当年文物南迁的历史图片资料和素材。考虑故事的连续性和每个镜头的衔接转场，如图 5 所示，画面中突出场景的层次感和近景细节的刻画，让浏览者更清晰地了解整个 H5 的动画流程。

01 loding 页面

02 导入页面

03 战争爆发场面

04 故宫前的文物迁移

05 飞机轰炸场面

06 战争给民众造成的创伤

下篇 "金种子"课程思政优秀教学设计案例

07 汽车运输文物

08 汽车局部特写

09 火车运输文物

10 轮船运输文物

11 轮船局部特写

12 汽车翻越雪山

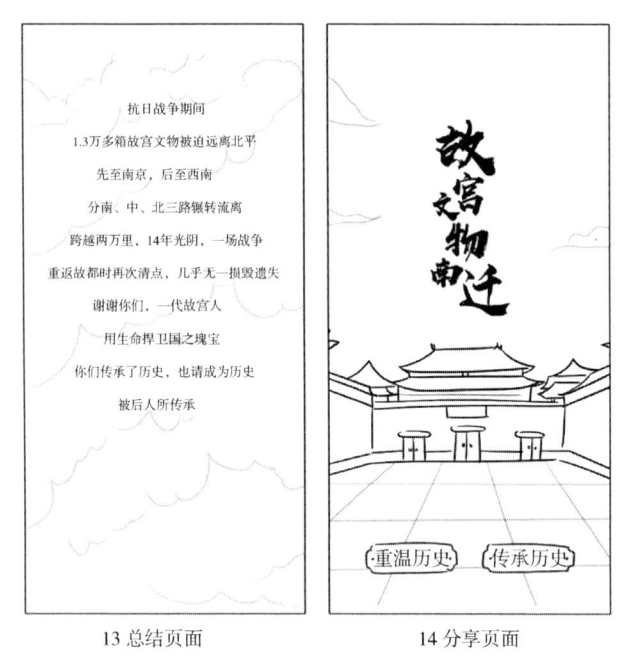

```
抗日战争期间
1.3万多箱故宫文物被迫远离北平
先至南京，后至西南
分南、中、北三路辗转流离
跨越两万里，14年光阴，一场战争
重返故都时再次清点，几乎无一损毁遗失
谢谢你们，一代故宫人
用生命捍卫国之瑰宝
你们传承了历史，也请成为历史
被后人所传承
```

13 总结页面　　　　　　　　14 分享页面

**图 5　故宫文物南迁 H5 项目故事板设计**

### 2. 教学重点

故事板画面中的故事情节衔接需要层层递进，通过不同景别的穿插转换突出、强调故事情节的起承转合，如战争场面的全景与特写镜头的对比、图形展示页面与文字总结页面的对比等。故事板绘制过程中注意根据主要视觉元素形象和背景元素之间的主次关系进行虚实、疏密对比。

### 3. 设计实践任务

临摹不同景别的优秀 H5 案例故事板 5 张，学习其画面和构图表现方式。

思政元素融入：讲述故宫文物南迁路上的感人事件和人物，以故事导入触动学生，教师总结提炼思政元素及与当下学生结合的思政点，学生感悟、认同并形成自己的思政观。故宫文物南迁是中国抗日战争的组成部分，精神上的抵御外来侵略，有力助推了抗战精神的形成，增强了民族认同感。通过作品和故事启示学生勿忘国耻、奋发学习，将个人命运与祖国命运相联结，增强忧患意识，坚持中国特色社会主义道路，将爱国思想融入奋斗实践，自强不息，奋斗不止，全身心投入建设中华民族伟大复兴的事业中，为祖国的繁荣富强贡献力量。学习老一辈故宫人择一业而终一生、视国宝为生命的故宫典守精神，树立爱岗敬业的职业品格。

**【思政贯穿】**

### 三、故宫文物南迁 H5 项目视觉设计

**1. 教学内容**

查阅文献资料，搜集故宫文物南迁历史照片、文献资料、影视作品等，元素表现尽量贴近当年的年代特征，以期真实地反映历史痕迹，带给浏览者以身临其境感。选择暖灰色调为画面整个基调，以突出年代感或战争场面的真实感。如图 6 所示，在灰色调中加入复古元素和噪点处理，增加界面的感伤情怀，使画面的质感更加明确。加入烟雾、石头、铁丝、木桩、炸破的房屋凸显战火连天。调整画面的透明度强化画面的战争气氛，视觉上追求低纯度、强对比度、多层次感、多种特效融合的沉浸式视觉画面表现。

讨论并思考：故宫文物南迁 H5 项目沉浸式视觉元素表达的要素有哪些？

学生思考回答：学生根据教师播放的图片和视频思考并分组讨论，回答问题。

教师总结强调：画面复古元素处理、战争场面元素细节表现、画面黑白灰色彩表达层次。

**2. 教学重点**

元素需要根据视觉表达要求分层次进行有目的的图像合成，而不是复古或战争元素的简单堆砌。

图6 故宫文物南迁H5项目视觉设计

思政元素融入：以典型战争场面影视画面、海报、历史照片结合本作品对学生进行视觉启发，把学生代入作品创作的背景中，教师剖析战争场面视觉元素设计时代入爱国情怀教育，结合对作品视觉设计内容的讲解，以作品的视觉元素触动学生，激发学生理性的爱国热情。把个人对和平环境的向往、对美好生活的渴望，融入共筑中国梦的历史征途之中，坚定理想信念、强化强国意志，将满腔热情与个人理想、职业目标、国家发展、民族前景、人民幸福联系起来。

## 四、故宫文物南迁H5项目动效细节处理

### 1. 教学内容

制作动效之前需要绘制大量静态元素，为了追求画面的层次感，创作团队要将画面中的元素尽可能地做分层处理，同时物体被遮挡的部分也要画出，这样后期做动效时可以实现丰富的层次感和节奏感。制作过程中往往还需将更多的动效细节画出来，将图层按物体空间位置分为近、前、中、后、远五个层次。制作动效时根据五级层次控制物体的移动速度，距离越近的物体移动越快；从色彩上分，距离越近的物体明度越低，颜色越重，距离越远的物体明度越高，颜色越浅，动画和色彩一起构建了画面的节奏感。结合运动规

律，可以应用传统挤压、拉伸、预备动作等运动规则调整画面。营造战火连天的动画要有真实感、身临其境感，通过 AE 摄影机实现一些镜头的拉伸效果和移镜头的效果。

思考并讨论：如何使 H5 中的动效设计吸睛又富有节奏感？

**2. 教学重点**

为塑造更多的动效细节，需要对画面元素进行多层分层处理，表现人物、树木、汽车、烟雾等元素的穿插和丰富的视觉层次。为了增加更多动态特效细节，需要对部分物体进行分解。例如画面中的汽车、人物等元素，将人物的头部、躯干、四肢、枪等组成元素进行分解，达到逼真、细腻的画面动态效果。

思政元素融入：以设计作品的魅力规范社交媒体化给大学生带来的价值观躁动，引导学生关注设计本身，用设计服务大众、改变大众生活，为人民群众创造美好生活远比流量和点赞重要，去除浮躁，达成职业理想。结合作品动画细节讲解，讲述优秀作品产生需要设计师反复打磨，需要责任、坚守和团结协作，贯穿职业精神教育。恪守艺术设计行业责任，追求设计作品本身的质量和对细节的反复打磨比在社交媒体中获得更多注意力、赢得万人点赞更重要。保持艺术设计职业洞察、敏感的职业操守以及诚实守信的职业品格，追求团结协作的职业精神。

思政活动实践：以守护故宫的文物，留存国家的文化记忆作为讨论话题，故宫文物南迁总行程上万里，穿越大半个中国，国宝守护人经历了怎样的艰难和曲折。引导学生查阅资料，组织讨论。在讨论中强化故宫南迁文物得以完整保存是中国抗日战争在文化领域的胜利，其艰辛的南迁历程使得故宫文物与国家命运、民族精神紧密联系。进一步厚植爱国主义情怀，"以史为鉴，不忘初心"的理性爱国主义精神。

### 五、故宫文物南迁 H5 项目特效制作

**1. 教学内容**

Trapcode Particular 粒子插件使用不同参数可以实现各种各样的自然效果，如云、雾、雪、烟、雨等。Motion Boutique Newton 动力学插件，完美模拟动力学的物理属性，可以实现刚体、柔体和碰撞的模拟，如雪崩的效果，如图 7 所示。文字的切换应用了文字破碎系列效果以增加画面的战争年代感。

**2. 教学重点**

除了视频特效，本项目音频特效设计得非常震撼，整体背景音效跌宕起

伏、气势磅礴，根据不同的视频特效画面增加了场景特效，如轰炸的音效、故宫前打包人群的声音、轰炸后烟雾中的咳嗽音效，汽车、火车的音效，风雨雷的音效，遇到雪崩时刹车的音效等，场景音效的加入使得项目特效沉浸感更强，直击心灵、激励奋进。

图 7　故宫文物南迁 H5 项目特效制作

### 3. 设计实践任务

以作品中的雪崩特效为案例进行视频特效练习与实践。查阅文献资料、影视资料、走访博物馆采集素材，以北京红色地标、红色家书、非遗数字化为选题，设计制作基于微信传播的 H5 作品。

思政元素融入：以优秀作品引领、触动学生追求作品的细节，在项目制作过程中以追求精益求精为荣，以作品制作过程中的职业流程和规范对学生进行职业启发，教师总结企业设计项目流程，强调团队合作的重要性。通过各教学环节培养学生的团队协作精神和精益求精的工匠精神。新时代工匠精神蕴含的精益求精、敬业奉献、专注认真、追求极致等内涵品质应贯穿于课程作品表达的始终。保持新时代的创新精神和追求卓越的精神品质。培养学生协作学习、合作完成实践任务的团队协作意识；引导学生形成关注社会、自觉保护文化遗产、传承创新传统文化的意识，培养学生树立未来设计师技术职能与社会职责相结合的职业观，从而达到立德树人的教学目标。

**【总结反思】**

本节课思政为隐性思政元素，即在教学的环节中加入思政元素，潜移默化地影响学生道德情操的培养。在理论讲授环节，结合作品创作背景、创意策划和视觉设计制作细节，从艺术设计的社会价值和对设计师的职业要求两个角度，融入爱国精神、文化传承、社会责任感和职业理想素养四个方面的思政教育；以优秀传统文化选题作品启发并建立学生的民族自信心和自豪感，树立文化自信。课后实践环节以项目设计激发学生对设计作品追求精益求精的职业态度和创新潜能。在选题设计上，将设计选题确定为北京地区红色文化、非遗文化、传统技艺等，融入课堂练习或主题作品创作中，有利于提高学生的社会责任感、树立忧患意识，自觉成为民族文化保护、传承与创新的践行者。目前的大学生是社交媒体中的原住民，在进行艺术设计创作的时候，渴望获得社交媒体中的的注意力，赢得点赞比设计作品本身的质量更能吸引他们。个别同学在设计实践过程中不愿意对作品进行反复打磨，甚至出现了畏难情绪、摆烂情绪，进而出现模仿创意、设计作品不精不细、粗制滥造等情况，针对这些问题，一方面及时给予设计思路、制作技巧的启发，同时在精神上鼓励、引导学生探索创新，摒弃"躺平""摆烂"等青年亚文化，以优秀设计作品魅力规范社交媒体化给大学生带来的价值观躁动。同时辅以学术品德、原创设计意识、知识产权保护相关知识和法律意识的教育。

# 大学英语1：Intelligent Vehicles

**教师信息**：张平　**职称**：副教授　**学历**：硕士研究生
**研究方向**：英语教育
**授课专业**：汽车制造专业（三年制高职）
**课程类别**：理论课
**课程性质**：公共基础课

## 第一部分　设计思路

### 一、本次设计的课程思政目标

通过课前导入，激发学生专业学习兴趣和创新精神；通过课中引导和学习，学生逐步领会科学精神、职业精神和工匠精神；通过课后总结反思，增强学生道路自信、文化自信和技能报国意识。

### 二、课程思政教学设计内容

**1. 课前：课程思政引入**

播放视频"北京亦庄 RoboTaxi 初体验"，导入无人驾驶汽车教学主题内容。

通过学习视频材料，快速地将学生思维引入到其专业相关领域，激发学生学习兴趣，使学生拥有更强的学习成就感。同时，在导入环节设置问题，在思考问题、分析问题、回答问题的过程中增强学生职业认同感，了解国家相关产业发展战略，培养学生批评思维能力。

**2. 课中：课程思政贯穿授课过程**

课中教学内容分为听力和口语两大模块，通过小组合作学习和PBL教学设计，学生一步一步完成教学任务，在合作学习中，领会团队精神。基于教学任务进行深入思考和充分准备，学生夯实基础知识、掌握智能汽车相关英语语言知识和表达能力；学习新知识、了解国家《智能汽车创新发展战略》，了解智能汽车在农业、军事等领域的应用，提升技能报国意识；锻炼批判思维，分析智能汽车的优势和缺点，提升科学创新精神，突破传统思维模式，了解智能汽车科技的最新发展。

在工匠精神方面，引导学生在学习时间上坚持、在学习精神上聚焦，体会执着专注；引导学生在作品质量上追求完美、在技术上追求极致，体会精益求精；引导学生在细节上坚守，在态度上严谨，体会一丝不苟；引导学生抱有远大理想和高远信念，不断追求卓越。

引导学生在专业知识上不断精进，敬业创新，打造智能汽车中国品牌，涵养家国情怀和中国精神，增强学生中国特色社会主义道路自信和文化自信。

**3. 课末：课程思政总结反思**

通过小组活动，修改口语演讲文稿，引导学生继续深入思考，进一步锤炼创新精神、科学精神和职业精神；通过口语演讲，在沉浸式表述中，激发学生专业想象力，培养学生职业认同感和职业所赋予的历史使命感；通过回顾总结本次课的内容，使学生认识到努力学习专业知识和专业技能既能实现个人发展、又能服务社会、服务国家，讲好中国故事，实现技能报国。

# 第二部分 案例描述

## Intelligent Vehicles

【思政导入】

一、视频导入

观看"北京亦庄 RoboTaxi 初体验"短视频（图1）。

教学设计：本环节以播放视频的方式，通过将学生的专业与身边的生活结合，使学生能够快速进入学习状态，进入学习主题内容，说出智能汽车的新发展、新技术、新应用。结合本单元前期学习，聚焦无人驾驶汽车的优点，鼓励学生用英文表达。

**图 1　RoboTaxi**

资料来源：https：//k.sina.com.cn/article_ 1237074602_ m49bc42aa00102e1b1.html。

## 二、问答导入

（1） To what extent, do you think driverless car will develop as new technology?

（2） Does this development get support from government?

通过问答，引导学生了解学习国家关于智能汽车的战略政策《智能汽车创新发展战略》，提升学生专业学习韧劲、树立职业理想，以专业技术服务国家产业发展战略。

（3） Is there any opposite opinions?

通过问答，引入本课教学内容听力部分，培养学生批评思维能力。

【思政贯穿】

## 三、视听教学任务

### 1. 播放听力音频、展示 PPT

见图 2。

Keys：

- What's wrong with the car you've got now?
- What kind of car are you looking for?
- I suppose electric cars are better for the planet.

教学设计：复习汽车相关词汇和表达，学习新知识的同时，激发学生批判精神、科学精神，全面认识事物发展变化。

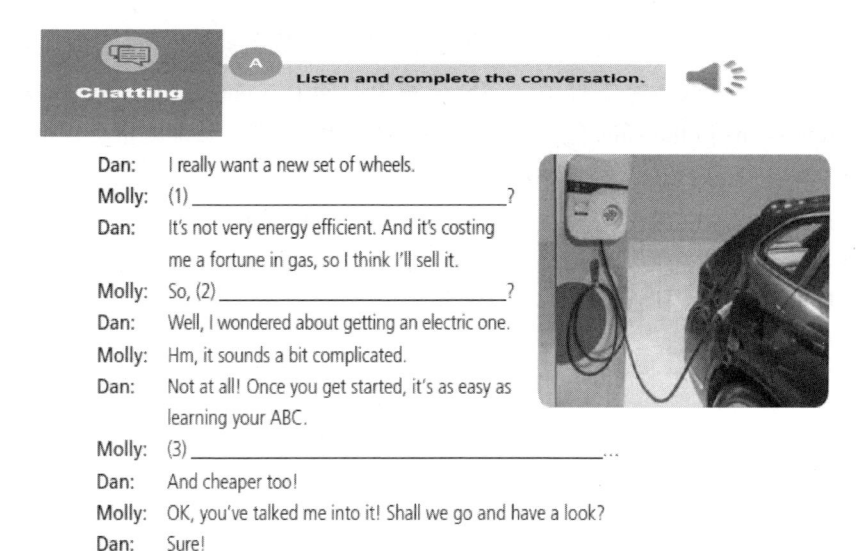

| Chatting | A | Listen and complete the conversation. |

Dan: I really want a new set of wheels.
Molly: (1) _____?
Dan: It's not very energy efficient. And it's costing me a fortune in gas, so I think I'll sell it.
Molly: So, (2) _____?
Dan: Well, I wondered about getting an electric one.
Molly: Hm, it sounds a bit complicated.
Dan: Not at all! Once you get started, it's as easy as learning your ABC.
Molly: (3) _____…
Dan: And cheaper too!
Molly: OK, you've talked me into it! Shall we go and have a look?
Dan: Sure!

图 2  听力 PPT

**2. 视频学习：中国电动汽车行业的飞速发展**

见图 3。

视频　中国电动汽车行业的飞速发展（4:02）

图 3  中国电动汽车行业的飞速发展

资料来源：https：//www.youtube.com/watch？v＝j9ld4jcMcNU。

问题：你认为电动汽车在日常使用中有哪些优势和劣势？（简要叙述）

知识目标：要求学生总结、提炼视频中的词汇（Make a glossary of words and expressions in the video），为单元学习奠定词汇基础。教师就重点词汇和表达带领学生复习，对词汇进行分类，进一步巩固词汇和语言知识。

通过本视频引导学生关注我国电动汽车行业的发展现状，了解国产汽车品牌的技术实力，建立技术自信。鼓励学生基于自身专业探讨未来的行业发展，建立学生的专业自信、职业自信和文化自信。

## 四、Chatting 教学内容

（1）根据超星平台 PBL 功能随机分组，布置组员任务。以所学知识，完成一次智能汽车调研报告的口语汇报。

（2）Questions for reference：

Have you ever tried to take a driverless car in E-town?

What's your reflection of it?

If you buy a dream car, what kind of car would you like?

What's do you think is the most important factor when buying a car?

（3）First round preparation.

本组内展示，组员间反馈修改建议并修改。

（4）Second round preparation.

小组间展示，小组间反馈修改建议并修改。

（5）Presentation.

One or two students make presentations.

教学设计：通过小组合作、反复练习和充分准备，学生在口语展示过程中进一步夯实语言技能、增强表达自信、助力个人职业发展，培养团队合作精神，增强学生中国特色社会主义之道路自信，练就本领讲好中国故事。

## 五、知识拓展

**1. 无人驾驶汽车的其他应用场景**

（1）农业领域。

见图 4。

通过本视频帮助学生打开思路，将视野从日常生活投向更广泛的社会生产环节，了解无人驾驶技术在农业生产中的应用，认识我国农业现代化的发展和普及程度，同时充分想象无人驾驶技术未来的应用领域。教师应注意引导学生意识到现代科技跨领域、跨学科的发展趋势，激发学生学习兴趣，拓展思维。

**图 4　无人驾驶技术在农业领域的应用**

资料来源：https://news.cgtn.com/news/2021－04－10/Liu－Xin－s－exploration-of-driverless-machine-planters-Zllfg7crSM/index.html。

（2）军事领域。

见图 5。

**图 5　东风猛士够猛！无人驾驶也能穿越烟雾和弹坑**

资料来源：学习强国。

### 2. 从地面到空中：无人驾驶技术的新突破

（1）分享无人驾驶技术新突破。

预见"空中出行"，遇见"会飞的汽车"，全球首个电动垂起飞行汽车在番禺诞生（图6）。

**图 6　飞行汽车试验样车成功首飞**

资料来源：2022 年 10 月 25 日新浪网 https：//k.sina.com.cn/article _ 2208273904 _ 839f95f0020014n2g.html。

（2）飞行汽车即将到来。

视频学习（图7）。

图 7　飞行汽车即将到来

资料来源：https：//www.youtube.com/watch？v=-z5llj9RUVc。

视频用英语介绍飞行汽车的发展现状，配合本课所学知识，作为课程拓展内容，增加汽车新技术英语专业词汇，讲好中国汽车技术发展故事。

通过播放本视频，教师引导学生进一步发挥想象力，探讨汽车行业更多的发展可能。同时，教师根据学生的专业特色进行不同维度的拓展，畅想未来科技发展带来的新体验，激发学生探索职业发展的更多可能。

### 六、讨论及本课总结

（1）本课英语语言知识总结。

（2）课程思政总结。在总结中，结合学生的专业，引导学生从个人、社会、国家三个层面认识创新精神、科学精神、职业精神和工匠精神，引导学生认识到中国梦的实现需要每个人的努力，引导学生增强中国特色社会主义道路自信和文化自信。

（3）学生填写课堂反馈表（见图8）。

### 七、作业

根据扩展知识，再次修改完善自己的口语演讲文稿，结合自己的专业，发挥想象力，用英语讲述中国智能汽车的过去和未来。

```
Name:        Pin Yin and name in Chinese        Date:
Topic:       My dream intelligent car

Indicate the appropriate score from 1 = poor, no, or negative to 10= excellent, yes or positive

我感受到
1. 团队合作和重要                                1  2  3  4  5  6  7  8  9  10
2. 坚持很重要，聚焦很重要                        1  2  3  4  5  6  7  8  9  10
3. 努力追求完美，就能够越来越完美                1  2  3  4  5  6  7  8  9  10
4. 努力追求精湛，技术就能够不断进步              1  2  3  4  5  6  7  8  9  10
5. 细节决定成败，严谨成就学养                    1  2  3  4  5  6  7  8  9  10
6. 我对中国制造、中国智造充满信心                1  2  3  4  5  6  7  8  9  10
7. 学无止境                                      1  2  3  4  5  6  7  8  9  10

我以后争取做到
1. 不断培养合作意识、不断涵养团队精神            1  2  3  4  5  6  7  8  9  10
2. 工作学习，努力做到坚持、再坚持                1  2  3  4  5  6  7  8  9  10
3. 工作任务、学习任务，完成之后深入思考如何能够更好一些  1  2  3  4  5  6  7  8  9  10
4. 努力学习专业知识，努力成为技术技能人才        1  2  3  4  5  6  7  8  9  10
5. 做人做事注意细节，工作学习态度严谨            1  2  3  4  5  6  7  8  9  10
6. 努力钻研汽车技术，为中国智能汽车做出更多有益工作  1  2  3  4  5  6  7  8  9  10
7. 不断激励自己努力学习                          1  2  3  4  5  6  7  8  9  10

Comments
```

图 8　课堂反馈表

**【总结反思】**

在职业教育发展的新时代、新阶段，职业教育和培训关乎国家发展和国家未来。职业教育是工匠的摇篮，受职业教育的学生是未来的能工巧匠和大国工匠，因此全过程培养学生"工匠精神"是职业教育责无旁贷的责任和使命。

2022 年 4 月 27 日，习近平总书记致首届大国工匠创新交流大会的贺信中说："我国工人阶级和广大劳动群众要大力弘扬劳模精神、劳动精神、工匠精神，适应当今世界科技革命和产业革命的需要，勤学苦练、深入钻研，勇于创新、敢为人先，不断提高技术技能水平，为推动高质量发展、实施制造强国战略、全面建设社会主义现代化国家贡献智慧和力量。"

教育担负着为党育人、为国育才的责任，公共基础课中的英语语言课要在教学中结合本专业、学生专业、课程思政，形成"专政结合"教学模式，将工匠精神教育在基础课阶段即融入教学，引导学生对专业学习和未来职业发展充满信心，从个人、社会、国家各个层面筑造学生的中国梦。同时，结合本专业融通中外的特点，拓宽学生视野，锻炼学生语言技能，引导学生增强中国特色社会主义道路自信、理论自信、制度自信、文化自信，讲好中国技术技能人才故事。

# 国际贸易融资实务：跨境贸易人民币结算

**教师信息**：彭爽　**职称**：副教授　**学历**：硕士研究生
**研究方向**：金融学
**授课专业**：国际商务
**课程类别**：理实一体化课程
**课程性质**：专业模块化课

## 第一部分　设计思路

### 一、本次设计的课程思政目标

本次课程的思政目标为树立风险防范意识，培养学生科学精神、职业精神、工匠精神和职业文化的思政目标，提升学生勤学苦练、爱岗敬业、精益求精、善于学习的职业素养和社会主义核心价值观，成长为合格的新时代社会主义劳动者。深化学生对我国社会主义现代化建设成果的认同感和自豪感，坚定四个自信，理解全面深化改革的重要意义，推动习近平新时代中国特色社会主义思想进头脑。

### 二、课程思政教学设计内容

**1. 课前：课程思政引入**

通过学习通发布小组调研活动，搜集跨境贸易中以外币结算遭受汇率波动损失的典型案例，整理我国跨境贸易人民币结算的发展历程和相关政策，并分析开展跨境贸易人民币结算的必要性和可行性。此环节的教学目标是通过外汇结算风险分析，引出跨境贸易人民币结算的必要性和优势；思政目标是引导学生树立风险防范意识，培养学生勤学苦练、爱岗敬业、精益求精、善于学习的职业素养；通过对人民币走向国际的改革发展成果的认知引导学生产生对我国社会主义现代化建设成果的认同感和自豪感,坚定四个自信,理解全面深化改革的重要意义。

**2. 课中:课程思政贯穿授课过程**

本次课以跨境贸易人民币结算的必要性—可行性—操作性为主线,从宏观政策到微观业务,学习跨境贸易人民币结算的必备条件、政策支持、产品种类、清算模式,实现知识、技能和素养提升,同时贯穿思政元素,实现交融并进。

第一步导入浙江金维进出口有限公司通过使用跨境人民币结算的方式避免在国际贸易结算中遭受汇率波动损失的案例,强化学生的风险防范意识,提升职业素养。

第二步结合观看中国人民银行支持外贸新业态跨境人民币结算的视频,激发学生对我国社会主义现代化建设成果的认同感和自豪感,坚定四个自信,理解全面深化改革的重要意义,推动习近平新时代中国特色社会主义思想进头脑。

第三步通过实操项目训练,进一步深化实现培养学生科学精神、职业精神、工匠精神和职业文化的思政目标,贯彻岗位要求,培养社会主义核心价值观,成长为合格的新时代社会主义劳动者。

**3. 课后:课程思政总结反思**

观看《大国工匠——人民币钢板雕刻大师马荣》的纪录片,通过人民币钢板雕刻大师马荣苦练人民币钢板雕刻基本功,与时俱进学习电脑雕刻新技术,成为一代"大国工匠"的事迹,在价值观层面,培养学生的科学精神、职业精神、工匠精神和职业文化,引领学生社会主义核心价值观养成,成长为合格的新时代社会主义劳动者。

# 第二部分 案例描述

## 跨境贸易人民币结算

一、课程导入

教学目标:复习外汇支付结算金额计算;通过外汇结算风险分析,引出规避汇率风险的措施。

思政目标：国际贸易结算中应树立风险防范意识。

教学活动：通过案例分析、头脑风暴、资料检索、教师讲解等启发式课堂教学活动，实现教学及思政目标。

教学案例1：浙江金维进出口有限公司创建于2013年，每年需要从国外进口大量的钢铁产品，成立以来经营一直良好，在海关、税务、银行等无不良记录。2015年7月23日，浙江金维进出口有限公司与韩国Dawon MST Co.，LTD签订了进口复合钢板合同，双方协商用美元结算，合同金额为350 000美元，货到湖州后60天付款，7月23日合同签订当天美元兑人民币汇率中间价是6.208 7。韩国出口商Dawon MST Co.，LTD在7月底按期装运了货物，8月7日货物到达目的港浙江湖州。进口商浙江金维进出口有限公司于货物到港后办理了货物的接货、进口报检和报关手续。由于合同约定货到后60天付款，因此，浙江金维进出口有限公司暂不付款。

恰好到货后4天，即2015年8月11日，人民币兑美元汇率中间价相比前个交易日一次性贬值近2%，人民币兑美元改变自2005年7月21日汇改以来的一路升值走势，进入到贬值周期，付款日当天的美元兑人民币汇率中间价达到6.361 3。

组织课堂讨论，学生回答问题。学生回答内容应包含以下要点。

问题1：到期付款日是哪一天？

回答：2015年10月6日，复习口诀"算尾不算头"。

问题2：付款日支付350 000美元需要多少元人民币兑换？

回答：使用付款日的中间汇率计算，需人民币 350 000 × 6.361 3 = 2 226 455（元）。

问题3：与合同日兑换美元所需人民币相比，金额有何变化？

回答：使用合同日的中间汇率计算，需人民币 350 000 × 6.208 7 = 2 173 045（元）。

由于汇率变化，付款日比合同日多付出人民 2 226 455 - 2 173 045 = 53 410（元）。

这53 410元人民币的损失就是因为人民币兑美元贬值所造成的，属于汇率波动带来的进口成本增加，成本增加2.5%。

问题4：浙江金维进出口有限公司应该怎样避免这笔损失？（教学重点：国际贸易结算风险防范，教师引导学生总结出以下要点。）

回答：(1) 妥善选择交易中的计价货币；

(2) 在合同中增加保值条款及汇率风险分摊条款；
(3) 采取提前付款或延迟收款策略；
(4) 远期结汇锁定汇率；
(5) 办理人民币与外币掉期业务；
(6) 充分利用结算方式中的融资便利。

【思政导入】

同学们，自改革开放以来，国际贸易发展对我国经济的推动作用不可忽视。外贸从业者应在业务全流程中树立风险防范意识，特别是贸易结算环节，应将测评结算风险放在首位，合理使用风险规避方法，避免结算损失。

实现培养学生科学精神、职业精神、工匠精神和职业文化的思政目标，提升学生勤学苦练、爱岗敬业、精益求精、善于学习的职业素养，培养社会主义核心价值观，成长为合格的新时代社会主义劳动者。

## 二、学习深化

教学目标：跨境贸易人民币结算的必要性和可行性。

思政目标：深化学生对我国社会主义现代化建设成果的认同感和自豪感，坚定四个自信，理解全面深化改革的重要意义。

教学活动：通过案例分析、头脑风暴、资料检索、教师讲解等启发式课堂教学活动，实现教学及思政目标。

教学案例2：2008年全球金融危机后，为保持我国国际贸易的平稳发展及推动人民币国际化战略，我国加快了跨境贸易人民币结算的实施步骤。通过逐步完善政策和开放试点城市，2011年8月23日发布了《关于扩大跨境贸易人民币结算地区的通知》，跨境贸易人民币结算境内地域范围扩大至全国。为了规避汇率风险，浙江金维进出口有限公司尝试用人民币进行结算，与出口商韩国Dawon MST Co., LTD进行了协商并取得他们的同意。2015年7月23日，双方签订了进口复合钢板的合同，合同规定使用人民币进行结算。当天美元兑人民币汇率中间价为6.2087，商品成交价格为350 000美元，双方约定货到湖州后60天付款。

组织课堂讨论，学生回答问题。

问题1：付款日当天的美元兑人民币汇率中间价达到6.3613，进口商浙江金维进出口有限公司应支付多少货款？

回答：因为使用人民币结算，在合同日就锁定了进口成本，按照合同日当天的汇率水平，需支付人民币350 000×6.2087=2 173 045（元）。

问题2：浙江金维进出口有限公司选择使用跨境人民币结算有何好处？

回答：当人民币处于贬值区间时，使用人民币结算对于我国进口贸易是重大利好。浙江金维进出口有限公司避免了以美元结算而造成的损失，锁定了进口成本。

问题3：跨境人民币结算的必要性和可行性？（教学重点，教师引导学生总结出以下要点）。

回答：必要性：

（1）推进人民币结算是为了在受国际金融危机影响，美元、欧元等主要国际结算货币汇率大幅波动的情况下，保持中国对外贸易的正常发展。

（2）我国一直在积极致力于扩大人民币在全球的影响，跨境贸易人民币结算使人民币在国际化道路上迈出了重要一步。

（3）我国的居民和非居民对人民币用于国际结算有明显需求。

可行性：

（1）有利于国内企业有效规避汇率风险，节省结算成本。

（2）有利于拓展我国银行业的市场空间。

（3）有利于降低国家外汇储备压力和损失。

（4）有利于提升人民币国际地位，增强国际货币体系多极化发展的金融资源配置能力。

【思政贯穿】

通过以上分析，我们应该认识到，跨境人民币结算能够被国外贸易伙伴逐步接受，人民币的国际地位不断提升，是与我国的政治经济文化发展取得的伟大成就密不可分的。

观看视频：《中国人民银行：支持外贸新业态跨境人民币结算》。

中国人民银行发布的《2022年人民币国际化报告》显示，人民币跨境结算稳步增长。2021年人民币跨境收付金额合计为36.61万亿元，同比增长29.0%，收付金额创历史新高。2022年一季度结算量分别为3 259亿元和1 543亿元，同比分别增长了51%和37%。显示出跨境人民币业务服务实体经济的能力在进一步提升，其中两头在外的加工贸易和跨境电商业务成为货物贸易跨境人民币结算增长的新动能。

深化学生对我国社会主义现代化建设成果的认同感和自豪感，坚定四个自信，理解全面深化改革的重要意义，推动习近平新时代中国特色社会主义思想进头脑。

### 三、项目实操

教学目标：掌握跨境人民币结算产品种类及跨境人民币清算模式，能够完成清算系统操作。

思政目标：国际贸易结算中应树立风险防范意识。

教学活动：开展任务式教学，以小组为单位，辅助动画演示、流程推演、教师讲解等方式，实现教学和思政目标。

教学案例3：作为全国首个由国务院批准的县级市综合改革试点，义乌国际贸易综合改革试点于2011年启动。2019年11月，通过《义乌国际贸易综合改革试验区条例》。义乌在全国率先探索建立"市场采购"贸易方式，将小微企业从繁杂的外贸流程中解放出来，让不具备国际贸易知识和技能的境内外采购商、市场经营户都能方便地参与国际贸易，极大地促进了国际贸易的发展。开通了全球最长"义新欧"中欧货运班列，实现双向常态化运行，并开通西班牙、伊朗、德国、阿富汗、英国等8条线路，成为地方在国家"一带一路"建设实践中的典范和品牌。

训练要求：要求学生分组完成义乌特色的"市场采购"贸易方式的跨境贸易人民币结算流程策划，合理使用跨境人民币结算产品，理清业务流程。（教学难点）

小组汇报，师生现场点评，修正方案。

学生在完成分组项目时，应体现出团队合作精神、精益求精的工匠精神和勇于探索的科学精神，贯彻岗位要求，树立风险防范意识，提升职业素养。

【总结反思】

本次课的思政设计采取课前铺垫、课中升华、课后夯实的理念，教学内容与思政元素交融并进。层层推进，最终实现教学目标与思政目标双达成。

课堂实施思政元素如盐入味，与教学内容有机融合，有利于获得思想共鸣。难点在于将学生思想意识升华落实于行动并外化为良好的学习态度、课堂纪律、生活习惯。

# 附 录

# 北京电子科技职业学院
# 关于课程思政教学设计优秀案例
# 评选（四期）结果的通知

为全面贯彻党的教育方针，落实党的二十大精神和习近平在全国高校思想政治工作会议上的重要讲话精神，扎实推进习近平新时代中国特色社会主义思想进教材进课堂进学生头脑，进一步落实立德树人根本任务，全面推进课程思政建设，提升全体教师的课程思政意识，充分发掘课程育人功能，构建专业、思政、创新三位一体、深度融合的三全育人体系，培养学生正确的世界观、人生观和价值观，涵养家国情怀，提升人文素养和责任意识，根据学校《关于征集课程思政教学设计案例的通知》（北科院院〔2019〕63号）的要求，学校组织开展了课程思政教学设计优秀案例（四期）评选活动，即"金扣子"、"金种子"和"金点子"，简称"三金"的评选活动。

各二级学院高度重视此项工作，参与课程思政建设的积极性显著提升，教师参与课程思政建设的主动性明显提高，课程思政案例的实践性越来越强，学校共收到各二级学院推荐的242份案例。经过校内外专家公开、公正评选，共评选出课程思政教学设计优秀案例49个。现将评选结果公布如下：

**北京电子科技职业学院课程思政教学设计优秀案例（四期）评选结果**

| 序号 | 申报类别 | 二级学院 | 申报教师 | 专业名称 | 课程名称 | 教学单元名称 |
|---|---|---|---|---|---|---|
| 1 | 金点子 | 汽车工程学院 | 苟维杰 | 汽车制造与试验技术 | 发动机装配与调试 | 发动机配气机构的装配与调试 |
| 2 | 金点子 | 机电工程学院 | 郑晓丽 | 物理 | 大学物理2 | 麦克斯韦方程组 |
| 3 | 金点子 | 基础教育学院 | 王佳新 | 数学 | 高等数学 | 定积分的概念 |
| 4 | 金点子 | 经济管理学院 | 张晖 | 大数据与会计 | 会计基础 | 会计的职能和作用 |

续表

| 序号 | 申报类别 | 二级学院 | 申报教师 | 专业名称 | 课程名称 | 教学单元名称 |
|---|---|---|---|---|---|---|
| 5 | 金点子 | 经济管理学院 | 边海宁 | 国际金融 | 金融基础 | 货币的产生及货币形态演变 |
| 6 | 金点子 | 经济管理学院 | 耿慧慧 | 电子商务 | 跨境电子商务运营 | 基于供应商选品 |
| 7 | 金点子 | 航空工程学院 | 刘增辉 | 电气自动化技术 | 供配电技术 | 无功补偿设备和成套配电装置 |
| 8 | 金点子 | 生物工程学院 | 赵新颖 | 药品生物技术 | 生物分离与纯化技术 | 双水相萃取法提取牛奶中的酪蛋白 |
| 9 | 金扣子 | 汽车工程学院 | 王谷娜 | 新能源汽车技术 | 动力电池检测与诊断 | 动力电池高压元件检修 |
| 10 | 金扣子 | 汽车工程学院 | 李显 | 汽车制造与试验技术 | 焊接机器人操作与运维 | 焊接机器人工作站的组成 |
| 11 | 金扣子 | 汽车工程学院 | 夏广辉 | 汽车制造与试验技术 | 汽车发动机装配 | 任务6 发动机装配及质量检测 |
| 12 | 金扣子 | 汽车工程学院 | 陈容红 | 城市轨道交通机电技术 | 电机与电气控制技术 | 正反转控制线路 |
| 13 | 金扣子 | 电信工程学院 | 赵凯 | 电信工程学院 | 网络服务构建与管理 | Samba服务器构建与管理 |
| 14 | 金扣子 | 电信工程学院 | 杨建兴 | 计算机网络技术 | 网络攻防分析与实践 | HTTP协议基础 |
| 15 | 金扣子 | 电信工程学院 | 陈海燕 | 现代通信技术 | 移动通信网络组建与维护 | 5G基站设备认知及站点部署 |
| 16 | 金扣子 | 航空工程学院 | 李玮 | 飞机机电设备维修 | 飞机机械系统 | 飞机液压系统绕机检查 |
| 17 | 金扣子 | 航空工程学院 | 马超 | 飞机机电设备维修 | 飞机维护 | 机组氧气系统维护 |
| 18 | 金扣子 | 航空工程学院 | 陈楠 | 飞机机电设备维修 | 民用航空概论 | 空气动力学基础原理 |
| 19 | 金扣子 | 机电工程学院 | 刘婷婷 | 供热通风与空调工程技术 | 通风与空调工程 | 用鸿业软件精析赛时空调负荷 |

续表

| 序号 | 申报类别 | 二级学院 | 申报教师 | 专业名称 | 课程名称 | 教学单元名称 |
|---|---|---|---|---|---|---|
| 20 | 金扣子 | 机电工程学院 | 马冬宝 | 机电一体化技术 | 自动化生产线安装与调试 | 分拣单元工件的识别与定位 |
| 21 | 金扣子 | 机电工程学院 | 刘霞 | 建筑智能化工程技术 | 安防系统工程 | 视频监控系统 |
| 22 | 金扣子 | 机电工程学院 | 林梦圆 | 建筑智能化工程技术 | 建筑设备监控系统工程 | 定风量空调系统的监控 |
| 23 | 金扣子 | 机电工程学院 | 刘国良 | 机械制造及自动化 | 复杂部件多轴数控加工 | 航空发动机离心叶轮五轴加工 |
| 24 | 金扣子 | 机电工程学院 | 周海君 | 机电一体化技术 | 智能产线运行与维护 | 装配单元机器视觉工件识别 |
| 25 | 金扣子 | 机电工程学院 | 邱钊鹏 | 机电一体化技术 | 数字电子技术 | 中规模组合逻辑电路实践 |
| 26 | 金扣子 | 基础教育学院 | 闫琳静、俞玫 | 数学 | 高等数学 | 数列的极限 |
| 27 | 金扣子 | 基础教育学院 | 于雪梅 | 国际金融 | 高等数学 | 曲线的凹凸性及拐点 |
| 28 | 金扣子 | 基础教育学院 | 李春竹 | 高职全部专业 | 应用文写作 | 入党文书写作 |
| 29 | 金扣子 | 基础教育学院 | 武若克 | 贯通 | 语文 | 庖丁解牛 |
| 30 | 金扣子 | 基础教育学院 | 董华丽 | 体育 | 体育1 | 田径——短跑 |
| 31 | 金扣子 | 艺术设计学院 | 窦巍 | 游戏艺术设计 | 无纸动画 | 短片故事创作 |
| 32 | 金扣子 | 艺术设计学院 | 王睿 | 游戏艺术设计 | 游戏概念设计 | 中国风建筑单体设计与绘制 |
| 33 | 金扣子 | 艺术设计学院 | 刘尧远 | 环境艺术设计 | 首饰金工技艺 | 花丝珐琅戒指精作——字母掐丝 |
| 34 | 金扣子 | 生物工程学院 | 王瑞丽 | 药品生物技术 | 生物产品安全性评价 | 疫苗安全性评价 |
| 35 | 金扣子 | 生物工程学院 | 杨国伟 | 食品质量与安全 | 食品加工安全控制 | 酸奶生产的危害分析和质量控制 |
| 36 | 金扣子 | 生物工程学院 | 李浡 | 药品生物技术 | 仪器分析 | 气相色谱法 |
| 37 | 金扣子 | 生物工程学院 | 李晔 | 药品生物技术 | 基因操作技术 | Real-time PCR 检测 |
| 38 | 金扣子 | 电信工程学院 | 马蕾 | 计算机应用 | Web前端技术 | 北斗卫星导航网页布局设计 |

续表

| 序号 | 申报类别 | 二级学院 | 申报教师 | 专业名称 | 课程名称 | 教学单元名称 |
|---|---|---|---|---|---|---|
| 39 | 金种子 | 汽车工程学院 | 尚珍 | 汽车制造与试验技术 | 工程图学 | 项目2：正投影法和三视图 |
| 40 | 金种子 | 电信工程学院 | 金光浩 | 计算机应用 | 人工智能数据处理 | 基于Python的数据收集、处理、展示基础 |
| 41 | 金种子 | 基础教育学院 | 葛丽萍 | 外国语言学及应用语言学 | 英语3 | Unit 4 Space Exploration |
| 42 | 金种子 | 经济管理学院 | 马洁 | 国际商务 | 全球商业环境分析 | 国际商务中的文化差异及应对 |
| 43 | 金种子 | 经济管理学院 | 郭孟珂 | 国际商务 | 全球商业环境分析 | 全球价值链的发展方向 |
| 44 | 金种子 | 经济管理学院 | 郭文玲 | 商务英语 | 大学英语1 | Living Green: China's Solar Roof Water Heaters |
| 45 | 金种子 | 生物工程学院 | 汪洋 | 食品营养与检测 | 食品微生物检测技术 | 食品的微生物现代检测技术 |
| 46 | 金种子 | 航空工程学院 | 张丽荣 | 电气自动化技术 | 自动控制系统装调综合实训 | 光伏电站的特性测试 |
| 47 | 金种子 | 艺术设计学院 | 谭坤 | 数字媒体艺术设计 | H5新媒体设计 | 故宫文物南迁H5设计项目剖析 |
| 48 | 金种子 | 基础教育学院 | 张平 | 汽车制造专业（三年制高职） | 大学英语1 | Unit 6 Intelligent Vehicles |
| 49 | 金种子 | 经济管理学院 | 彭爽 | 国际商务 | 国际贸易融资实务 | 跨境贸易人民币结算 |

希望全体教师认真学习以上优秀案例，并能结合课程思政的内涵和要求，以课程为载体，深入提炼所授课程的育人元素，在传授知识、技术技能的同时融入思想政治教育，达到贯彻落实立德树人、实现课程育人的目标，进而将我校"三全"育人工作落到实处，促进我校"建高升本"的内涵建设，为学校教育教学改革和人才培养质量实现稳步提升发挥积极作用。

教务处

2022年12月6日